日本二千六百年史

［増補版］

大川周明

毎日ワンズ

序

ヘカタイオス、ヘロドトス、ツキジデスの三人は、西洋史の鼻祖《びそ》と呼ばるる古代希臘（ギリシア―編集部註）の三大歴史家である。これらの歴史家は、約半世紀ずつ隔てて世に出《い》でたが、それぞれ歴史について下の如く言ったと伝えられる。先《ま》ず紀元前五〇〇年代に出でたるヘカタイオスは、歴史を以て過去の知識を現在に伝えるものとした。次いで紀元前四五〇年代のヘロドトスは、歴史とは過去によって現在を説明するものとした。最後に紀元前四〇〇年代のツキジデスは、歴史は過去・現在より推して未来を察知すべきものとした。即ちヘカタイオスは歴史の重点を過去に置き、ヘロドトスは之を現在に置き、ツキジデスは之を未来に置いたのである。三者の主張には、いずれも一応の道理がある。けれどもその総《すべ》てを総合することによって、歴史の全面目が初めて完全に発揮されるであろう。

言うまでもなく歴史は人類発展の径路を究《きわ》めんとするものである。しかるに人類発展の径路は、人類に内在する生命の発現なるが故に、一貫して綿々不断である。吾々は唯《た》だ便宜のために過去・未来を区画する。けれども現在は過去より生れて刻々過去となり、未来は現在に孕《はら》まれて刻々現在となる。真個に実在するものは、滾々《こんこん》不尽なる生命の流行だけである。それ故に吾々は、恒《つね》に永遠の現在に生きている。而《しか》してこの「現在」はその衷《うち》に無限の過去を宿し、無窮の未来を孕む現在なるが故に、歴史もまた過去・現在・未来に関するもの、一層詳細に言えば、過去によって現在を説明し、現在によって未来を察知するものとせねばならぬ。

かく考え来りて直ちに想起されるのは、水戸の彰考館である。彰考館は徳川光圀によって創立せられし水戸藩の修史局にして、『大日本史』がここで編纂せられしことは天下周知の事実である。この修史局を彰考館と名づけたのは、恐らく晋の杜預《とよ》の『春秋左氏経伝集解』序に、「彰往考来」とあるに拠れるものである。而して「彰往考来」とは、易の繋辞《けいじ》伝に「彰往察来」と言い、また論語に「温故而知新」と言えると、全く同一思想であり、過去を彰《あきら》かにして将来を察知するという意味である。歴史はまさしく彰考である。従って彰考館は、修史局の名称として、適切無比と言わねばならぬ。従ってまた彰考館の命名者は、古代ギリシアの三大歴史家よりも、一層精確に歴史の本質を把握せるものと言わねばならぬ。

さて日本歴史は、日本の国民的生命の発現である。この生命は、肇国《ちょうこく》このかた一貫不断の発展を続け、日本国民に周流充実して今日に及んでいる。故に日本に生れし一切の国民は、皆《み》なこの生命を自己の衷に宿している。吾らの生命の奥深く探り入ればそこに溌剌として躍動する生命がある。この現実の生命を、時間秩序に従って認識せるものが取りも直さず歴史である。かくて歴史とは、自我の内容を、時間秩序に従って組織せる体系に他ならぬが故に、日本歴史を学ぶことは、日本人の真個の面目を知ることである。陸象山《りくしょうざん》は、六経《りくけい》を以て自己の註脚に他ならぬとした。歴史もまた同然である。即ち六経は理論によって自己を註脚せるもの、歴史は事実によって自己を註脚せるもの、経史相俟《けいしあいま》って初めて吾らの完全なる註脚たるべきものである。

いま日本はまさしく興亡の岐路に立っている。この非常の難局に善処し、君国を富嶽の安きに置き、進んで荘厳《そうごん》なる理想の実現を期するためには、必ずや日本歴史を学んで、日本及び日本人の真実の姿を見究めねばならぬ。胡三省《こさんせい》が司馬温公《しばおんこう》の『資治通鑑《しじつがん》』を評せる文章の中に曰く、「古人の得たる所以《ゆえん》を迹《たず》ね、古人の失へる所以を鑑みるを知らずば則ち勝を求めて而も敗れ、利を図りて而も害あり。此れ必然なるものなり」と。吾らは必ず歴史によって日本的生命を支配する法則を掴まねばならぬ。而してこの法則に従って行動せねばならぬ。果してしからば国史を反省するの必要が今日の如く切実なるはない。旧著に若干の訂正を加えたるこの小冊が、かかる意味に於て些《いささ》かにても非常時に貢献し得るならば、予の最も欣快とするところである。

昭和十四年六月

大川周明

日本二千六百年史［増補版］――目次

1 本書は昭和十五年に発行停止になった『日本二千六百年史』（第一書房）を底本とし、検事局によって三十八カ所を削除された改訂版も参照した上で編集しました。

2 その際、読者の参考に供するため、削除された箇所を傍線で示しました。

3 旧送り仮名や旧漢字は一部現行のものに改め、難解と思われる漢字や単語にはルビを振ったり注釈を施したりしました。ただし国号については初出のみ原文のままの漢名を用いました。

4 明らかな誤記や誤字は修正しました。

5 巻末に所収した「本書関連資料」は『頭山満と近代日本』（春風社）を参照させていただきました。

6 本書には、今日では差別的と解釈されかねない表現をそのまま表記した箇所がありますが、差別的意図は一切ないことをお断りいたします。

毎日ワンズ編集部

日本二千六百年史

第一章　序論

吾らは永遠より永遠にわたる日本的生命の一断面である。意識すると否とに拘らず、吾ら国民総体としても、はたまた個々の日本人としても、実に日本歴史の全体を宿してこの世に立っている。今日の日本を知らずして、明日の日本を察し難き如く、過去の日本を知らずして、今日の日本を知るべくもない。吾らの現に生きつつある国家を、並びに吾ら自身を、正しく把握する為には、必ず国史を学ばねばならぬ。司馬温公がその畢生《ひっせい》の心血を注げる史書に『資治通鑑』と名づけたる如く、歴史はまさしく吾らの如実の姿を知るべき鏡であり、歴史を学ぶことは真個の自己を知る所以である。真個の自己を知ることなくしては、正しき行動ももとより不可能である。それ故に東洋に於ては、古来経史の二学を士人必修のものとした。経学は則ち哲学であり、史学は文字通り歴史である。古《いにしえ》は学問と言えば修身治人《しゅうしんちじん》の道を究めることであり、而して之を究めるために経史を学んだ。修身治人とは、道徳並びに政治の意味なるが故に、修身治人の道とは、取りも直さず私人並びに公人として正しく世に処する道ということである。

歴史を学ぶことはかくの如く重要事なるに拘らず現代最も著しき傾向の一つは、実に歴史を無視することである。少くも今日の青年の多数は、自国の歴史に対してほとんど何らの興味を有せず、従って心を濃《こまや》かにして国史を学ぶことをしない。而してかくの如き非歴史的傾向が、改造運動に没頭する青年の間に最も顕著なることは、一層驚くべき事実である。なるほど改造は一面より言えばあらゆる旧《ふる》きものの破壊である。この改造の機運は、世界戦によって激成せられたる風潮にして、東と言わず西と言わず、社会国家の存するところ、皆なその波に洗われざるはない。日本独りこの風潮の外に立つ能《あた》わざるは言うまでもない。かくて一切の旧きものは、風俗習慣も、制度文物も、乃至《ないし》は思想信仰も、もはや旧きままにては存在することを許されず、総てが改造即ち破壊の道程にあるものと思わねばならぬ。さりながら真個の改造は、たとえ破壊に始まっても、決して破壊に終ってはならぬ。その破壊は、必ず建設のための破壊でなければならぬ。

しからばその建設の原理は、これを何処《いずこ》に求むべきか。外国の先蹤《せんしょう》を追うことも、たしかに建設の一方法である。あるいは最も容易なる方法でもあろう。吾らは国家社会を改造または革新せる先蹤として、露西亜（ロシア）を有し、独逸（ドイツ）を有し、また伊太利（イタリア）を有している。而して吾らの青年のうちには、徹頭徹尾ロシアに倣《なら》って吾国を改造せんと熱中する者もある。あるいはムッソリーニがイタリアを改革せるに倣わんとする者もある。純乎たる理論によって建設を試みるも、また一方法である。けれども現在のところ、吾国に於て唱えらるる純理は、ついに西欧哲学及び科学の理論を出でない。かくの如き理論は、之を西洋に施してさえ実行を不能とするもの多く、之を日本に実現せんとすることは、まさに一個の空想に等しい。両者共に吾らの与《くみ》し得ざるところである。

如何《いか》なる世、如何なる国と言わず、改造または革新の必要は、国民的生命の衰弱・頽廃《たいはい》から生れる。生命の衰弱・頽廃は善なるものの力弱り、悪なるものの横行跋扈《ばっこ》することによる。故に之を改造するためには、国民的生命の衷に潜む偉大なるもの・高貴なるもの・堅実なるものを認識し、之を復興せしむることによって、現に横行しつつある邪悪を打倒しなければならぬ。簡潔に言えば、改造または革新とは、自国の善を以て自国の悪を討つことでなければならぬ。それは他国の善なるが如く見ゆるものを藉《か》り来りて、自国の悪に代えることであってはならぬ。かくの如きは、精々《せいぜい》成功しても木に竹を接《つ》ぐに止《とど》まり、決して樹木本来の生命を更新するのではなく、之を別の竹たらしむに終るであろう。それ故に、建設の原理は、断じて之を他国に求むべきに非《あら》ず、実に吾が衷に求めねばならぬ。而して吾が衷に求むべき建設の原理は、唯だ自国の歴史を学ぶことによってのみ、之を把握することが出来る。いま改造の必要に当面しつつある時代に於て、吾らはいよいよ国史研究の重要を痛感する。

さて吾国に於ける最初のかつ根本の歴史は『日本書紀』である。而して何故に朝廷がこの歴史を編修されたかを知ることは、国家と歴史との関係、従って歴史の重要性を明らかにする上に、極めて肝心なることである。第一に国史の編修は、国民的自覚の所産である。自覚は反省を伴う。『日本書紀』はまさしく強大なる国民的自覚並びに反省の所産である。しからばその自覚は如何にして生れたか。それは日本民族の発展が、一定の程度に達せるためなりしことは言うまでもないけれど、この内面的事情の他に、直接にしてかつ有力なる外面的刺戟《しげき》ありしが故である。その刺戟とは、取りも直さず支那（シナ）との接触である。「我」の確立は「非我」との対立に待つ。それは個人の場合に於ても民族の場合に於ても同然である。日本はシナとの接触によって、初めて強大にして明確なる国民的自覚を生じた。

吾国はシナと交通して、推古天皇以来盛んに隋唐文明を摂取し、大化革新の如き、うち見たるところはあたかも日本を以て小シナたらしめたるの観がある。それにも拘らず日本が、秋毫《しゅうごう》も昔ながらの日本魂を失わざりしことは、当時吾国のシナに対して採れる態度に徴《ちょう》して明白である。聖徳太子が隋の煬帝《ようだい》に対して、「日出処《ひいづるところ》の天子、書を日没処の天子に致す、恙無《つつが》きや」との国書を送れる如き、天智天皇が百済《くだら》を援《たす》けて大唐帝国と戦える如き、それが当時に於ける最も熱心なる隋唐文明の採用者なりしだけ、それだけ吾らをして感激に堪えざらしむるものである。さればこそ桓武天皇の時、姓氏録《しょうじろく》を撰ばせらるるに際してもシナ帰化民を蕃別《ばんべつ》の部《べ》に編入し、たとえ文化の点に於ては模範とせるシナであるとは言え、之を取り扱うに外蕃を以てしたのである。之を今日の吾国の共産主義者が、ロシアを「吾が祖国」と呼んで恥ずるところなきに比ぶれば、まさに天地雲泥の差と言わねばならぬ。

かくの如くシナと接触し、その文明を採用すると共に、国民的自覚もまた強大となれるが故に、日本建国の由来、並びに精神、これに伴う国体の尊厳を内外に明示するため、朝廷に於て、国史の編修を企てられたのが聖徳太子であり、『天皇記』『国記』『臣連《おみむらじ》、伴造《とものみやつこ》、国造、百八十部《ももあまりやそとも》並びに公民《おおみたから》どもの本記』を撰集せられたが、国記を除くその他の記録は、不幸にして蘇我氏と共に亡び、国記もまた後に散失してその内容を知るよしもなくなった。その後天武天皇の時代に至り、あらためて国史撰修の業を創《はじ》められ、それが元正《げんしょう》天皇の時に完成せられて、『日本書紀』として今日に伝えられているのである。而してその間に元明天皇の時、太安万侶が勅を奉じて、稗田阿礼の伝誦《でんしょう》を撰録せる『古事記』が出来た。かくの如く修史事業の盛んなりしは、疑いもなく日本的自覚が極めて旺盛となれるが故である。

『日本書紀』が特に国号を冠したるは、独り国民をして建国の由来、精神を知らしむるのみならず、外国に対してもまた国体の尊厳を宣揚するの目的を以て撰修せられしものなるが故である。それ以外の歴史は、単に天皇記、国記、古事記という如く、特に「日本」と銘を打たない。外国というは主としてシナであるが、当時のシナは唐朝の盛時であり、吾国が盛んにその文物制度を取り入れたる先進国である。その先進国に対して、吾が日本の荘厳なる国体を明示するために『日本書紀』を撰修したることは、日本精神の不羈《ふき》独立を立証して余りあるものである。それ故にその文章は堂々たる漢文にして、漢籍の章句を藉り来りて大いに記事を潤色している。そのために本居翁をはじめとし、多くの国学者は『古事記』を尊重して『日本書紀』を疎《うと》んずる傾向がある。さりながら吾らはかくの如き態度に賛同し得ない。なるほど文章は漢文であり、形容修辞に苦心はしているけれど、そのために些かも日本の真面目《しんめんぼく》が蔽《おお》われていない。それは『日本書紀』撰修者が、明確強烈なる日本的意識を以て事に従える為でなければならぬ。特に神代巻に於ては「一書曰《しょにいわく》」として総ての異説を列挙し、些かも臆断を下さず、また事実を蔽わんとせざるところに、公平無私にして天空海濶《かいかつ》なる日本精神が、わけても炳乎《へいこ》として現われている。『古事記』と共に最も尊重すべき古典なることは拒むべくもない。

さて『日本書紀』三十巻が完成されたのは、元正天皇の養老四年（七二〇年）のことであるが、朝廷に於ては、進奏の翌年即ち養老五年（七二一年）から、直ちに『日本書紀』の講筵《こうえん》（講義をする席）を宮中に開かせられ、親王・太政大臣・左右大臣より参議に至るまで、皆な講義を陪聴せしめられ、講義終れば陪聴者一同に饗応を賜わった。之を竟宴《きょうえん》と言い、竟宴中に『日本書紀』に現われたる人物を題として和歌を詠ませるのが例となった。それは国務に当る者をして、建国の大義を忘れざらしめんとする大御心《おおみこころ》に出でたるものと拝察される。かく一方に於て『日本書紀』の講義をすると同時に、他方に於ては『日本書紀』の後を承《う》けて、つぎつぎに国史の撰修を行い、いわゆる六国史が出来た。

かくの如くにして国史の尊重と国運の盛衰とが、常に形影相伴うことに何の不思議もない。何となれば、国史を尊重することは、取りも直さず国民的自覚の強烈を意味するが故である。現に藤原氏専横の世となりてよりは、『日本書紀』の講義も国史の撰修も、両《ふたつ》ながら中絶してしまった。そは日本建国の精神を明らかにし、国体の本義を反省することは、明白に藤原氏にとりて不利なるが故である。けれども建国の精神を没却して国家が栄える道理がない。平安朝の末期藤原氏専横時代の日本は、ほとんど無政府ともいうべき乱脈に陥った。

後三条天皇は、政権を再び藤原氏の手より朝廷に収められ、白河天皇さらにその遺志を継ぎて、譲位の後にいわゆる院政を創められた。院政は最も人目を惹《ひ》かぬ方法を以て、巧みに政権を皇室に回復する為の制度にして、吾らは之によって偉大なる政治的才腕を天皇に於て見奉るものである。かかる雄志を抱かれしが故に、絶えて久しかりし国史撰修のことも思い立たれ、藤原信西《しんぜい》をして『本朝世紀』を撰述せしめられた。その後保元・平治の乱を経て、政権全く武門に移るに及んでは、また朝廷に修史の御企てなく、『日本書紀』の講義も行われなかった。

後醍醐天皇の建武中興は、たとえ回天の偉業中道にして挫折したとは言え、まがうべくもなき日本精神の勃興なるが故に、この精神の最も見事なる結晶として、北畠親房《ちかふさ》の『神皇正統記』が生れた。平安朝の末葉より鎌倉時代の初期にかけて、国史を等閑《とうかん》に附したる（放っておく）ことは、必然国体観念の昏瞑を招き、いまよりして之を想えば、到底許し難き思想が行われていた。たとえば慈鎮（慈円）和尚の『愚管抄』に現われたる思想である。慈円は関白藤原忠通の子であるが、その著書の中には天皇のことを皆な「国王」と書き、甚だしきは礼記《らいき》の百王説をそのままに信受して「皇統百代限り」と言うが如き妄誕《ぼうたん》至極の言をなし、実に「神の御代は知らず人代となりて神武天皇以後百代とぞ聞ゆる。既に残り少なく八十四代にもなりける」とさえ述べている。八十四代と申すは順徳天皇のことにして、いま十六代にして日本の皇統は亡ぶという驚くべき思想である。かくの如き時代の後を承け、吾が北畠親房が「大日本は神国なり」と高唱し、神胤《しんいん》永くこの世に君臨して、天壌《てんじょう》と共に無窮《むきゅう》なるべきことを明確に力説したのは、まさに一句鉄崑崙《てつこんろん》（万象を支えているもの）、虚空《こくう》をして希有《けう》と叫ばしむものである。まことに『神皇正統記』は、前に遠く建国創業を望み、後に遥かに明治維新を呼ぶところの国史の中軸にして、この書ひとたび出でて大義名分の存するところ、炳乎として千載に明らかになった。

　室町時代は、当初より国家的統一がなかったが、応仁乱後は乱離一層を極めた。皇室の式微《しきび》もこの時を以て空前絶後とする。かかる時に当りて後土御門《ごつちみかど》天皇が、『日本書紀』の講義を再興し、吉田兼倶《かねとも》を召して進講せしめられたことは、取りも直さず日本精神再興の前兆であった。爾来《じらい》『日本書紀』の講義が次第に行われ始め、親王・公卿をはじめとし、地方の豪族も学者を招聘《しょうへい》して之を聴聞するようになった。次いで後柏原天皇及び後奈良天皇が、共に鋭意朝廷再興に御心を砕かれた。後柏原と申し上げるのは桓武天皇（別称・柏原帝）に、後奈良と申し上げるのは平城《へいぜい》天皇（別称・奈良帝）に対し奉れるものであるが、まことにこの両天皇は、桓武・平城の盛世を復興するために、苦心非常を極められた。後奈良天皇の如き、日常の供御《くご》（食事）にさえも差し支《つか》えられ、臣民に宸筆を賜わり、その礼物を以て生活を続けられ（削除部分、傍線は編集部、以下同）たほどの御窮困であらせられたに拘らずその御日記の毎月朔日《ついたち》の条では「万国治平・百蕃帰服・朝廷再興」または

「海内静謐・朝廷再興」と書かれている。この雄渾にして偉烈なる精神は、やがて天下の人心をして、皇室に向わしむる気風を開き、爾来戦国の諸雄、多く心を皇室に寄するに至り、ついに正親町《おおぎまち》天皇の世に、織田信長出でて皇室を再興し、天皇を奉じて天下に号令し、豊臣秀吉その後を承けていよいよ皇室を尊崇し、国民をして再び天日を仰がしめた。

徳川氏は皇室を宗教的に尊崇したが、全く政治的権力を奪い去った。そは言うまでもなく日本の国体より言えば変則の政治である。しかるに徳川氏の史学奨励は、大いに国史の研究を促し、水戸藩の編修にかかる『大日本史』をはじめとし、『保建大記』『中興鑑言』の如き、乃至は『日本外史』『日本政記』の如き、国民をして国体の本義を反省せしむる幾多の著書世に現われ、ついに明治維新の機運を促進するに至った。

以上の事実は、最も雄弁に史学の消長と国家の盛衰とが、常に相伴い来たれることを物語る。それは歴史が国家を隆興せしめるというよりは、史学によって覚醒せられたる日本精神が、興国の力となるのである。それ故に吾らは、わけても現今の如き時代に於て、国史研究の重要性を力説したい。唯だ正しき国史の研究のみが、吾らをして日本歴史の尊貴、日本民族の偉大、日本国体の荘厳を体得せしめ、よく一切の非常時に善処するを得せしめるであろう。

第二章　日本民族及び日本国家

如何なる川も、決して当初より大河ではない。黄河・揚子江の大を以てしても、その源に溯《さかのぼ》れば、ついに谷間の小川である。ただ幾多の支流を合せ、落ち来る総ての水を東海に向わしめ行く間に、おのずから千里の長江となる。まことに一切の長江大河の偉大は、己れに注ぎ入る一切の水に、向うところを与えることに存する。そはかくすることによって、同時に己れを豊かにし、大きくし、強くする。

このことは、吾らの精神的生活に於ても適切に同然である。個人の魂、而して民族の精神もまた、決して生れながらに豊富・荘厳・偉大ではあり得ない。そは博《ひろ》く学び、濃かに思い、篤く行い、その魂に入り来る一切を抱擁して、向うところを之に与えることによって、歩々偉大となり行くのである。それ故にニーチェは、偉大とは「方向を与えることだ」と道破した。方向を与えること、向うところを知らしめることが、取りも直さず偉大なる魂の力である。この力を具《そな》えたる魂は、総てを受け容れて己れの精神を豊かにし、かつかくすることによって、一切のものに真個の意識と価値とを与える。

しかるに方向を他に与えるためには、必ず自ら目指すところ、行き着かんとするところなければならぬ。これありて初めて、総て己れに入り来るものを率いることが出来、総てを率いつつ己れを偉大ならしめることが出来る。目指すところ、魂の向うところは、言うまでもなく理想である。それ故に吾らの魂の発展と充実とは、確乎不動の理想ありて初めて可能である。かくして偉大なるべき魂は、何をさて置き先ず荘厳偉烈なる理想を堅確に抱持する魂でなければならぬ。

さて総ての国家は、プラトンが明瞭に説示せる如く、「不動の巌《いわお》の上に建てられたる家にたぐうべき（たとえるべき）ものに非ず、国民の魂を礎《いしずえ》とし、かつ国民の魂を以て組立てられたる家」である。従って日本国家を創造し、かつ現に創造しつつあるものは、端的に日本精神、または大和魂である。それ故に吾らは、日本歴史を学ぶに当りて、先ずその基礎たり同時に材料たる目的精神の本質について反省するであろう。

日本精神の数ある特徴のうち、その最も著しきものは、入り来る総ての思想・文明に「方向を与える」ことである。それ故に吾らは日本精神を偉大なりとする。そはまさしく一切の支流を合せてその水を大海に向わしめ、かつ之によりて己れを豊かならしむる長江大河の偉業である。吾らは先ずシナ思想及び文明と接触して之を吾有《わがもの》とし、次いで印度（インド）思想及び文明と接して之を吾有とした。亜細亜（アジア）精神の両極ともいうべきこれらの思想並びに文明は、実に日本精神によりて正しき方向を与えられたが故に、今日までその生命を護持し長養されて来た。シナ思想の精華、従ってシナ文明の根底は、孔孟の教えではないか。而してその教えが日本に活きてシナに死んだのだ。修身治人の学問としての儒教は、ついに道徳的にシナ民族を向上せしむることも出来ず、また政治的に之を発達せしむることも出来なかった。若宮卯之助氏がその好著『世界的日本主義』の中に紹介せる一シナ学者の下の言葉は、シナに於ける儒者、従って儒教が、原則として社会国家の進運に没交渉なる事実を指摘して痛切無比である。曰く「孔孟が行道《ぎょうどう》を以て目的となし、得君《とくくん》を以て手段となし、周遊万邦、席暖まるに暇あらずして、専一王侯大人に遊説したるものは、その謀るところ、政界上に相当の位置を占むるに在りき。後世、士の一階級を開いて、農工商の実業に従事する者と、截然《せつぜん》画《わか》れて両途となれり。是故に儒を学んで成らざるもの、円滑者流は官僚となり、迂拙《うせつ》者流は学究となり、陰柔者流は郷愿《きょうげん》となり、齷齪《あくせく》者流は鄙夫《ひふ》となり、狡猾者流は偽君子となり、風流放誕者流は文人墨客学士才子となる。歴代有名の儒と無名の儒と、大都《おおよそ》この六類を出でず。中国の士大夫なるものは、禄蠹《ろくと》と称せられて、捷差事を以て目的となし、人の子弟を誤るを以て職業となし、国家の興亡、社会の隆替に対して漠として関心せず、而もただ自家個人の位置を保持するを以て、唯一不二当務の急となす者なり。此等極端の為我主義、之を開ける者は孔孟の干禄主義なり」と。

しかるに吾国に於ては、菟道稚郎子皇子《うじわきいらつこのみこ》の（兄に帝位を譲るための）自殺が悲壮に立証する如く、儒教伝来の当初より、厳格忠実に孔孟の教えを躬行《きゅうこう》せんと心がけた。それ故に儒教は日本の国民道徳を向上させた。わけても徳川時代に於ては、儒教が国民の道徳的並びに政治的生活に於ける至要の指導原理となり、諸侯は之に則りてその国を治め、士人は之によってその身を修めた。もと孔孟の教えは春秋戦国の時に説かれたるもの、それが吾が徳川時代に於て見事に躬行せられたのは、一つには両者の国状が似通えるものにもよる。春秋時代のシナは、その封建制度、その面積人口、共に徳川時代の日本と大差ない。これ儒教が、秦漢以後の統一帝国に於てよりも、日本に於て一層適切に理解せられ、一層見事にその精神を実現せられし所以である。

そは老荘の思想についても同然である。今日のシナに於て、老荘は卑俗なる民間信仰と相結べる道教となって生きてはいる。さりながら道教に於ける老荘思想は、甚だしき牽強附会《けんきょうふかい》か、さもなくば甚だしき変質堕落であり、本来の精神を距ること極めて遠きものである。しかるに吾国に於ては、老荘の精神がいつとはなく国民的生命の繊維に織り込まれ、国民性の上に特異なる感化を与えて今日に及んだ。吾らが枯淡閑寂を愛する心、さびを愛し、しぶみを愛する心は、実に最も多くを老荘及び禅に負う。而してこの心は、国民の芸術的宗教とも言うべき茶道及び花道として、一杯の茶に全人生を味わい、一輪の花に全宇宙の美を賞する、奇しく幽《かそけ》しき審美的修練を、現に今日も国民に与えつつある。

この事はインド文明の精華ともいうべき仏教についてもまた同様である。仏教はついにインドを救い得ざりしのみならず、インドも仏教を生かし得なかった。いまや仏教は、僅かに錫蘭（セイロン）島に於て小乗的信仰者の少数を有する以外、ほとんどインドにその跡を絶ってしまった。第二の故郷ともいうべきシナに於ても、いまや仏教は漢訳蔵経《ぞうきょう》と堂塔伽藍とを残して、過ぎし世の盛大を偲ばしむるに止まり、シナ民族の信仰生活と風する馬牛（無関係）となり果てた。独り吾が日本に於てのみ、仏陀の福音に含まれたる一切の要素が、その登るべき至高の階《きざはし》まで高められ、今日なお国民の宗教的生活を律する生きたる信仰となっている。

日本民族が早くよりシナ及びインドの思想文明と接触せることは、これをして精神的にシナの一省か、もしくはインドの一植民地たらしめ易いように思われる。さりながら、巨巌の如き国民的自尊と有機的統一とは、アジア文明の両極より押し寄せる狂瀾怒濤に対して、毅然として動かざるを得せしめた。たとえ幾多の波瀾曲折ありしとは言え、国民の精神は如何なる時に於ても、それらの文明の奴隷となることとなかった。日本民族の最も光栄とする誇りは、単に政治的のみならず、その道徳的・宗教的・乃至芸術的生活に於て、寸毫だも外来の影響のために、自家の真面目を傷つけられざりしことである。

かく言えば、吾らの態度を彼《か》のシナ人が濫《みだ》りに他国の文明を蔑視し、自らその固陋《ころう》に甘んずるが如き、笑うべき矜高《きょうこう》と同視してはならぬ。他国の文明に対して、あたかも楚人が越人の肥瘠《ひせき》を見るが如き無感覚を以てするは、シナ人の態度である。しかるに吾らは、アジア大陸に咲き香《にお》える文化の花の輸入せらるる毎《ごと》に、まさに新たなる感激に胸を躍らせて来た。最初三韓文明と接したる時も、次にシナの儒教文明に接したる時も、後にインドの仏教文明と接したる時も、吾らは他国民の追蹤を許さぬ敏感と、驚嘆すべき自由なる批判的精神とを以て、仔細に之を観察し、熱心に之を研究した。而してこの厳格なる努力は、それらの文明を遺憾なく領会して、之を国民的生命の内容として摂取し了《おわ》るまで続けられた。盲目なる崇拝は、吾らの断じてせぬところである。同時に偏狭なる排斥も、また吾らの決して敢てせぬところである。吾らは数ある例証の一つとして、大化革新当時の事情を下に述べる。

推古朝以来、隋唐の文明は、江河を決する勢いを以て吾国に入り来り、天智朝に至りて、制度文物の模範を悉《ことごと》くシナに採り、日本は宛《えん》として（さながら）小シナの観を呈するに至った。而してこの小シナの熱心なる歓迎者は、実に吾が天智天皇であった。それにも拘らずこの英明なる天皇は、吾国を以て決してシナの精神的属国たらしめ給うことなかった。天皇の御心の衷には、建国当初の雄大なる日本精神が、昔ながらの力強さを以て流れていた。而してこの精神は、天皇をして百済に対する唐帝国の不義なる圧迫に平然たるを得ざらしめた。天皇は赫《かく》として憤りを発し給い、百済の乞いを容れて援兵を派し、刀折れ矢尽きるまで唐軍と戦わしめた。戦争は不幸にして吾が軍の不利に終った。けれどもこの一戦は、傲慢《ごうまん》なる唐帝国をして、吾が国民の勇武に対する嘆賞と恐怖とを禁ぜざらしめ、戦《いくさ》に於て勝利を得たにも拘らず、却《かえ》って彼より使者を遣わして、和を吾国に請わしめた。誰か祖国の歴史を読んでここに到る毎に、吾が国民的精神の荘厳凛烈《りんれつ》に感激せざるものぞ。

而してこの精神は、吾らをして異邦文明の単なる模倣者たらしむることなからしめた。つぎつぎに入り来る文化の花が、如何に美《うる》わしく咲き香えるにもせよ、吾らの目は最後までその美に眩惑されることなかった。如何なる場合に於ても、吾らの自由なる精神の発揮が、模倣の為に累《わずら》わされることなかった。もし厳刻なる解剖の刀を加えて吾国の文明を分析すれば、一つも特別に新しき要素を発見することが出来ぬ、こは人々をして、日本文明は何らの独創もなき単に異邦の諸文明を取捨選択したものに過ぎぬと思わしめ易い。げに欧米人の中に、而して吾が国民の中にもまた、吾らを以て徒《いたず》らに模倣と折衷とに巧みにして、何ら独創の力なしと信ずる人々が決して少くない。されど、こは由々しき誤解である。人類の精神的歴史は、決して異種の思想や文化の機械的離合によりて消長するものではない。石と木材と瓦とを寄せ集めただけでは、千万年を経るとも家は出来ぬ。歴史の原動力は、実に国民の創造力そのものである。既存の要素は、活きたる国民精神に摂取せられて新しき全体となり、この新しき全体に於て、かつて存せざりし新しき生命と新しき意義とを得来るのである。こは独り国民に於てしかるのみならず、個人に於てもまた同様である。誰か仏陀の宗教を、全く新しき信仰より成ると断言し得よう。誰か孔子の教説を、全く新しき道徳より成ると断言し得よう。けれども古き婆羅門《バラモン》の哲学・宗教は、仏陀の人格に統一せられて、新しき生命を与えられた。孔子自身は述べて作らず（古人の言説を伝えるのみ）と言いたりしにも拘らず、旧来のシナ思想は、彼の人格を通過する際に、全く新しき趣旨を発揮されていた。人格の創造力、これこそは世界史の開拓者である。もしこの秘鑰《ひやく》（秘密を解く鍵）を手に入れなければ、世界史の秘密蔵は、永遠に吾らの前に閉ざされねばならぬ。さらば吾らをして再び大化革新の歴史を回顧せしめよ。何となればこの革新は、吾国の史家によりて常に唐制模倣と呼ばれているに拘らず、事実に於て吾らの偉大なる創造力を、最もよく発揮しているからである。

大化の革新が、その範を隋唐政治に採れることは、もとより何人《なんぴと》も異論のある筈がない。しかれども少しく詳細にかれこれの事情を考察すれば、それが決して単なる唐制模倣に非ざることが、直ちに明白となるであろう。けだし漢代以来、歴史的発達のままに放任せられたるシナの政治組織は、次第に附随し来れる色々の要素の纏綿《てんめん》により、隋唐の世に至りては、甚だしき矛盾あり繁雑なる重複ありて、ほとんど領会に苦しむほど錯綜紛糾を極めていたことは、当時の歴史に通ずる人のすでに熟知するところである。そはシナ人自身にとりてさえ、根本と枝葉と、中心と周囲とを分つに困難となっていたほど、複雑なる制度となっていた。しかるに吾らの祖先は、極めて短日月《たんじつげつ》の間にシナの政治組織を十分に理解し、之を自家薬籠《やくろう》中のものとした。而してこの雑駁《ざっぱく》なる制度を、最も見事に解釈して、驚嘆すべき整然たる秩序を与え、綱《こう》挙がり目《もく》張れる（綱は大要、目は細目）八省百官の制度となし之によりて当時吾国の焦眉の問題なりし政治的改革に解決を与えたのである。誰か単なる模倣者に、この水際立って鮮かなる腕前を期待し得よう。もし之をしも模倣と称すべくは、天下いずれの所に創作なるものあるか。エマーソン曰く、「天才の前に秘密なし」と。如何なる文明も吾らの前には秘密でなかった。如何なる思想も吾らにとりて解き難き謎でなかった。而して旧を失うことなくして新を抱擁し得る溌剌《はつらつ》たる帰一の精神は吾らをしてアジア文明の一切を摂取し、之を国民の生活の上に復活するを得せしめた。而して一度その根をこの国土に下ろせる文明は、決して凋落《ちょうらく》せざる美わしき花を咲かせることを得た。

これを欧羅巴（ヨーロッパ）に対して言う時、アジアは渾然たる一如をなして、西洋文明と相対する東洋文明をなしている。もとより東洋精神は、異なれる国土に於て異なれる表現をなしている。けれどもそれらは皆な、一つ大洋に起伏する女波男波《めなみおなみ》に過ぎぬ。アジア諸国の文明は、皆な統一あるアジアを物語る。しかるにこの「複雑の中に存する統一」を、わけても鮮かに実現して、アジアの一如を最も十分に発揮するのが、常に日本国民の光栄ある特権であった。而して世界に比類なき皇統の連綿と、未だかつて異邦の征服を受けざる崇高なる自尊と、先祖の思想・感情を保つに至便なる地理的位置とが日本をしてアジア思想及び文明の護持者たるに適せしめた。されば吾らの今日の意識は、実にアジア意識の総合であり、吾らの文明は全アジア思想の表現である。日本文明の意義及び価値は、実にこの点に存する。

シナを見よ。王室の顛覆《てんぷく》、塞外《さいがい》民族の入寇《にゅうこう》、兇暴なる民衆の掠奪、総てこれらの出来事が幾度となく繰り返された為に、今日残るところのものは、唯だ唐代諸帝の光栄と宋代社会の文雅とを偲ばしめる文学や遺跡があるに過ぎぬ。その文明の根底をなせる儒教及び老子教の精神は亡び果て、この精神が生み出したる美わしき芸術も、打ち続ける天災や戦乱のために消え失せた。また、之をインドに見よ。アンティオコスやアレキサンダーの帝王をして、その威を仰がしめたる阿育王（アショカ王）の荘厳も、いまは唯だバールートやブッダガヤの頽《くず》れた石垣に悲しき面影を留めるに過ぎぬ。詩聖カーリダーサの筆すらも、なおかつ尽くし難かりし超日王（チャンドラグプタ二世）の比類なき栄華も、覚めて跡なき美わしき夢となった。婆羅門の聖智の水は涸れ仏陀の教えは生命を失った。インド芸術の壮麗なる作品は、蒙古人の狼藉と、回教徒の狂暴なる偶像破壊主義と、欧州傭兵の無智なる乱暴とによりてほとんどその姿を失ってしまった。吾らは唯だアジャンタ石窟寺の彫壁や、エローラの彫刻や、オリッサの彫岩や、最後には今日の日用品（水壷など）によりて、僅かに過去を懐《おも》い得るに過ぎぬ。しかるに日本に於てのみ、アジアの歴史的富が護持されて来た。孔老の教えも、仏陀の福音も、その最も美わしき果実をこの国に於て結んだ。而してそれらの理想の具体的表現なる芸術も、この国に於てのみ持ち伝えられたる貴き遺品によりて、時代を逐うて辿ることが出来る。而して日本がよくかくの如くなるを得たのは、すでに述べたる如く、日本精神が、一切の方向を与える力を具えているためであり、而してよく一切に正しき方向を与えることが出来るのは、取りも直さず正しき理想を抱くが故である。

　しからばその理想とは何か。吾らの祖先がこの国を肇《はじ》むるに当り、全身全霊を挙げて確立せる理想は、「あまつひつぎのみさかえ、あめつちとともにかぎりなけむ」ことであった。げに日本建国の理想は、この一句に尽くされ、この一句こそ、『古事記』『日本書紀』の中軸である。『古事記』『日本書紀』の神代巻に於ける自余の一切の立言は、要するにこの一事を荘厳にするためのものということが出来る。もとより記紀共に天地の開闢《かいびゃく》を説き、宇宙の生成を説いている。何となれば日本民族は、祖宗以来の天地開闢に関する思想信仰を伝承して来たからである。而して吾らは開闢説を通じて日本民族本来の特性を認識し得るが故に、それは吾らにとりて珍重至極のものである。さりながら記紀の神代巻は、猶太（ユダヤ）の創世記やインドの倶舎《くしゃ》論のように宇宙生成そのものを主題とせるものでなく、その専ら心血を注げると

彫像、エローラ

ころは、天壌無窮なるべき皇室の淵源を明らかにし、皇統の由来するところ、悠遠にして森厳なるを力説するにあったのである。

万世一系の理想は、余りにも屡々《しばしば》口頭に上る為に、いまの世の人々は却ってその中に含まるる深奥なる意義を反省しようとせぬ傾《かたむき》がある。けれども単に之をその外面のみについて見るも、古代諸国の建国思想のうち、かくの如く雄渾にして確信に充ちたるものが他にもあるのか。吾らの知る限りに於ては、僅かに秦の始皇帝が、朕を始皇帝とし、二世三世より伝えて万世に至らんと豪語した。けれども実際は僅かに二世にして亡国となってしまった。シナの学者は、始皇帝の抱ける如き万世一系の理想を以て、罵笑《ばしょう》すべき不可能の夢となし、革命即ち王朝の交替を当然のこととした。しかるに吾国に於ては、シナに於て談罵の種とされるこの理想を奉じ、よく之を実現して今日に至り、さらに未来永劫に及ぼさんとしている。そはまさしく人類の歴史に於ける一個の不可思議である。

かつてマコーレーは、羅馬（ローマ）法王朝について下の如く論じた。曰く「地上に於て人間の作りし事業のうち、ローマ教会の如く研究の価値あるものは稀である。この教会の歴史は、人類文明の二大時期を繋《つな》ぐものである。犠牲を焼く煙がパンテオンより上りし時やフラビアの円戯場にジラフと虎とが駆けまわりし時まで人心を溯らせ得るものは、世界に於て、唯だこの教会だけである。世界に於てその系図の遠きを誇る最も永続したる王室も、之をローマ法王朝に比すれば、その年齢は赤子の如く稚《おさな》い」と。しかるに吾が皇室は、法王朝に比して一層久しい歴史を有している。もしマコーレーにして日本の皇統連綿を知ったならば一層その驚きを大にしたに相違ない。

加うるに天《あま》つ日嗣《ひつぎ》、天壌と共に無窮なることは、さらに重大なる内面的意義を有している。吾が日本民族は、この理想を堅確に把《は》持し来るが故に、今日あるを得たのである。皇統が万世一系なる為には、日本民族が万世に独立し繁栄することを必須の条件とする。それ故に万世一系ということは、直ちに日本国民の永遠の発展を意味する。国乱れて民亡ぶ。而して国乱れ民亡ぶ原因は、如何なる例外もなしに、主権が薄弱微力となるからである。それ故に日本の古典が、日本を以て「天雲《あまくも》の向伏《むかぶ》す限り、谷蟆《たにぐく》のさ渡る極み、皇御孫命《すめみまのみこと》の大御食国《おおみおすくに》」となし、もし「御代々々の間に、まつろわぬ穢《きたな》き奴《やっこ》もあれば、神代の古事のままに、大御稜威《おおみいつ》をかがやかして、たちまちに打ち滅ぼし給うものぞ」として、吾国の主権を万古不動の礎の上に置きたることは、まさしく国家永遠の繁栄の礎を置けるものである。

　試みに隣邦シナを見よ。シナに於ける主権の基礎は天命である。天は有徳者に命じて君主たらしめ、而して君主その徳を失えば、天は命《めい》を革《あらた》めて有徳者を君主たらしめるというのがシナの主権に関する根本思想である。けれども徳の有無は、之を計量すべき如何なる客観的標準もなきが故に、政権の基礎は畢竟《ひっきょう》力の優劣にある。さればこそシナの歴史は、幾度となく禅譲放伐を繰り返して今日に及び、その間未だかつて真個の挙国一致を知らず、未だかつてその民族国土を防護する力を養い得なかった。それ故に四億の大衆を以てして、常に夷狄《いてき》と侮辱せる異民族の征服を受けねばならなかった。日本が東海の小島嶼《とうしょ》に拠《よ》り、数千万の民族を以て、よくシナの如き運命を免れ得たのは、苟《いやし》くも国家に危急の事ある毎に、天皇の号令の下、挙国直ちに一致して国難に当れる故である。従って吾らは、日本の皇統万世一系なることが、同時に日本民族福祉の根源なることを、切実に反省せねばならぬ。

　さて天皇とは、「天神にして皇帝」の意味である。吾らの祖先は、天神にして皇帝たる君主を奉じて、この日本国を建設した。而して吾国は文字通り神国であり、天皇は現神《あきつかみ》であり、天皇の治世は神世《かみよ》であると信じていた。試みに『万葉集』を読めば、吾らは随処に「すめろぎは神にし在《ま》せば」という歌詞に接する。当時の人々は、その奉事せる天皇の世を直ちに「神世」と呼び、天皇の行幸を「天降《あもる》」と言い、彼ら自身を「すめろぎの神の宮人」と呼んでいた。いわゆる「神《かむ》ながらの道」とは、天皇が神のまにまに日本国家を治め給う道であり、同時に、日本国民が神のまにまに天皇に仕え奉る道のことである。

天皇を神と仰ぐ日本国民の信仰は、欧米人には容易に理解し得ないとしても、東洋に於ては決して会得するに難《かた》からぬ信仰である。試みに孝経《こうきょう》を繙《ひもと》けば「孝は父を厳にするより大なるは莫《な》く、父を厳にするは天に配するより大なるは莫し」という一句がある。天に配するとは、父に於て天を認めること、即ち父を天とすることである。それ故に礼記には「仁人の親に事《つか》ふるや天に事ふるが如く、天に事ふるや親に事ふる如くす」と説いている。そは父母に対する孝行が、その本質に於て宗教的なることを明示するものにして、家族に於ける父母は、家族生活に於ける宗教的対象となっているのである。宗教とは、自己の生命の本源を認識して、之を敬愛し之に随順することである。父母は取りも直さず吾らの最も直接なる生命の本源なるが故に、之を敬愛し之に随順することは、最も根本的なる宗教である。而して吾らは、父母より溯りて一家の祖先に及び、之を一層高い生命の本源として崇拝する。多くの家族が結合して部族を形成すれば、諸家族の共同祖先たる部族神が、各家族の祖先よりも一層高位の神として崇拝される。次いで多くの部族が一個の国家に統一せらるるに及び、部族全体の祖先が、国祖として国民崇拝の対象となる。しかるに多くの国家にありては、内外幾多の原因によりて、建国当初の国家的生命が、中断または断滅した為に、国祖に対する宗教的関係も、自ら消滅せざるを得なかった。それらの国々に於ては、国家の生命の本源たる国祖を認めず、直ちに宇宙全体の本源たる神を天父として仰いでいる。唯だ吾国に於ては建国このかた今日に至るまで、国家の歴史的進化、一貫相続して中絶せざりしのみならず、国祖の直系連綿として国家に君臨し給うが故に、国民の天皇に対する関係は、今日なお、鮮明に宗教的である。それ故に日本国民の天皇に対する関係は、その本質に於て父母に対する子女の関係と同一である。子女が父母に対して正しき関係を実現することが、取りも直さず孝である。同様に日本国民が、天皇に対して正しき関係を実現することが忠である。さればこそ吾国に於ては、古より忠孝一本《いっぽん》と言われている。そは日本の天皇は、家族の父、部族の族長が共同生活体の自然の発達に伴いて国家の君主となり、以て今日に及べるが故である。即ち日本に於ては、国祖に於て国家的生命の本源を認め、国祖の直系であり、かつ国祖の精神を如実に現在まで護持し給う天皇を、神として仰ぎ奉るのである。吾らは永遠無窮に一系連綿の天皇を奉じ、尽未来際《じんみらいさい》この国土に拠り、祖先の志業を継承して歩々之を遂行し、吾が国体をしていやが上に光輝あるものたらしめねばならぬ。

　東京帝国大学名誉教授B・H・チェンバレンは、かつて『新宗教の発明』と題する小著を公にし、日本政府の当路《とうろ》者が、天皇崇拝及び日本崇拝ともいうべき新宗教を発明し、之を国民の間に弘布せしめつつあると論じている。彼は「この宗教はただに新発明なるのみにならず、なお未だ完成せられず、当局者によりて、あるいは意識的に、あるいは半意識的に接合せらるる途中にある」となし、「忠君愛国という二十世紀の日本の新宗教」は全く新発明のものだとする。彼は吾国に於て、幾多の天皇が弑《しい》せられ、幾多の天皇が廃せられたこと、皇位継承が常に陰謀と殺伐なる争乱の前駆となりしこと、武家政府が皇室を窮困に陥れて顧みざりしことを述べて、日本が天皇を神聖なりとする信仰は、近時の発明なりと断言し、およそ国民の君主を遇するに倨傲《きょごう》（高慢）なりしこと、未だかつて日本人の如きはないとさえ言っている。吾らはここに事々《ことごと》しくかかる誤解を弁駁する必要を認めない。吾らは唯だ彼の主張に対する活きたる反証を挙ぐれば足る。

その反証の随一として挙ぐべきは、奈良の正倉院である。吾らの観るところによれば、正倉院ばかり力強く日本皇室の尊厳を立証するものは、容易に他には求むべくもない。正倉院は人の知る如く、奈良東大寺大仏殿の後《うしろ》にある皇室の宝蔵《ほうぞう》で、いまを距る約千百八十年の昔に建てられたる木造の建築である。奈良朝の天子は、一つには大仏に寄進の為、また一つにはかくして永く後世に伝えるため、皇室の御物《ぎょぶつ》をこの宝蔵に格納した。而して建物も、またその中の宝物も、共に些かも変りなく今日まで残っている。世々の民は、この中に比類なき珍宝が蔵《おさ》められていることを知っていた。もしも戦国時代、またはその他の時代に於て、横暴なる人間があって、之を破って宝物を盗み去ろうと思えば、容易に破り得る木造の建物なるに拘らず、未だかつて左様なことがなく、中に納められた火鉢の中には、奈良朝時代の灰までがそのままに残っている。而してこの不思議は、皇室の尊厳を以てせずば何を以て解き得るか。皇室の力は見えざるに働く。木曽の山中に育てる無学の武将義仲が、東山北陸の野武士を従えて京都に侵入し、あらん限りの乱暴を振舞った時でも、法皇の御輿《みこし》法皇の前には、唯だ拝伏する他、何事をも為し得なかった。彼らはそれとも知らで、天皇に散々に射奉った。されど「是は院にて渡らせ給ふぞ、過ち仕つるな」との一言に、悉く馬より下りて畏《かしこま》った。彼らはまたそれとも知らで天皇の御船《みふね》に矢参らせた。されど「是は帝《みかど》にて渡らせ給ふぞ」との一言に、等しく馬より下りて大地にひれ伏した。吾らは、之と同様なる厳粛なる感情が、二千六百年の歴史を通じて、間断なく国民精神のうちに流れていることを認むるものである。

吾らの先祖は、天皇の御先祖は天照大神《あまてらすおおみかみ》の御孫であり、天上の諸神を率いてこの国に天降《あまくだ》り、国神を服従せしめて、諸神を統一し給えるものであると信じて疑わなかった。この信仰は、吾国の政治の基礎に、統一したる神の世界という観念の潜めることを示すものである。「吾らは神の子孫である。吾らの先祖なる神々は、天皇の御祖先なる神に従いまつりて、その宏謨《こうぼ》を翼賛した。吾らもまた祖先の例に倣いて皇室に忠誠を尽くさねばならぬ」――これ実に吾らの祖先の堅き信仰であった。

第三章　日本国家の建設

四千年の東洋史、錯綜紛糾を極めているとはいえ、一言に要領を尽くせば、南北二大勢力の対立・抗争・勝敗の歴史である。南方の勢力とは何ぞ、曰く文である。北方の勢力とは何ぞ、曰く武である。南方文化の民は、北方尚武の民を蛮夷《ばんい》と軽侮せるに拘らず、常にその軽侮せる民族の武力に征服され、その支配下に立たねばならなかった。而して北方尚武の民も、一度南下すれば常に南方の文に軟化せられ、新たに興れる北方武力に圧倒せられて、征服者、被征服者の地位は、幾度となく新陳代謝した。

有史以前の太古に於て、吾が日本国もまたアジア大陸と同じく、南北二大勢力の争闘の舞台であった。南方の民は今日の日本民族であり、北方の民は即ちアイヌ族である。往古のアイヌ人は、その強勇に於て日本民族の好敵手であった。もし吾らの臆測に大過なくば、初め日本は恐らくアイヌ民族の国土であった。この臆測の根拠となるものは南は九州より北は奥羽に至るまで、日本の地名はほとんどアイヌ語らしきことである。即ち日本語としては到底解釈し得ざる地名も、之をアイヌ語の転訛《てんか》として見る時は、意義煥然として掌《たなごころ》を指す（物事が極めて明白なこと）が如きものが多い。果してしかりとすればアイヌ民族は日本諸島の先住者であり、日本民族は彼らに後れて到着したものとせねばならぬ。

吾国の古典は、吾が日本民族が、八重に棚引く叢雲《むらくも》を押し分け、高天原《たかまがはら》よりこの国に天降れることを記している。そは吾らの先祖が、その発祥の地を忘れ去りしを示すものにして、いまや人類学者・考古学者・歴史家が、この高天原を地球上のいずれかに捜し当てようと苦心するに拘らず、未だ定説を聞かない。かくの如く故郷も遠祖も忘れ去りしことは、この民族の日本渡来が、悠久の太古に属することを立証するものである。けれども日本民族は、決して一時に渡来したのではない。恐らく極めて長き年月の間に、逐次この美わしき島国に渡来し、各地に於てアイヌ人と妥協しまたは之を征服して、それぞれの酋長の下に部族的生活を営んでいたものであろう。而してその発展の径路は、九州より瀬戸内海を経て畿内の地に及べるものと思われる。瀬戸内海は、疑いもなく太古に於ける無比の交通路であった。日本民族は、この大道によって瀬戸内海の沿岸に根拠地を築き、次第に東方に向って進み、ついに大道の尽くるところ、即ち畿内の地に達し、彼らの冒険敢為なる者は、さらに陸路東北に進んだことであろう。かくて幾多の日本民族集落が内海沿岸に形成された。

さて、大和民族はもと南方の民なるが故に、文化と平和とを愛する性格をもっていた。しかるにこの日本諸島に於て吾らの祖先は北方の強者アイヌ人と生存競争を営まなければならなかった。けれども旺盛なる発展的精神を有する民族にとりて、強敵の存在は決して悲しむべきことではなく、寧《むし》ろ祝すべきことである。何となれば民族の進路に強力なる競争者あることは、彼らをして苟安《こうあん》(安楽をむさぼること)と惰弱《だじゃく》とより免れしむべき厳粛なる警鐘となるからである。もし吾らの祖先が、アイヌ人という勇武なる先住者をこの国土にもたなかったならば、あるいは南方民族に免れがたき文弱に陥り、今日の如き国家の建設を不可能としたかも知れぬ。幸いにアイヌ人との競争の間に、吾々の祖先は、南方の文に加うるに北方の武を以てした。而してよくアイヌ人との角逐に打ち勝ち、北へ北へと追いやりて、自ら代わって日本国の主人公となりし頃は、戦争に於て雄々しく、平和の仕事に於て優しく、詩歌を歓び、女性を尊重し、自然と人生とに現われたる力と生命とを崇拝せる、一個堅実なる民族となっていた。即ち幾世紀にわたる奮闘と努力とによってその生活を確立して行った間に、彼らは一個の民族として諸々《もろもろ》の性格を形成し、自余の諸民族に対して自家独自の面目を有する日本民族として、歴史の表面に現われたのである。

この美しき島々は、いたく吾らの祖先の心に適《かな》えるものであった。彼らは「朝日の直射《たださ》し夕日の直照る国」としてその朗かなる日光を喜んだ。「豊葦原千五百秋瑞穂国《とよあしはらちいおあきみずほのくに》」としてその豊沃なる土地を讃えた。あるいは「浦安の国」として松青く砂白く波静かなる海辺に、平和なる生活を楽しんだ。而してこの敷島の大和島根の美しき自然は、吾らの祖先の性格を、明朗に率直、純潔にして典雅なるものとした。けれどもこの国の自然は美しいと同時に烈しくて鋭い。四季の変化は、楽しいと同時に顕著にして強烈である。吾らの祖先は之によって敢為の気象と強い熱情とを鼓吹《こすい》された。いまを距る十余年以前、仏蘭西（フランス）の思想家ポール・リシャール氏は『告日本国』と題する一篇を公にし、その中に吾らの国民性について下の如く述べている。「一面に於ては恐るべく、他面に於ては優美に充ち、不断に躍動する力を微笑の裡に包めるものを汝の自然となす。この自然を愛慕する汝は、その姿に象《かたど》りて造られたり。汝はこの自然の凛烈と温柔とを兼ね有し、美に対する典雅の趣味と、力に対する豪放の趣味とを兼ね具う」と。こは真に鋭き洞察と言わねばならぬ。

さりながら日本民族をしてかくの如く文武兼備の民たらしめたのは、決して自然の感化だけではない。そはすでに述べたる如く、アイヌ人との生存競争があったからである。アイヌ人は「山を行くこと飛禽《ひきん》の如く、草を行くこと走獣の如し。恩を承けては即ち忘れ、死を見ては必ず報ぜんとす」という強暴なる民なりしが故に、吾らの祖先にとりて手強《てごわ》き敵であったに相違ない。この強敵ありしが故に、彼らは武を練り軍を備えねばならなかった。彼らはその敵に対して常に勝利を得たので、自ら「細戈千足国《くわしほこのちだるくに》」と誇った。のみならずかくの如き強敵と戦いつつありし間に、自ら民族的自覚を生じ、民族的自覚は民族的統一の精神を強くした。かくて日神《にちじん》の裔《えい》を首長と仰ぎ、血を同じくする諸部族が、共同の敵に対して次第に一致団結するに至り、ここに国家建設の基礎が不知《しらず》不識《しらず》の間に出来上った。

さて日本国家の基礎を築き上げられたのは、言うまでもなく神武天皇である。天皇の東征は、之を当時の事情より推して、『日本書紀』の伝うる如く、最初より大和を目指して高千穂宮を発向されたものとは思われない。それは『古事記』の伝うる如く、日本国を統一するに最も形勝なる地を求める東征と見なければならぬ。かくて安芸《あき》に七年、吉備《きび》に八年居られたが共に天下に号令すべき地に非ずと考えられたので、さらに東へ東へと進み、ついに大和に到りてその求めたる形勝の地を見出だし、ここに国都を奠《さだ》められたものと思われる。故に神武天皇の東征は、決して大和平定の目的に非ず、実に日本全土の統一を目的とせられ、大和平定によってその基礎を築き給えるものである。而してその目的は、神武以後歴代の天皇によって継承せられ、かつ成就せられた。『古事記』及び『日本書紀』の編纂せられた頃には、日本に住める総ての国民は、いわゆる「一氏蕃息《はんそく》（繁殖）してさらに万姓と為れるもの」として、もはや本来の部族的感情を失い、先住民族の子孫も、はたまた帰化人の子孫も、悉く神武部族を中心とせる大和民族に同化せられ、日本国民としての意識が明確になっていた。

かくて『大日本史』の序に「天下一姓」と書いてあるのは、吾国の民族的特徴を道破して適切無比なるものと言わねばならぬ。日本国民は幾多の氏――即ち部族には分れていたが、皆な同一遠祖の血を引きたる一姓の民と信じていた。ただにかく信じたるのみならず、国民の大多数が大和民族であり、異種の民族も之に同化せられたるが故に、事実に於て一姓の民と言うことが出来る。

いま之をシナの古代史と比較するに、書経の劈頭《へきとう》に帝堯《ぎょう》（伝説上の理想的帝王）が国家を統治せる事情を下の如く述べている。「克《よ》く俊徳を明らかにし、以て九族を親しうす。九族既に睦《むつま》しくして百姓《ひゃくせい》を平章（公平に治める）す。百姓昭明して万邦を協和し、黎民於変り時雍らぐ《れいみんおおいにしげこれやわ》」と。ここに九族と言うは吾国の氏に当る。この九族が合して一の姓を成すので、吾国では九族を親しうすれば国家が治まったのである。しかるにシナは一姓より成るに非ず、実に百姓より成るが故に、さらにこれらの諸姓を平章しなければならなかった。今日は百姓という言葉を一般人民の意味に用いるが、書経の百姓は幾多の姓族ということで、一般人民は即ち黎民である。平章するというのは、諸姓の大小強弱に応じて地位官職を与え、その勢力の均衡を保たせることを意味する。シナに於ては、この姓の対立が甚だ峻酷で、同一人種でありながら異民族の如き感情を以て対立していた。何となれば、シナの諸姓は、吾国の諸氏の如く共同の祖先を認めなかったからである。それ故に自己の同姓だけならば、血統関係で治めることが出来るけれど、その血統は他姓の民に対して何の権威もない。かくて俊徳を明らかにしなければ、他姓に君臨することが出来ず、諸姓を平章しなければ、国内が協和しない。故にシナの政治は、古より吾国に比べて複雑多端であり、従って統治が困難であった。いわゆる有徳作王主義は、かくの如くにして生じたるものにして、シナに於ては最善の統治の原則であった。

　さて、吾国は天下一姓の国家なるが故に、国初に於ける天皇と国民との関係は、主として父子の情を以て結ばれていた。いわゆる君臣の義は、もとより厳存していたけれど、それが明らかに現われて来たのは、国家生活の内容が複雑多端になってから後のことで、国初に於ては父子の情が君民の絆となっていた。すでに父子の関係である以上、総ての国民が天皇の下に平等なるべきは当然のことである。もとより国民のうちには智愚あり、賢不肖があるから、道徳的の不平等は如何なる時代でもあるけれど、父がその子女に対してしかるが如く、天皇は万民に対して一視同仁であらせられたのである。国民の間に階級的差別が顕著になったのは、朝鮮及びシナと交通を始めてから、その影響を受けてのことである。この差別は大化革新の時に一度打破されたが、その後にまた出来た。明治維新はまたこの差別を打破して四民平等を実現しようとしたが、それでも国民を華族・士族・平民に分ち、さらに華族を公侯伯子男の五爵に分っていることは、決して吾国本来の面目に復帰したものでもなく、なお未だ因襲に捉《とら》われているものである。

　国民の父たる天皇は、国民を「大御宝《おおみたから》」と呼んでいる。そは天皇が、如何に国民を愛撫し尊重されたかを示すものである。天皇によってかくの如く愛重された国民は自ら「天《あま》の益人《ますひと》」と称《とな》えて、雄渾森厳なる自尊の念を抱いていた。天の益人とは、天上より来たりて、または天意を奉じて、弥栄《いやさか》え行く人の意味で、取りも直さず天意を地上に実現して行く民ということである。天は即ち神である。神は即ち至高の理想である。而して至高の理想の具現者は皇祖皇宗であり、天皇は即ち皇祖皇宗の延長にわたらせられる故に、天意を奉ずるということは、天皇の大御心を奉ずることである。かくて天皇の大御心を奉ずる日本国民の数の多くなればなるほど、それだけ至高の理想が地上に実現されて行くというのが、吾らの祖先の自信であった。之を今日の吾が同胞が、人口過剰などと唱えて、日本国民の繁殖を持て余しているのに比ぶれば、その意気に天壌の差がある。吾らは昔ながらの「天の益人」の自覚を、必ず今日に復活させなければならぬ。

吾らの祖先は、かくの如き自信を以て日本国の経営に従った。この自信は、戦争の場合に於て、最もよく現われている。吾国の古典を読めば明瞭なる如く、古代の戦争は「まつろはぬもの」を「まつろはす」ために戦われた。まつろふとは祭り合う意味にして、同一の神を尊崇すること、換言すれば同一理想を奉ずることである。彼らはかつて私利貪婪《どんらん》の心を以て戦わなかった。彼らがその誇れる「細戈《くわしほこ》」――精鋭なる武器を取って起ったのは、実に同一理想を奉ぜざる者をして、彼らの理想を奉じさせるためであった。かくて彼らはその敵を呼ぶに「神」を以てした。あるいは「まつろはぬ神」と言い、あるいは「螢火《ほたるび》のかがやく神」と言い、あるいは「蝿《さばえ》なす邪《あし》き神」と言い、その敵大小強弱によりてその名を異にしたが、いずれも之を「神」と認めていた。神と認めるということは、神たるべき本質を有する人間として認めること、即ち人格の神聖と尊厳とを認めることである。およそ古代諸国に於て、吾ら祖先の如く、その敵に於て明らかに人格の尊厳を認めていた民族があるのか。多くの国々に於ては、ただにその敵を神と認めざりしのみならず、実に人間以下のものとして之を卑しみ憎んでいた。吾らの祖先は断じて左様なことがない。如何なる敵でも、一度「まつろひ」さえすれば、皆な吾らの同胞となる。相携えて至高の理想を実現するために拮据《きっきょ》（立ち働く）したいというのが、実に吾らの祖先をして干戈《かんか》を執らしめたる至深の動機であった。

この崇高なる動機が、吾々の祖先をして勇武ならしめたことは言うまでもない。かくて彼らは、まつろはぬ者をまつろはしつつ、次第に国家的統一を実現して行った。

第四章　儒教及びシナ文明の伝来

応神天皇陵

日本の歴史は、神武天皇建国以後約五百五十年、崇神《すじん》天皇の御代に至りて俄《にわか》に事繁くなった。それは漢の武帝の帝国主義的発展によるアジア大陸の変動が、吾国にも波及せるが故である。もと朝鮮は太古より吾国と交通あり、少くもその南半は吾国の勢力範囲であったが、いまや漢帝国の勢力、この半島に延びるに及んで、必然吾国の政治的変動を呼び起こした。吾国は漢帝国の勢力の南下を防ぐため、南鮮の地に日本府を置かねばならなかったのみならず、之に伴える国内の動揺を鎮撫するため、皇族を四道に派遣した。またこの天皇の時に、初めて国民の戸口《ここう》を調べ、男には弓弭調《ゆはずのみつぎ》（鳥獣）、女には手末調《たなすえのみつぎ》（織物）を課したと伝えられているから、この頃に至って日本国家の体裁も漸《ようや》く整って来たと言い得る。その後約二百年を経て、景行《けいこう》天皇の時に、西南地方また乱れ、東北のアイヌ人また皇威に服さなかったので、西征東伐が行われた。さらに約百年を経て、西南地方またもや乱れたので、その禍根の朝鮮にあるを知れる皇室は、ついに軍を朝鮮半島に出《い》だし、南鮮一帯を征服した。この朝鮮征討軍を率いたのが、取りも直さず神功《じんぐう》皇后である。皇后は親征より還《かえ》りて後、皇太子幼少なりしため、長きにわたりて国政を執られた。

爾来朝鮮と吾国との交通頻繁となり、また朝鮮を経てシナの文化が伝えられ、国民生活のあらゆる方面に、大なる影響を及ぼすこととなった。のみならず国家が屡々征戦を起せば、おのずから文武の功臣が出来る。それらの功臣は、従来一君の下に平等なりし国家の間にありて、特別の地位と勢力とを占めることとなり、ただに階級的差別を生じたのみならず、功臣の間に激烈なる政権与奪の争いを生じ、往々にして累を皇室に及ぼすに至った。異邦文明との接触は、如何なる場合に於ても、その国に多かれ少なかれ変動を与えずば止まぬ。わけても当時の吾国の如く、国初以来の国家組織に欠陥を生じ、政治的にも社会的にも、幾多の弊害が現われかけた時には、尚更のことである。

さて日本国民に不朽の感化を与えたる儒教が、初めて吾国に伝えられたのは、神功皇后の後に皇位を継ぎたる応神天皇の時代とされている。さりながら朝鮮との交通は太古よりのことであり、九州地方の豪族のうちには、早くよりシナと往来していた者もあったので、恐らくシナの教学は、さらに以前から伝わっていたことと思われる。いずれにせよ、この新しき学問は、吾が国民に深甚なる感激を与え、応神天皇の時代から、朝廷が積極的にこの新しき思想、並びに之に伴える新しき文明の摂取に努力するようになった。

儒教は身を修め人を治むる学問として、道徳と政治とを兼ね教えるものであり、その根本義は、一面に於て吾らの道義的精神を闡明《せんめい》し、他面に於てはこの鮮明に発揮せられたる道念に則りて、不断に社会の制度組織を改善して行くべきことを説くものである。かくの如き思想が、当時の吾国にとりて由々しき危険なるものなりしと言わば、恐らく多くの人々は意外に思うであろう。さりながら儒教は、すでに述べたる如く、最も重大なる点に於て、日本固有の思想と相容れざるものがある。それは主権者に関する観念、並びに主権の基礎に関する観念についてである。儒教は、天は有罪を討ち、有徳に命じて主権者たらしめると教える。即ち徳ある者が君主となるとするのである。この主義は、一見甚だ合理的なるに拘らず、実際に於ては幾多の不都合を伴う。何となれば厳密に徳の有無優劣を定むる標準は、決してこの世に存在せざるが故である。仮に国民の一人が、現在の君主に向って、有徳を理由として主権の譲渡を強要するとせよ。もしその君主が要求に応じて位を去れば、ここにいわゆる禅譲が行われる。けれどもほとんど総ての場合、君主は決してかくの如き要求に応ぜざるが故に、結局は力による王位の争奪となる。もしその要求者が敗れた場合は、乱臣賊子として葬り去られるが、反対に君主が敗れた場合、いわゆる放伐の名の下にその位を逐われるのである。不幸にしてシナは、かくの如き易姓《えきせい》革命を幾度となく繰り返して今日に及んでいる。禅譲放伐が主権の基礎となるシナに於ては、苟くも斗の如き胆を有する（大胆な）者は皆な、王侯将相《おうこうしょうしょう》いずくんぞ種《しゅ》あらんや（実力主義）との思想を抱き得るのである。

しかるに吾国に於ては、全く之と事情を異にする。日本に於ては、神武天皇の直系に非ざる限り、如何なる聖人君子が世に出でようとも、絶対に主権者となることが出来ぬ。加うるにシナに於ては、皇天上帝が命を有徳者に下して君主たらしめるとするのであるが、吾国の主権者たる天皇は、すでに述べたる如く「天神にして皇帝」なるが故に、命を受くるところがない。かくて新来の儒教は、この至要の一点に於て、吾国の古道と相容れず、従って吾国にとりてまさしく危険なる思想であった。

吾国は応神天皇以来、儒教並びにシナ文明を摂取するに当りて、主として帰化朝鮮人の力を藉りた。爾来ほとんど三百年間、朝鮮人が吾国に於ける文化の指導者であったことは吾らの看過してはならぬ事柄である。それは何故であるか。けだし朝鮮は、早くよりシナ文明によって開け、その中央平原地帯は、前漢時代にすでにシナの植民地となっていた。シナの羈絆《きはん》（支配）を脱した後は、小国分立の状態となり、而してそれらの小国は、大国の鼻息を窺うことによって自ら衛《まも》らねばならなかった。かくてシナが盛なりし間はシナの意を迎えていたけれど、三国以来の混沌にシナの対外発展中絶するに及び、今度は吾国に対して服従的態度を採り、少くも南鮮一帯は吾が勢力範囲に帰した。その地理的不利より来れるかくの如き不幸なる運命は、朝鮮の民族性を傷《そこな》わずに置かなかった。南北よりする強者の抑圧の下に、彼らは事大主義者となり、権力と黄金との前に膝を屈して生ける民となった。而してかくの如き民が、シナ文明の所有者たる故を以て、吾国に於ける文化の指導者となったのである。純朴なる吾らの祖先が、良き感化を彼らより受ける道理がない。

次いでシナ人もまた、三国以来乱離を極めし故国を去りて、吾国に帰化する者が多くなった。彼らが朝鮮人以上に尊敬せられ、従って社会的・政治的に好待遇を与えられしことは言うまでもない。それらのうちには、秦の始皇帝の裔と称する融通《ゆうずう》王の如く、百二十余県の民を率いて帰化せる者あり、雄略天皇の時代にはその人口が一万八千を超えた。また後漢の霊帝の裔と称する阿知使主《あちのおみ》も、十七県の民を率いて帰化し、魏の文帝の裔と称する安貴《あんき》公も、多数の人々を率いて帰化した。これらの帰化人は、工芸技術の教師として、殊に秦漢帰化人は養蚕及び機織《はたおり》の教師として、吾国の文化に貢献するところ多かった。朝廷に於て学問を奨励し、諸国に記録の官を置くに及んで、多く彼らが之に任ぜられた。それは単に諸国の記録を作るのみならず、あるいは朝廷の出納を記し、あるいは使節として海外に派遣されるなど当時に於て最も重要なる官職の一つであった。

いずれの古代国家に於てもしかる如く、日本に於てもまた神社と皇室と国家との経費が混同されていた。それ故に初めは神物と官物とを無差別に格納せる「斎蔵《いみくら》」のみあって、祭祀を司る斎部《いんべ》氏がその出納を司っていた。その後履中天皇の時代に、斎蔵の他に「内蔵《うちくら》」を建てて官物を分収したが、雄略天皇の時代に至り、諸国よりの貢調がとみに増加したので、さらに「大蔵《おおくら》」を建てた。これら三倉庫の建設によって、宗教と皇室と国家との経費が漸く区別せられ、ここに初めていわゆる官房財政から国家財政への進化を見たのであるが、その財政監督の任に当らしめられたのが、当時に於ける豪族の一なりし蘇我氏である。蘇我氏がとみに勢力を加えたのはこの時からであるが、蘇我氏の下にありて実際の出納記帳を取り扱ったのが秦漢帰化人の子孫であった。かくて彼らは、自然蘇我氏の部下の如き関係を生じ、蘇我氏が強大となるに伴いて、彼らの勢力もまた加わって来た。かかる間にもシナの動乱は止む時なく、後から後から亡命者が渡来した。彼らのうちには学者も居り野心家もいた。彼らは故国に於て目の当りに王朝の顚覆・主権の更替を見て来た上に、その同胞が日本に於て確乎たる政治的勢力を扶植しているのを見ては、本具（先天的）の政権欲をそそり立てられ、自己の非望を遂げんと企てるのは、決して不可能のことでない。吾らは『日本書紀』の中から、この点に関して注意せねばならぬ若干を指摘しよう。

　試みに舒明《じょめい》天皇紀を読めば、六年秋八月に「長星南方に見る」とあり、七年春正月には「彗星廻りて東に見る」とあり、八年春正月には「日蝕」とあり、九年春二月には「大星東より西に流る」とあり、その他天象に関する記事が多い。さらに皇極天皇紀には、元年五月に「客星月に入る」とあり、また蘇我入鹿《いるか》の従僕が「白雀子を得たり」とある。もと吾国には天象に関する迷信がなかった。吾らの祖先の信仰に従えば、天地万物は皇室の祖宗によって創造され、天皇は宇宙の主宰者の後裔として、天下に君臨し給うものなるが故に、星が流れても、彗星が現われても、さらに之を念頭に置かなかった。しかるにいまやかかる迷信が書紀に現われたのは、言うまでもなく帰化シナ人の感化である。のみならずさらに注意してこれらの記事を点検すれば、彼らはこの迷信を悪用して、皇室には不利に、蘇我氏には有利に牽強附会せんとしたる傾向が歴然としている。屡々日蝕を云々し、星が月を犯すというが如きは、皇室の不祥を暗示するもの、蘇我氏の家僕が白雀を捕えたという類は、言うまでもなく、深き計画ありてのことと思わねばならぬ。蘇我氏に使嗾《しそう》せられて崇峻天皇を弑《しい》し奉ったのは、東漢駒《やまとのあやのこま》と呼べる帰化シナ人の子孫であった。彼は実に「吾は蘇我氏あるを知りて天皇あるを知らず」とさえ放言して憚らなかった。蘇我氏の悪逆は、神道に背きて仏教に帰依したからだとも言われている。さりながら吾らは、儒教の感化と帰化シナ人の煽動とが蘇我氏をして事ここに至らしめたものと信ずる。蘇我氏如何に強暴なりと雖《いえど》も、もしその非望を是認せんとする理論的根拠を熱心雄弁に説く者なかりせば、敢て滔天《とうてん》（勢いがはなはだしいこと）の悪逆に出づべしとも思われぬ。要するに日本の権門がシナ文明に心酔すると共に、次第に勢力を加えつつありし帰化シナ人が、蘇我氏と相結ぶに至ってとみに政治的に台頭し、亡命儒者の禍心に刺戟せられ、ついに蘇我氏に鼓吹するに儒教の政治的理想たる有徳作王主義を以てし、之を擁して自ら政権を握らんとせしことが、恐らく誤りなき蘇我氏三世の乱の真相である。されば蘇我入鹿を宮中に誅してその屍を父蝦夷《えみし》に賜りし時、起って皇命に抗せんとせし者もまた総て帰化シナ人であった。『日本書紀』はこの間の消息を下の如く伝えている。曰く「鞍作臣《くらつくりのおみ》（入鹿）の屍を大臣蝦夷に賜ふ。是に於て漢《あやの》直《あたい》等、眷族《けんぞく》を総べ聚《あつ》めて、甲《こう》を着、兵《ほこ》を持ち、大臣を助けて軍陣を設く」と。そは帰化シナ人全部が、蘇我氏叛逆の中堅となっていたことを物語る。かくて日本は革新の必要に迫られていた。大化革新はそのために断行せられた。

第五章　大化改新

日本史は、明らかに四期に画することが出来る。第一は建国より大化革新まで、第二は大化革新より鎌倉幕府の創立まで、第三は鎌倉幕府の創立より徳川幕府の大政奉還まで、第四は明治維新以後の現代である。

大化革新は、時勢の要求に依って起り、天智天皇及び藤原鎌足の雄略英断に依って成就せられたるもの。けれども改革の根底を築き、改革の方針を定めたのは、実に聖徳太子その人である。吾らはいまより大化革新を中心として、当時の日本文明について述べんと欲するものである。

大化革新は、外面的には単に政治上の改革の如く見える。されどかくの如き改革を促せる根本の動因は、実に思想界の大動揺に存せることを看過してはならぬ。而してこの動揺は外来文明の刺戟によって惹起されたものであった。外来文明とは、言うまでもなく第一には儒教によって代表せられたるシナ文明、第二には仏教によって代表せられたるインド文明である。

ドイツの碩学《せきがく》ランプレヒトは、その著『近代史学』の中に、およそ一国民が他邦の文明と接触することは、実に国民死活の問題なることを論じ、もし新来の文化が、内国文明と程度に於て大差なき場合は、よく之を同化し得るけれど、低度の国民が高度の文化を輸入すれば、概ね滅亡を招く結果に終ると説いている。こは拒むべからざる史的真理を道破せるものである。吾国が神功皇后以後盛んに三韓文明と接触し、応神天皇以後さらに三韓文明の母なるシナ文明、及びその精華と称すべき儒教と接触し、さらにインド文明の伝来せらるるに際会せる時、日本民族は実に偉大なる試練に置かれしものである。しかるに民族の精神的準備は、見事にこの至難なる試練に打ち克つことを得た。この一事は当時の吾国が東海の一孤島でありながら、その精神的方面に於て、すでにシナ及びインドと雁行し得るだけの素養を築き上げていたことを証明する。

日韓の交通は上古よりのことであったが、そのさらに親密の関係を生じたのは、神功皇后の三韓征伐以後に属する。もっともこれより先き後漢の光武帝の印綬を受けた伊都《いと》国王なる者あり、また魏の明帝の印綬を受けた親魏倭王なる者あり、かつ征韓の際に新羅《しらぎ》の漢籍文書を収めたといい、また韓人漢人の帰化した者も少くなかったから、シナ思想の伝来は古くよりのことであったが、応神天皇の十五年、百済の使者阿直岐《あちき》の来朝するあり、天皇その国の博士王仁《わに》を徴し給い、王仁が論語千字文を齎《もたら》して来朝し、皇子稚郎子《わきいらつこ》、皇族の尊《みこと》を以て二人に師事し給うに及び、ここにシナ文明の真の摂取が始まったのである。皇子稚郎子の聡明はよく漢学を解し文義に通ずるようになった。その後高麗《こうらい》の上表中に、「高麗王、日本に教う」という一節があったので、皇子之を見て赫怒《かくど》し給い、表を破り使者を卻《しりぞ》けて高麗を震駭せしめたことがあった。而して約七十年の後には、諸国に記録の官を置くようになった。而して儒教の伝来が如何に深刻なる影響を吾国に及ぼせるかについては、前章に之を略述した。但しその道徳的一面は、日本国民が概ねすでに之を生活の上に実現して居り、かつその理想を寧ろシナ人よりも明瞭に意識していたので、大なる困難なしに之を摂取することが出来た。

仏教の場合は之と事情を異にした。仏陀の聖訓は、全アジアの人々に、うれしき訪れとして迎えられた。それは西のかた小アジアの地を経て、ギリシア・マケドニア・埃及（エジプト）の地まで、東のかたは緬甸（ビルマ）、馬来（マレー）半島にまで弘まり、南のかたはセイロンにまで弘まり、北のかたは中央アジアを経て西暦六七年シナの地に伝わり、その後五百年にして朝鮮半島を経てついに吾国に伝わったのである。欽明天皇十三年（西暦五五二年）十月、百済王聖明《せいめい》は、特使を遣わして釈尊の金剛像一躯、幡蓋《ばんがい》若干、経論《きょうろん》若干巻を献じ、並びにその伝来・礼拝功徳を讃せる表文を上《たてまつ》った。

もっとも仏教はこの時に突如として吾国に伝来されたのではない。仏教がシナに伝わったのは、吾が垂仁《すいにん》天皇の御代で、この時に至るまで約五百年、その間韓土との交通頻繁なりし上に、九州地方は前にも述べたように、早くよりシナと交通しおよそ朝鮮シナの事物はこの時までに概ね吾国に知られている。しかのみならずこの時を距る約四十年、継体天皇の御宇《ぎょう》には、シナ南梁の人、司馬達等《しばたっと》というが来朝し、大和の地に住みて熱心に伝道していたので、大和地方には仏教すでに行われ、恐らく蘇我稲目《いなめ》もその信者の一人であった。しかるにいまや百済王が公に仏教を吾が皇室に勧奨し奉るに及び、この新しき宗教を如何に処理するかということが、国家の一大問題となったのである。

欽明天皇は百済の上表を聴召し、また仏像の相貌ことに荘厳なるを御覧ありて大いに喜ばせ給い、諸臣に勅してこれを拝するの可否を諮《はか》られた。しかるに廟議《びょうぎ》容易に定まらで、崇仏派の蘇我氏と排仏派の物部氏との確執となり、信仰問題はここに政治的意味を纏綿し来りて、一層解決を困難ならしめた。けだし排仏派の理由とするところは、吾国すでに天神地祇《てんじんちぎ》あるに、いまさら蕃土の神を拝

聖徳太子

せば、国神の御怒り現前なるべしというにあった。

聖徳太子は、動揺紛糾せる当時の国家問題を解決すべき確乎たる方針の確立者であった。即ち太子は神道を以て政治の根本主義となし、国民の道徳的生活をば、儒教によりて向上せしめ、仏教によりて宗教的生活の醇化を図ったのである。かくて太子は、旧を失うことなくして新を抱擁する溌剌たる帰一の精神によりて、相次いで入り来れるアジア文明の精髄を、吾が国民生活に於ける適当なる局面に摂取し、以て新しき時代の扉を開いたのである。「太子伝暦註」の中に下の如き一節がある。曰く、

「神道は道の根本、天地と共に起り、以て人の始道を説く。儒道は道の枝葉、生黎《せいれい》（人民）と共に起り、以て人の中道を説く。仏道の道は華実、人智熟して後に起り、以て人の終道を説く。強いて之を好み之を悪《にく》むは是れ私情なり」

と。こはもとより太子の言葉を如実に伝えたものでない。されど、そは最も鮮明に太子の精神を物語るものである。

太子が直接隋唐と交通を開いたことは、また非常に重大なる結果を日本文明史上に及ぼした。この時以来奈良朝の末に至るまで遣唐使の派遣前後十一回、その度毎に必ず留学生を随行せしめ、彼地に留まりて宗教・文学・芸術・乃至政治・法律の研究に従わしめた。総てこれらの使節及び留学生の将来せる文明が、如何ばかり吾国の文化に貢献したかは言《げん》を俟《ま》たぬであろう。飛鳥朝及び奈良平安両朝に於ける物質的並びに精神的知識は、取りも直さず彼らの賜物であ

る。吾らは当時の芸術的遺品を見て、その取材の範囲が、インドの神仏は言うまでもなく、西域諸国の風俗、バビロン神話の神馬、動物は獅子・象・駱駝（ラクダ）、樹木は椰子（ヤシ）・鳳梨（パイナップル）・アカンサスなどに及べるを知る時、当時の知識的材料の意外に豊富なるに驚嘆するものである。

而してこの外国との交通は、吾らの祖先に国民的自覚を与えた。シナと来往するに至って、国家の観念が漸く明らかになり、日本国民という意識が覚醒されて来た。けだしシナは従来吾国を以て劣等なる一蕃国となし、呼ぶに倭奴《わど》もしくは東夷を以てしていた。しかるに聖徳太子が使節をシナに派するに当りては、強大を極めし隋の煬帝に向って「日出処の天子、書を日没処の天子に致す、恙無きや」との国書を与え両国対等の礼を以てシナと交わらんとした。而して一面に於ては国民をして建国の精神を反省せしめ、他面外国に向って国家の威厳を示すために、日本歴史の撰修を企てられた。それ太子は熱心なる隋唐文明の讃美者であった。けれども之が為にいささかも国民的自尊を失うことがなかった。而して太子は、その十七条憲法の制定によって、大化革新の思想的根拠を置いた点に於て、比類なき感化を日本史の上に残した。吾らは先ずこの珍重すべき憲法を下に掲げるであろう。

一　和を以て貴しと為し、忤《さから》ふことなきを宗とせよ。人皆党あり、亦達《さと》れる者少《ま》れなり。是を以て或は君父に順はず、また隣里に違ふ。然れども上和下睦し、事を論ずるに諧《かな》ふときは、即ち事理自ら通じ、何事か成らざらん。

二　篤く三宝を敬へ。三宝とは仏法僧なり。三宝は即ち四生の終帰、万国の極宗なり。何れの世、何れの人か、是の法を貴ばざる。人尤悪きもの鮮《すくな》し。能く教ふれば之に従ふ。三宝に帰せざれば、何を以てか枉《まが》れるを直《なお》さん。

三　詔を承けては必ず謹め。君は即ち天、臣は則ち地、天覆ひ地載《の》す。四時順行し、万気通ずるを得。地、天を覆さんと欲すれば、即ち壊《やぶ》るるを致すのみ。是を以て君言へば臣承はり、上行へば下靡《なび》く。故に詔を承けては必ず謹め、謹まざれば自ら敗る。

四　群卿百僚、礼を以て本とせよ。其れ民を治むる本は礼に在り。上礼せざれば下斉《ととの》はず、下礼なければ必ず罪あり。是を以て群臣礼あれば位次《いじ》乱れず。百姓礼あれば国家自ら治まる。

五　餮《むさぼり》を断ち、欲を棄て、明かに訴訟を弁ぜよ。其れ百姓の訟は、一日千事。一日尚然り。況んや累歳《るいさい》をや。このごろ訟を治むる者、利を得るを常となし、賄《まいない》を見て理《ことわり》を聴く。便《すなわ》ち有財の訟は石を水に投ずるが如く、乏者の訴は水を石に投ずるに似たり。是を以て貧民は則ち由る所を知らず、臣道も亦ここに於て闕《か》く。

六　悪を懲らし、善を勧むるは、古の良典なり。是を以て人の善を匿すことなく、悪を見ては必ず匡《ただ》せ。其れ諂詐《てんさ》は即ち国家を覆す利器、人民を絶つ鋒剣なり。また佞媚《ねいび》の者、上に対しては即ち好みて下の過を説き、下に逢へば則ち上の失を誹謗す。其れ此の如き人は、皆君に忠なく、民に仁なし。是れ大乱の本なり。

七　人各々任あり、掌ること宜しく濫れざるべし。其れ賢哲官に任ずれば、頌音《しょうおん》則ち起り、姦者官に在れば、禍乱則ち繁し。世に生れながら知るもの少なり、克く念ひて聖と作《な》る。事大小となく人を得れば必ず治まり、時緩急となく賢に遇へば自ら寛なり。此に因りて国家永久にして社稷《しゃしょく》危きことなし。故に古の聖世は、官の為に以て人を求め、人の為に官を求めず。

八　群卿百僚、早く朝し晏《おそ》く退け。公事監《もろ》きことなく、終日尽き難し。是を以て遅く朝すれば急に逮《およ》ばず、早く退かば必ず事尽きじ。

九　信は是れ義の本なり。事ごとに信あれ。其れ善悪成敗の要は信に在り。群臣共に信あるときは何事か成らざらん。群臣信なければ万事悉く敗る。

十　忿《いかり》を絶ち、瞋《しん》を棄て、人の違ふを怒らざれ。人皆心あり、心各々執あり。彼れ是なるは則ち我れ非なり。我れ是なるは則ち彼れ非なり。我れ必ずしも聖に非ず、彼れ必ずしも愚に非ず、共に凡夫なるのみ。是非の理、誰か能く定む可き。相共に賢にして愚なること、環の端なきが如し。是を以て彼の人は瞋《いか》るとも、還つて我が失を恐れ、我れ独り得るとも、衆に従つて同じく挙《おこな》へ。

十一　功過を明察して、賞罰必ず当てよ。このごろ賞は功に在りてせず、罰は罪に在りてせず。執事群卿、宜しく賞罰を明にすべし。

十二　国司国造、百姓に斂《れん》することを勿れ。国に二君なく、民に両主なし。率土の兆民、王を以て主となす。任ずる所の官司は、皆これ王臣なり。何ぞ敢て公と与に百姓に賦斂せんや。

十三　諸々の任官者、同じく職掌を知れ。或は病み、或は使して、事に闕くることあり。然れども知るを得る日は和すること曽てより識れるが如くせよ。其の与かり聞かざるを以て、公務を妨ぐること勿れ。

十四　群卿百僚、嫉妬あること勿れ。我れ既に人を嫉《ねた》まば、人もまた我れを嫉まん。嫉妬の患は、其極を知らず。所以に智己れに勝れば悦ばず、才己れに優れば則ち嫉妬す。是を以て今五百歳の後、乃ち賢に遇ふとも、千歳を以て一聖を待ち難し。其れ聖賢を得ずば何を以て国を治めん。

十五　私に背き公に向ふは、是臣道なり。凡そ人に私あれば必ず恨あり、恨あれば必ず同せず、同せざれば則ち私を以て公を妨げ、恨起れば則ち制に違ひ法を害す。故に初章に云ふ上和下睦とは亦是の情なり。

十六　民を使ふに時を以てするは、古の良典なり。故に冬月間あれば、以て民を使ふべし。春より秋に至り、農桑の節は、民を使ふは不可なり。其れ農せず桑せずば、何を食し、何を服せん。

十七　大事は独断すべからず、必ず衆と論ずべし。小事は是れ軽し、必ずしも衆とす可からず。唯だ大事を論ずるに逮《およ》びては、若し失あらんことを疑ふ、故に衆と相弁ぜよ。辞則ち理を得ん。

叙上の憲法に於て、わけてもその第十二条は、当時の社会並びに政治組織を、根底より否認せる画期的宣言である。これまで日本の天皇は、最高族長として諸族の長を統治したけれど、直接日本全体の国民を統治したのではない。天下の民は、それぞれの族長を仰いで君主と奉じ、天皇より先ずその族長に仕えていた。中央に於ける貴族が、互に威権を張るに寧日なく、太子のいわゆる人皆な党ありて相争えるが如く、地方の族長もまたこもごも利を征《と》して、弱肉強食の有様であった。

当時の皇室は、最高族長たる点に於ては、もとより特異なる地位を国家に於て有していたが、その一氏族たる点に於ては、他の諸族と同じく私領を有し、かつその私領の増加に腐心し、後には皇室と人民とが、権利を競うの状態に陥った。かくて地方に於ては、皇室領の支配者、中央貴族領の支配者、世襲の地方長官、古来の地方豪族らが、各々采邑《さいゆう》（領地）と領民とを増さんが為に、争うて止むことを知らなかった。彼らは、盛んに人民を駆使して山野江沢を拓き、而してその利は悉く自ら之を収めんとし、為に屢々一揆を招いた。彼らは、名目に於ては、朝廷に調賦を容れると言うけれどその実は恣《ほしいまま》に人民に課税し、大半は之を己れに斂《おさ》め、余りあれば即ち朝廷に進めたに過ぎぬ。

かくの如き時に当りて国に二君なく、民に両主なしと断じ、臣民は人民より租税を徴収するの権利なしと明言せるは、まさに氏族政治の根に巨斧《きよふ》を下ろせるものと言わねばならぬ。

次に聖徳太子憲法のうち、公私の別を立て、かつ百姓なる語を以て国民全体を総称せることも、また実に破天荒の原則を提唱せるものである。けだし当時に於ては、公即ち国家と、私即ち氏族との別がない。換言すれば社会と国家との区別、なお未だ確立されていない。朝廷は決して今日のいわゆる政府に非ず、ただ最高族長たる天皇を議長とせる族長相談処たりしに過ぎぬ。従って国民は、天皇族をはじめ、その他の諸族に分属せる私民にして、未だ国家の公民たる観念がなかった。しかるに聖徳太子は、明確に国内の土地人民を挙げて一個の組織体たらしめ、之を国家と呼び、かつ人民全体を百姓と名づけて、之を国家の公民と看做《みな》し、之に向って公即ち国家のために、私即ち氏族の利害を犠牲にすべきを明示したることは、当時の状態を顧照して、実に徹底せる政治的改革である。

聖徳太子は、目の当りに蘇我・物部両氏の私闘が、如何に国家を乱禍裡に投ぜるかを見、一切諸族を圧倒せる蘇我氏が、ついに天皇を弑するに至りしを見、吾唯だ大臣を知る、未だ天皇の尊きを知らずと言う民あるを見た。太子は、氏姓制度をこのままに放置すれば、いわゆる天を覆《くつがえ》さんとする民の出づべきことを明白に洞察し、仏教の信仰と、儒教の道徳とを経緯とし、シナの制度に則りて、全然新しき主義の上に、新しき国家を実現すべく念じた。

この革新思想は、中大兄皇子の出現によって、大化革新として花開いた。皇子は、その幾多の短所を以てするも、実に日本国民が永く誇りとすべき英雄であった。皇子は改革者たるに最も肝心なる、果断の気象に於て、実に天馬空を往《ゆ》くの概《がい》がある。聖徳太子は目の当りに蘇我氏が天皇を弑しても、手を拱して為すところなかった。しかるに皇子は、自ら主動者となりて革新の結社を造り、クーデターによってその目的を敢行した。蘇我入鹿を誅するに当りても、皇子先ず自ら刀を揮《ふる》って入鹿の頭を斬り、心怯えてほとんど気を失わんとせる党与を鼓舞し、殿中を鮮血に染めて咄嗟《とっさ》の間に事を成した。けれどもこの革新の大功を以て、敢て自ら皇位に登ることをせず、皇太子として皇政革新の衝《しょう》に当ること、前後二回十六年、神武以来千三百年にして、初めて日本に真個の国家としての組織を与えた。中臣鎌足の如き、皇子の参謀として革新の事に拮据し、他日藤原氏専横の端を啓《ひら》いたけれど、ついに皇子の寵臣たりしに止まり、決して勢力を振う権臣でなかった。

さて中大兄皇子は、皇叔を奉じて孝徳天皇とし、自ら革新政府の建設に当り、先ず国号を日本と定め、年号を立てて大化と称し、族長の相談処たりしものを改めて政府を組織し、八省百官を設けて政務を分掌せしめ、任官は人材によって氏姓に拠らざるを原則とし、官吏には食封《じきふ》を与えることとした。而して従来天皇族をはじめ、諸多の氏族が私有せる土地人民を、一挙して悉く国家の手に収め、全国を六十余国・六百余郡・一万三千里に分ち、五十戸を一里とし里に里長、郡に郡長、国に国司を置きて之を治めしめ、かつ全国の良民を戸籍に登録し、唐の班田法に則り、良家《りょうか》の子、生れて六歳に至れば、男子には水田二段、女子には三分の二段を与え、六年毎に之を検査し、厳に豪族の兼併、土地の売買を禁じ、一様に租税を徴収し、夫役《ぶやく》に使役し、かつ全国にわたりて司法の統一を行った。ただ入鹿一人の血を流し、蝦夷を自尽《じじん》せしめたのみで、かくの如き徹底せる革新が成就されたことは、実に世界史に類例なきところとせねばならぬ。

そは実に驚くべき革新――文字通り大化である。而してその主眼とするところは、土地国有とその分配とによって、国民間に富の分配を平均ならしめ、一部豪族の独占を防ぎ、この新たなる経済組織の上に、一躍して綱挙がり目張れる君主政治を行わんとせるものである。上は皇族より、下は庶民に至るまで、大なる反抗なしにその私有地をかくの如き国家理想の実行に捧げた。

壬申の乱は、中大兄皇子即ち天智天皇と不和なる天武天皇が、急激なる改革に不満なりし保守貴族党の後援の下に皇位の争奪を行えるものであるが、たとえ勝利はその手に帰したとはいえ、改革そのものは着々と行われ、ついに大宝律令の撰定となりて段落を告げた。

大化大宝以前に於ける皇室は、経済的には各地の勢力ある氏族よりも、やや大なりしだけであった。皇室の経費は皇室の私田より収め、たとえ皇室領以外の地に物品労役を賦課したとしても、要するに臨時の徴発であって、今日の意味に於ける租税を全国に課したのではない。大化革新によって、族長相談処が一躍して政府となるや、ここに初めて国家の経営に要する歳入を、全国にわたる租税によって得んとするに至った。故に大化革新の最も重要なる眼目は、実に土地を一切国有とし、之を一定の制度の下に国民に分配し、その農耕によって一には国民の生活を保障し、一には必要なる国家の経費を得んとしたる点に存する。

さて大化革新にはじまり、大宝令に於て明文となれる土地国有制に従えば、日本全国の土地は、一旦悉く国家の手に収め、しかる後に百姓に対しては、口分田《くぶんでん》の名称の下に一定の田畑を耕作せしめ、位階ある者に位田《いでん》、官職にある者に職田《しきでん》、功勲ある者に賜田《しでん》を与え、叙上四種を私田と呼び、その他未授の土地を公田《くでん》と呼んだ。職田は、官吏がその職にある間だけ賜わるもので、今日の俸給に当る。

新制の中心たる口分田について言えば、良民の男女共に六歳に達すれば、男は二段、女はその三分の二即ち一段百二十歩の支給を受ける。一段の収穫は稲百束とし、うち四束四把が租税、残余九十三束六把、籾にして四石七斗八升、一日当り一升三合余が男子の総収入、女子はその三分の二である。奴隷には国有・私有・寺社有などがあったが、国有の奴婢《ぬひ》には良民と同額、私有奴婢には良民の三分の一の口分田を授け、寺院の奴婢には全然之を与えない。而して官奴《かんぬ》と私奴《しぬ》とを問わず、奴隷の口分田からは租税を徴しなかった。これが即ち班田法であって、六年毎に之を収授する。班田を行う年が班年であって、死者または失踪者は、班年に於て口分田を国家に返納し、六歳に達したる者あれば新たに口分田を授けられる。

国民は口分田の他、さらに園地を給せられた。そは住宅を中心とする屋敷であって、村々の事情によって、均分の地を各戸に給する。人民はその地に桑及び漆を植える義務があるが、絶戸《ぜっこ》とならぬ限りは改易されず、また売買も許可されていた。

次に位田とは、一品《いっぽん》以下従《じゅ》五位以上の人に付与するもの。一品には八十町、二品に六十町、三品に五十町、四品に四十町、正《しょう》一位に八十町、従一位に七十八町、正二位に六十町、従二位に五十四町、正三位に四十町、従三位に三十四町、正四位に二十四町、従四位に二十町、正五位に十二町、従五位に八町と定められた。最高八十町は稲四万束、籾として二千石、最低八町は稲四千束、籾として二百石である。

職田は、太政大臣以下、職の大小軽重に従って授けられる。例えば太政大臣は四十町、左右大臣は三十町という類である。

位田・職田を授けられた者が、官位を離れる場合には、口分田の国民死亡の場合と同じく、之を国家に回収する。

功田は、国家に大功ある者に授けられ、大・上・中・下の四等を立て、大功は永世、上功は三世、中功は二世、下功は子に伝え、大罪を犯すに非ずば之を没収することをしない。

大化の革新政策を実行するに必要なる法令が、大宝令として編纂制定されたのは、孝徳天皇即位後五十六年の後である。しかるに班田法の実施に関し、幾多の不便を発見し、その後さらに二十年を経て天平元年に新令を発し、また全国にわたりて百姓の土地を回収し、改めて之を配分することになり、ここに班田は初めて、正式に実行の緒についた。吾らは、之によって、その実行の至難なりしこと、並びに百難と戦いつつ、八十五年の間、大化革新の精神を堅確に把持し、毫もその理想の実現に退転することなかりし吾らの祖先の崇高なる努力に対して、深甚なる敬意を払わざるを得ない。

第六章　仏教は如何にして日本に栄えしか

『古事記』『日本書紀』を通じて吾らが知り得る限りに於て、太古の大和民族が奉じたる宗教は、西欧学者が往々にして誤解するが如き、雑然たる多神の崇拝ではない。彼らは天照大神の子孫たる皇室の祖神に率いられ、日本島を経営すべき天の詔命《みことのり》を帯びて、天上より御供仕《つかまつ》れる神々の子孫であると信じていた。数々の信仰が行われていたに拘らず天祖に対する信仰こそは、実に上代日本に於ける宗教生活の統一的中心であった。天祖を以て、天上の諸神を率いてこの国に天降り、国神を帰服せしめて諸神を統一し給える神であるとするこの日本的信仰は、吾国政治の基礎には「統一したる神の世界」という観念が潜んでいることを示すもので、こは今日の吾らの精神にも復活させねばならぬ至高の観念である。この観念は吾らの先祖をして勇敢ならしめ、公明ならしめ、進取に鋭からしめ、自尊の精神を養わしめ、而して天祖の子孫として君臨し給う皇室に対する忠義の感情に燃え立たしめた。彼らは日本国を以て、神国と信じていた。彼らが威力を韓半島に振える時は、韓半島の民もまた吾国を神国として尊敬していた。韓国の使節が吾国に渡来せる時は、先ず之に賜うに神酒《みわ》を以てしたのも、諸神の威霊によりて、彼らの心を帰服せしめんとしたのであった。されば当時の信仰はただに政治の依って立つべき基礎たりしのみならず、同時にまた帝国外交の根底でもあった。従って法律も道徳も、総じてこの信仰の基礎の上に立っていたことは改めて言うまでもない。一言にして尽くせば、天祖の信仰は、上代日本の精神的生活を支配せる根本勢力であった。

しかるにこの純一にして素朴なる信仰は、内面的並びに外面的事情の為に、変化と動揺とを免れなかった。而してその動揺変化を促したる最大の原因は、取りも直さず韓半島を通じて輸入せられたるシナ文明との接触であった。淳朴にして信神の心に篤かりし吾らの祖先は、漸《ようや》く昔の心を維持することが出来なくなった。もし読者にして天主教（ローマカトリック教）の歴史を読んで、中世期の中葉以後、法王が処女の節操を破り、あるいは尼僧が私生児を生みたる時代に達したならば、たとえローマの寺院が堂々として天に聳《そび》えていても、たとえ祈祷讃美の声が耳を聾《ろう》せしむるほどであっても、天主教の生命はもはや、末期に近づいたと想わざるを得ぬであろう。それと同様に、もし読者にして吾国の歴史を読み欽明天皇の御宇に至り、童貞（処女）を誓いて伊勢の大廟の天照大神を祭れる皇女が、皇子と通じてその職を解かれ、敏達天皇の御宇にも、同上の悲しむべき出来事ありしを知るに至らば、上代日本の信仰が、すでにこの時に於て、甚だしき動揺を受けていたことを看過せぬであろう。それ天照大神は、上代日本に於ける至高至尊なる信仰の中心であった。しかるにいまやその祭司の長たる皇女が、情欲の前にひれ伏したということは日本の原始的宗教がすでに過去のものとなりしことを示すものである。吾らはこの悲しむべき出来事によりて、その背後に潜める人心の変化と信仰の衰微とを察し、かかる信仰並びにこの信仰を基礎とせる政治が、まさに変革せらるべき時期に達していたことを知る。

さてかかる間に人文発展の機運は次第に熟し来りて、インド文明の精華と称すべき仏教が伝来した。こは吾国の歴史に於て最も重大なる出来事の一つである。今日から見れば何でもないように思われるが、当時の吾国に於ては、如何にしてこの新来の文明を処理すべきかということは、真に未曾有の一大問題であった。而してこの問題は、単に信仰上の問題に非ず、政治的意味が之に纏綿《てんめん》した為に、一層解決を困難ならしめた。さりながらすでに述べたように、当時の吾国に於ては、在来の信仰が動揺し始めて、未だ之に代わるべき新信仰の確立を見ざりし時代なりしが故に、この新来の仏教は、宗教的要求を感じつつありし当代の民心に歓び迎えられ、政治的党争に利用せられ、保守的迫害を加えられながらも、日毎に多くの信者を得るようになった。而して幾許《いくばく》もなくして、光栄ある日本歴史に於て新しき時代を開拓すべき使命を荷《にな》える聖徳太子の出現により、仏教は初めてその真の根を大和民族の精神のうちに下ろすことが出来た。その後僅か一世紀にして、仏教は大和民族の精神界に、完全にその王国を建設してしまった。一天万乗の至尊（聖武天皇）すら、親《みずか》ら三宝の奴（仏法のしもべ）を以て居り給い、国費を以て国々に寺院を建て、純粋なる日本人のうちから、数々の名僧を出すようになって、ここに吾国は立派な仏教国となったのである。

仏教が爾《しか》く短日月の間に吾国に栄えた根本の理由は、言うまでもなく、国民の宗教的要求に適合した為に他ならぬ。さりながらいま少し詳細に研究し来れば、仏教をして日本精神界の王者たらしめたのには、内外幾多の原因・事情が伏在している。

仏教が吾国の精神界に勢力を得た理由の一つとして最初に挙ぐべきは、仏教の伝道者が優等なる文明の持主たりしことである。日本に於ける初伝仏教の伝道者は、文物の進歩に於て当時吾国よりも遥かに優等なりし韓国人・シナ人またはその子孫、しからざれば韓半島またはシナに留学して帰れる日本人であった。されば仏教の渡来は、ただに国民の宗教的生活を向上せしめた以外に、国民生活の自余の一切の方面に於て非常なる貢献をなしている。例えば仏教の渡来と共に寺工・仏工が入国したので、建築・彫刻が俄然として発達した。推古天皇の十八年に高麗より渡来せる僧曇徴《どんちょう》は紙及び墨の製法を伝え、同じく推古天皇の御宇に、百済僧観勒《かんろく》は天文・地理学及び暦本を献じて、播種《はしゅ》・収穫その他一般農業上に非常なる進歩を促し、天智天皇の時には、シナ僧智由が指南車を作りて之を献じ、孝謙天皇の時に渡来せるシナ僧鑑真《がんじん》は、吾国に於ける医術の祖と呼ばれ、また砂糖の栽培を国民に教えたるなど、彼らが国民の物質的幸福を増進せることは非常なものであった。されば朝廷に於ても、屡々僧侶に命を下し、強いて伝道の志を奪いて還俗《げんぞく》せしめ、その技能を用いられたことさえあった。

　また仏教が仏像を有していたことも、実は仏教弘布の大原因となっている。在来の日本宗教に於ては、神体として鏡を有する以外に、神々の像を刻みまたは画《えが》きて之を拝することをなさなかった。吾らの祖先は、すでに彫刻及び絵画の技術を有しては居りながら、偶像を作るためにその技術を用いなかった。しかるに仏教はその教理に於て万物皆空・諸行無常を力説したに拘らず、実際に於ては著しき象徴主義の宗教であった。従って仏教は早くより仏像を刻み、あるいは画き、または堂塔伽藍を建立して、仏陀の福音を慈悲・偉大・荘厳を形象化することに努めていた。それ抽象的の道理は必ずしも人を動かすものではない。原理を解き教義を論ずるは、直ちに人をして宗教心を起さしめる所以でない。しかるに具体的なる崇拝の対象を与えて、人の感情に訴うることは、多くの場合に於て、理論を以て理性に訴えるよりも、遥かに人心を惹き付け易い。仏教渡来当時の吾が国民も、またこの例に洩れては居らぬ。されば初めて百済王が仏教を吾が朝廷に勧め奉れるとき、時の天子欽明天皇さえ「西蕃《せいばん》（百済）仏を献ず、相貌端厳《たんごん》、全く未だ看《み》ざるところなり」と仰せられている。かくて仏教が仏像仏画によって、崇拝の対象を具体化したことが、その弘布を速かならしめた一つの有力なる原因となった。

第三には、当時の朝廷が先ず仏教に帰依せられたため、仏教伝道は政府の事業たるが如き観を呈し、僧官を置きて仏徒に関する行政及び司法事務を監督せしめ、官寺を各国に建立して、国家の鎮護と人民の布教とを任ぜしめ、僧侶は国家に於ける特別の地位を占めるようになった。されば当時の世の中にて、氏族の詮議がやかましく、何ものよりも門閥を尚《たっと》べる間にありて、平民の間より出でて貴族と肩を比《なら》べ、宮中にも出入し得る栄誉は、唯だ僧侶となるのみであった。故に非凡の人物、この一途より輩出して、大いに力を布教に尽くしたのである。こは徳川時代に多くその例を見る「デモ小僧」(にわか坊主)の場合とは全く反対に、最も有為なる人才をして、競うて仏門に趨《はし》らしめ、従って仏教の隆盛を招いた。

大体右に挙げたような理由で、仏教は日に日に隆盛に赴いた。後世仏教といえば、何となく入り難く解し難いもののように思われ、屋上さらに屋を架するが如き煩瑣《はんさ》なる宗旨のように考えられがちであるけれど、初伝当時の仏教は、決して左様なものでない。吾らの祖先は、万法一如《まんぼういちにょ》の理論などは如何あろうともそれに心を用いることがなかった。彼らは智慧と慈悲との諸仏をば、外国の神々として拝した。即ち諸仏は之に祈る者に向って大なる功徳を施す神々であったので、当時の仏教は、決して哲学にはあらで、一個の多神教であった。而して仏教伝道者もまた理論の高尚を以て民の心を得んとすることなく、偏えに実践躬行《きゅうこう》によりて諸仏の慈悲を万民に施さんと努めた。さればその頃の名僧とは、決して坐して経論を講ずる人にあらで、席暖まる暇もなきまで愛憐済民《あいれんさいみん》の事業に東奔西走した人々であった。吾らはそれらの数ある名僧のうちより、特に行基菩薩《ぎょうき》を択んで、少しくその行績を述べて見たい。彼の生涯は、実に日本仏教の真相を開き示す一個の秘鑰《ひやく》である。

行基は、天智天皇の御宇に和泉国大鳥郡に生れ、幼年にして薬師寺に入りて僧となり、聖武天皇の御宇に八十余歳の高齢を以て入寂した。彼はその長き生涯の間、伝道布教にほとんど寧日なく、弟子百人、戒弟子三千余人を数え、行跡六十余州に遍《あまね》く、驚くべきことには壱岐対馬の果てにまで及んだと伝えられている。彼はその行く先々に於て、力を路駅漕運の事に尽くした。即ち養老年中には六ヶ所に橋を架し、神亀《じんき》年中には直道一ヶ所を通じ、山城・和泉・河内の河川にして橋梁を架し難き所には、道俗（僧侶と民衆）に勧めて馬船二隻小船一隻を置かしめ、行人《ぎようにん》の休息する道傍には果樹を植え、武庫《むこ》山・六甲山を拓いて人馬を通ずる路を開き、あるいは山陽・南海・西海三道の船程を定め、その一日行程毎に港湾を設け、諸国に大小九十八ヶ所の寺院を建立した。

彼は日本国中を巡錫《じゆんしやく》する間に、己れを慕い来りて礼拝する幾千の人々に仏教を説き聴かす傍ら、あらゆる方法を講じて土地の開拓に骨折った。彼の遺業として伝えられるところによれば、漑樋《がいとう》を通ずること三ヶ所、池を掘ること十五、溝渠《こうきよ》を通ずること七、堤を築くこと二十ヶ所に及び、之が為に開けた田畑は夥《おびただ》しきものであった。彼はまた摂津有馬の温泉を開いて病者を之に浴せしめ、浴客の便宜を図りて、常喜山温泉寺の他、菩提院・蘭若院・施薬院の三院を建てて貧病者を宿らしめ、それらの院内には薬草を植え、弟子の僧侶をして之を守らしめ、その薬草を病者に施与した。また今日の伊丹の東北の荒野に、昆陽《こや》の庄五千余畝《せ》を開墾して昆陽寺を建て、鰥寡《かんか》（妻を失った男、夫を失った女）・孤独・聾盲・宿痾を収容し、さらにまた奈良には薬園院、山城八幡に薬園寺を置き、共に薬草を植えて貧者の病気をいたわり、また浜墓所・梅田墓所・千僧墓所・一野辺墓所などをはじめ数多《あまた》の墓所を開き、葬儀を営む資力なき貧者を助くるなど、博愛慈恵至らざるなかったので、当時の人々が之を菩薩と尊称したのも当然のことであった。彼は山城国宇治郡手尾村に住していた頃、同郡山科郷にて陶器を製し、その製法が粟田口・清閑寺・音羽などに伝わりて粟田焼の起原となり、また愛宕郡清閑寺村字《あざ》茶碗坂に於て、聖武天皇の勅を奉じて土器を製したが、之が京都五条焼・清水焼の起原となった。その他尾張の常滑《とこなめ》焼も彼によって創められ、和泉の湊焼も彼に教えられたとのことであるから、行基は吾国陶業の祖ともいうべき人である。吾らはこの偉大なる天才の、豊かなる才能を驚嘆する他に、言葉を知らぬものである。

かくの如くなれば、聖武天皇が彼を信任し給えるのももとよりそのところである。而して最後に、最も吾らの注意すべきことは、後年弘法大師（空海）以後に於て完成せられた本地垂迹説《ほんじすいじやく》が、すでに行基によりて唱えられたということである。そは日本の諸神はインド諸仏の権化であるという信仰である。「謹んで百神の本《もと》を討《たず》ぬるに、諸仏の迹《あと》に非ざることなし、いわゆる伊勢大神宮・八幡・賀茂・日吉・春日などは、皆な是れ釈迦・薬師・弥陀・観音などの示現なり」とある如く、吾国の一々の神を一々の仏に当てはめた煩瑣な両部《りようぶ》神道は、もとより後世の産物であるけれど、諸神も諸

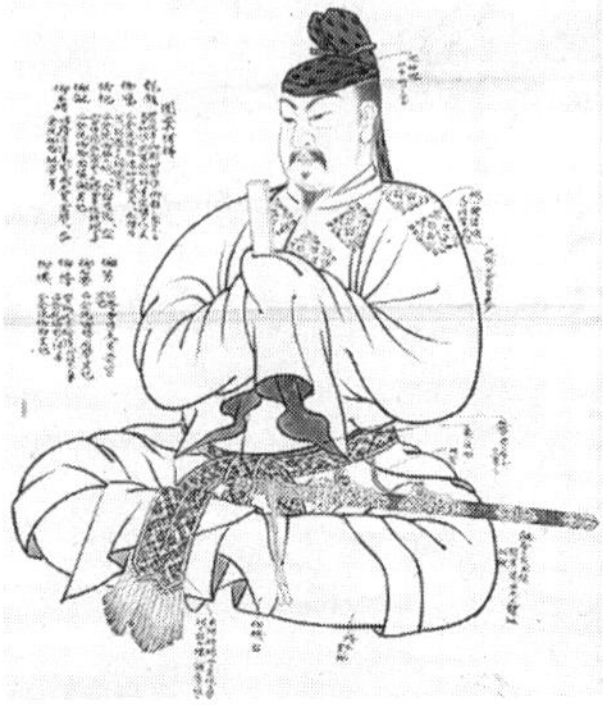
聖武天皇

仏も畢竟同一絶対の表現であるとの思想は、すでに行基の抱けるところであって、聖武天皇が東大寺を建て給わんとした時に、諸神の祟りを恐れ給えるに対して、行基は神仏同体の意見を奏上している。こは仏教の日本化せられ始めた第一歩として、極めて注意を要する信仰である。そは吾国が、一面に於て外国文明を輸入すると同時に、他方に於ては建国の由来、精神を明らかにせんため、朝廷に於て修史の御企てであり、かつ外国と交通頻繁となるに従って、国民的自覚が漸く盛んになって来た結果、

仏教は吾国在来の思想信仰と調和せざれば、自己の存在を長久ならしめることが困難となり、ここに日本諸神とインド諸仏との和親を図る解決方法として、この本地垂迹説が現われたのである。

独り行基のみならず当時の僧侶は、あるいは宮中に於てあるいは民間に於て、孜々《しし》としてただに国民の精神的方面のみならず国民生活総ての方面を幸福ならしめる為に身命を惜まなかった。かくてすでに奈良朝の末に於て、仏教は政治的・経済的に吾国の一大勢力となってしまった。しかるに桓武天皇が都を京都に遷されると同時に、仏教伝道史は明らかに一期を画せられ、僧侶の多くはすでに出来上れる寺院に立て籠り、多く経典を読み道理を談じ、仏教はここに行化《ぎょうけ》一変して学問となり、弘法（空海）、伝教（最澄）両僧の出現となった。而してその後は、余りに宗論の末に没頭し、次第に当初の溌剌たる生命を失うようになり、王朝（平安時代）の末期に至りて法然・親鸞・道元・日蓮の宗教改革を見るようになった。

第七章　奈良朝の文化

ウパニシャッド哲学者に起り、竜樹《りゆうじゆ》（南インドの僧）に至りて頂点に達せる抽象論と絶対論とは、その後インドに於て漸く影を潜め、無着《むじやく》・世親《せしん》の二大思想家は、仏教の全精力を挙げて五感の世界・現実の世界に、科学的探究を試み始めた。一々の原子に全宇宙が表現されていること、あらゆる種々相は究極に於て平等なる確実性を有すること、部分を離れて全体なきこと、従って全体を離れて部分なきこと、総てこれらの思想は、抽象と平等とのインド精神をして、他方に於て現実と差別との科学的研究を企てしめた。

インドに於けるこの宗教思潮は、玄弉《げんじよう》三蔵らの努力によってシナに紹介せられ、主観を重んずる仏教従来の性宗に対して、客観を重んずる相宗が生れ出でた。而して八世紀の初頭に現われたる賢首大師（法蔵）は、西域より来れる実叉難陀《じつしやなんだ》、インドより来れる菩提流支《ぼだいるし》らと力を併せ、この思想の流れをその到達すべき最後の境まで導き、ついに事理無礙《むげ》・事々無礙を力説せる華厳《けごん》宗を開くに至った。而してこれら新しき思潮は、道昭及び行基らによりて、八世紀の中葉に於て吾国に紹介せられ、ここに吾らもまたアジア大陸に起りつつありし精神的運動に加わった。

まことに奈良朝時代は、全アジアの思想が、インド哲学によりて提唱せられし抽象的普遍を、現実と差別との裡《うち》に認識せんと努め始めた時代である。人々は平等と差別と、絶対と相対とを相即（一体であること）し、理法と現実と、精神と物体とを帰一せしめんと努めた。而して之が為に、その物と心とが互に他を征服せしめんとする惨《いた》ましき戦いが止んだ。インドに於てはカーリダーサ、シナに於ては李太白（李白）、吾国に於ては柿本人麻呂らの詩歌を通して、この努力が産み出だせる、物と心との帰一抱擁の歓喜の声が響き渡った。

フランスの画家ジェロームは、善く画かんとする者は語るべき何者かを有せざるべからずと言った。げに芸術は精神の具体化、理想の象徴化である。例えばインドのエローラ崛《くつ》寺廟内の石仏を見よ。そのプロポーションの類稀《たぐいまれ》なる調和と静寂の裡に蘊蓄《うんちく》せる荘厳とを現わせる点に於て、物と心とが親しく抱き合える当時インドの帰一的精神が物の見事に表現されている。されば吾らをして奈良朝文化の内容を解剖し批判する前に、まず奈良朝文化の具体的表現なる芸術的遺品の二、三について述べしめよ。

奈良朝芸術に於て、その最も偉大なる作品は、塑《そ》像・乾漆《かんしつ》像・木像・銅像などの彫刻である。これは当時アジア思想の全体が、あたかも同じく汎神《はんしん》論に導かれて同様の理想に到達せるギリシア上代の思想と同じく、之を具体的に現実化する為に、彫刻が特に適《ふさ》わしき手段なりし故に他ならぬ。

いま数ある当代の遺品のうち、試みに大和国法華寺に残れる十一面観音像を見よ。前の三面は慈悲を現わし、左の三面は忿怒《ふんぬ》を現わし、右の三面は善を愛し悪を憎む道徳的理想を現わし、而して本体正面をして善悪不二《ふに》の超倫理的精神を表現せしめ、全身を右脚に支えて、少しく体を斜にし、犯し難き厳正の中に、無蓋《むがい》の大悲を湛《たた》えたる顔面と相俟ちて、不自然なる全体に驚くべき芸術的調和を与えている。

または東大寺戒壇院の名高き四天王像を見よ。試みに広目天像を見るに、一方の手に筆を執り、他方の手に智慧の一軸を握り、両眼僅かに開きて半ば閉じ、眉と眉と相《あい》接し、堪え難き悲哀を頬辺《きょうへん》に宿しながら、無限の憂苦をその口辺に噛みしめ、両足を踏みこらえて悪鬼を勇御している。広目天は梵名《ぼんめい》をビルーバクシャと称え、その目の及ぶところ広大にして、よく種々の語をなし得る智者である。彼は自ら智者なるが故に、人の世の愚かなる者が仏道に悖《もと》ること多きを見て、沈痛なる憂悶を覚えざるを得ぬ。けれども彼は悲哀の囚虜《しゅうりょ》となりて無量百千の諸竜を統御すべき自己の職責を忘れることがない。戒壇院の四天王作者は、真に遺憾なくこの精神を表出している。あるいはさらに四天王の一なる多聞天像を見よ。多聞天は常に仏の道場を護りてその説法を聴き、最も知識に富める神将である。知識多き者は憤激多い。彼の心は愚者の与《あず》かり知らぬ深くして強き憤りに満ちている。見よ、その眥《まなじり》は高く釣り、地団太踏まんばかりの激昂がありありと顔に現われている。されど彼は情熱の奴隷となるには余りに偉大である。彼は火炎の如き憤激の情を胸に忍んで、一方手に堅く剣を握り、他方の手には高く舎利塔を捧げ、力を籠めてその口を閉じ、双脚強く悪鬼羅刹《らせつ》を踏まえている。この悲哀の荘厳を現わすことに於て、およそ世界に吾が多聞天像に立ち優れる作品があろうか。

而してその他の諸作も、総て底知れぬ静安の裡に、雄渾と端厳とを漲《みなぎ》らしめている。これらの作品によって表現せらるる崇高なる理想は、その作者の精神的偉大を最も有力に物語る。げに奈良朝時代の作品は、沈痛なる経験と、荘厳なる信仰とのみが産み出し得る芸術である。

さてかくの如き奈良朝芸術の由来を尋ねるに、まさに次の如き系統を引いている。即ち漢民族固有の芸術は、南北朝時代に於て西域地方より伝われる仏教美術の影響を受け、ここに一個の新生面を開いた。而して西域地方の芸術は、最も多くの影響をインドより受け、さらにササン時代の波斯（ペルシア）、乃至はコンスタンチノープルに都せる東ローマの影響を受けている。その西域美術がシナに入りてシナ固有の美術と合し、いわゆる南北朝時代の芸術を生み、それが三韓より日本に伝わりて飛鳥時代の芸術となったのである。而してシナに於て南北朝の芸術は、隋という過渡期を経て、唐代に至りて非常なる発展を遂げ、空前絶後の芸術黄金時代を現出した。その見事なる芸術が、大化革新以後、直接日本に伝えられて、いわゆる奈良朝時代の芸術を大成したのである。しからばこれらの芸術の根底をなせるアジア精神は、国民生活の他の方面に於て如何に現われたか。

奈良朝文明が、著しくシナ文明の影響を受けていることは言を俟たぬ。その最も際立てるものは、言うまでもなく行政組織の上に及ぼせる影響で、八省百官制度、法令の制定など、悉く範をシナに採っている。而して教育制度の如きもまた実に唐制に則れるものである。いま大宝令によって当時の学制を見るに、首府には大学あり、国々に国学がある。大学の学科は、明経《みようぎよう》道・紀伝道・明法道・算道・書道・音学の六科に分れ、学生の数は四百三十人と限られている。明経道とは経書を専修する今日の哲学科、紀伝道とはシナ歴史を修める科で、後には文章をも修めた。明法道は法科であって、主として大宝令を研究し、書道は習字科、音学はシナの発音を学ぶ科である。大学の教師は之を博士と呼び明経博士・紀道博士などと称えた。即ち博士は今日の大学教授に相当するのである。ここに注意すべきは、当時の漢字は、あたかも吾らが今日ヨーロッパ語学を学ぶと同じく、すべて音読によったもので、今日の如く返り点を辿って、日本風に読むのではなかった。これが音学即ち発音学の必要なりし所以で、音博士がその教授の任に当ったものである。而して学生は皆な、官吏志望者であって、大学は即ち中央政府の官吏養成所、国学は即ち地方政府の官吏養成所であった。

儒教が国民の道徳的生活に大なる影響を及ぼしたのも当然のことで、孔子を尊崇するの風は早くもこの時より起り、すでに釈典の行わるるを見るのである。また孝謙天皇の朝《ちょう》には、孝は百行の本《もと》なりとて、天下に令して家毎に孝経一本を蔵せしめ、孝子節婦らを表彰するなどのことも行われた。而して三従七去《さんじゅうしちきょ》ということもすでにこの時代より行われている（三従は女性が従うべき三つの道、即ち幼き時は父に、嫁しては夫に、夫の死後は子に従うこと。七去は妻を離縁出来る七つの事由、即ち淫乱、嫉妬、多言など）。または「心をし、無何有《むかう》の郷に置きてあらば、藐姑射《はこや》の山を、見まく近けん」（無何有の郷は理想郷、藐姑射山は中国で仙人が住む山）という歌によって、老荘思想が国民精神に影響せることを知るべく、さらに「古への、七の賢き人どもの、欲《ほ》りするものは、酒にしあるらし」（『万葉集』・大伴旅人）というような歌によりて六朝《りくちょう》の思想も取り入れられていたことを知り得る。殊に『日本書紀』開巻の文字は、もと『淮南子《えなんじ》』鴻烈伝より取れるものである。ここは奈良朝時代に於て、かかる漢籍が多く吾国に入っていたことを推定すべき材料となる。

インド文明は、多くシナを通じて吾国に伝来せられたのであるが、ここに直接日印の交通が行われた一例がある。そは天平七年八月、インド人菩提僊那《ぼだいせんな》 Bodhisena 及び林邑《りんゆう》人（南ベトナムのチャム人）仏哲の両人が、入唐副使と共に来朝したことである。『元亨釈書《げんこうしゃくしょ》』の行基伝には、行基と菩提僊那との間に、初対面早々梵語と日本語との両方で会話したと書いてある。もし事実であったとすれば、菩提僊那は来朝の船中に多少日本語を習得したであろうし、行基菩薩は多少梵語を解していたわけである。而して、これら両人は日本に留まって、菩提僊那はインド仏教を、仏哲は音楽を吾国に伝えた。仏哲の伝えた音楽に、後世の林邑八楽というのがある。今日に於ては唯だ宮廷に於て御儀式の時に行わせらるる舞楽に属するものである。この舞楽は左右に分れて居って、共に日本固有の楽ではなく、左方楽または左舞《さぶ》はシナ・インドより、右方楽または右舞《うぶ》は高麗・渤海《ぼっかい》より伝来されたものとされている。而して一舞には正舞及び答舞を伴うている。林邑の八楽は左舞に属するもので、菩薩舞・抜頭舞《ばとう》などの名称が、すでにインド系統なることを示している。

吾らは奈良朝文化にインド系統に属する要素の少なからぬ事実と、奈良朝文明を解釈する為にインド思想の研究を必要とすることとを示す為に、暫《しばら》く林邑八楽中の一典について述べて見よう。八楽の中に抜頭舞というのがあって、その答舞を還城楽《げんじょうらく》、または見蛇楽《けんじゃらく》と呼ぶ。抜頭舞というのは、舞人が馬の鬣《たてがみ》ある面を被り、白衣を着けて舞い、馬の鳴く声を発するのである。従来この舞は、父を猛虎に殺された子が父の屍を求めて山へ登る様を演ずるものとせられ、鬣を被り、白衣を着て啼くのは、喪中の象徴であると解されていた。而して答舞の還城楽は、木製の幡蛇《はんじゃ》（とぐろを巻いた蛇）を置いて舞人が之を見つつ舞うのであるが、之は玄宗皇帝がなお臨淄《りんし》王たりし時、韋后《いこう》の乱を平げて宮城に還る有様を演じたものとされていた。

しかるにインド研究の進歩は、古伝の解釈が根もなき想像で、実はインドの吠陀《ベーダ》時代（前十数世紀頃）の神話に基づける舞であることが明白になった。即ち抜頭 Pedu 王が天神 Asvin より殺蛇の白馬を賜わり、之を以て蛇を殺し尽くしてその害を除き国を安く治めたという神話によったものである。之によって解釈すれば、白衣を着て鬣ある面を被ることも、幡蛇を見つつ舞う所以も、総て明瞭になるのである。故に吾らは奈良朝時代に於て、インド文明の精華たる仏教のみならず、之と共にインド文化の他の方面も、また吾国に渡来して、国民生活に影響したことを記憶せねばならぬ。

インド文明のうち、最も根本的感化を国民に及ぼしたるは、もとより仏教である。すでに天武天皇の十四年に朝廷は諸国に令して、家毎に仏舎を作らしめている。持統天皇の御宇には、独り内地人のみならず、東北は蝦夷、西南は隼人の間にまで仏教を弘布するに努めたので、蝦夷人で出家した者もあった。而して朝廷がかくの如く仏教弘布に努められたのは、国土安全、人民擁護の思召《おぼしめし》に出たもので、最もよくこの御趣旨を窺うことの出来るのは、聖武天皇天平十三年の詔に「経を案ずるに曰く、もし国土にこの経を講宣し読誦し恭敬し供養し流通すれば、吾ら四王常に来りて擁護し云々と。宜しく天下諸国をして各々敬《つつ》しみて七重塔一区を造り、並びに金光明最勝王経、妙法蓮華経各一部を写さしむべし」とある一節である。諸国に国分寺及び国分尼寺を建立することを勧められたのも、同一の精神から出たものに他ならぬ。而して、そのさらに一歩を進めたのが即ち聖武天皇の大仏鋳造である。聖武天皇の大仏鋳造は、決して屢々非難される如き迷信でもなく惑溺《わくでき》でもない。それは華厳経に説かれた広大無辺なる大仏の功徳を吾国に実現せしめ、国土安全、天下泰平を将来せんとの大御心に出でたるものである。迷信や惑溺では決してかくの如き雄偉なる作品を産み出し得るものではない。聖武天皇が御譲位後に書かれた願文の中に、東大寺が盛んになれば天下盛んになり、東大寺衰うれば天下もまた衰えんという意味の文言があるのを見ても、天皇の思召を拝察することが出来よう。

すでにかくの如くなる以上、仏教と政治との間に密接なる関係を生じたことも自然の理である。朝廷が仏教によりて国家を鎮護し給わんとした以上、僧侶の地位が高まるのは当然のことで、ただに精神界にその勢力を扶植せるのみならず、同時に政治界に於ても隠然として当時の貴族階級と拮抗する勢力を樹立し、後には彼らの勢力が逆様《さかさま》に貴族を圧倒し、ついに道鏡の陰謀を見るに至った。

ヨーロッパ人が、三世紀以上を費して収めた文化を、吾国が僅々《きんきん》半世紀の間に摂取したことは、彼らが常に驚異するところである。しかも吾らの祖先が、奈良朝時代に於て、大陸文明を理解し摂取した精神と手腕こそは、後世永く見上げたものである。而して国語を書き表わすためには、仮名が発明された。『懐風藻《かいふうそう》』という詩集によりて知り得る如く、漢詩をさえ見事に作り、鄙唄《ひなうた》(流行り歌)の漢詩訳さえ行われた。高尚なる仏教哲理を理解することに於て、多年の素養あるシナ人に劣らなかった。而して総ての大陸文明を取り入れて、燦然《さんぜん》たる文化の花を開かしめた。その文化には雄大なる精神、進取の気象が漲っていた。

第八章　平安遷都

詩人歌って曰く「樽前《そんぜん》（酒宴）に向つて花の落つるを奏する莫《なか》れ、涼風只だ殿の西頭（後宮）に在り」と。咲く花の匂うが如くなりし七十年の奈良朝も、その末期に於ては一陣の涼風来たりて殿の西頭を襲うを如何ともすることが出来なかった。而してその根本原因は、大化革新を距る約百五十年、革新当時の烈々たる精神的緊張が、次第に弛《ゆる》み始めたることにある。一切の場合に於て異邦文明は、確乎たる国民精神を把持している時のみ、その国家に役立つものである。もしこの精神の緊張を失えば、常に本末主客の顛倒を招かざるを得ない。奈良朝末期、またこの例に洩れなかった。精神すでに去れば残るものはシナ文明とインド文明との形式のみとなる。而してこの形式的文明が日本に蔓延《はびこ》るに至れば、かつては国家を裨益《ひえき》せるもの、却って禍を及ぼすこととなる。

吾らは前章に於て儒教の吾国に及ぼせる脅威について述べたが、奈良朝時代には実に仏教が政弊の禍根となった。そは皇室並びに貴族が、過度に仏教を尊崇せるが故である。仏寺仏像の建立のために夥しき国帑《こくど》が費された。皇室の帰依に伴いて僧侶の地位が俄然として高まり、ついには政治界に当時の貴族階級と拮抗する勢力を樹立した。而して後には彼らの勢力が、逆様に貴族を圧倒し、僧侶にして皇位を覬覦《きゆ》（分不相応な野心を抱く）せる弓削道鏡の如きをさえ生ずるに至った。彼の非望は、和気清麻呂《わけのきよまろ》の誠忠によって阻止された。けれどもかくの如き逆謀を抱く者を生じたるそのことが、国体に対する自覚を失いかけた当時の国民思想、並びに奈良朝仏教の暗黒面を、最も鮮明に反映するものに他ならぬ。

かかる時に当りて桓武天皇が即位した。天皇は天智天皇の曾孫にして、実にその曾祖父の英邁《えいまい》なる気象を胸臆《きようおく》に充たしていた。天皇は政治を仏教より解放するため、並びに大いに人心を一新するため、今日の京都に極めて雄大なる都城を経営し、皇都を奈良よりこの地に遷した。この新都は平安京と呼ばれたので、桓武天皇以後を平安朝時代と言う。爾来京都は、明治維新に至る千有余年の間、吾国の皇都となった。

桓武天皇は、奈良朝末期の政弊を改革するに全力を挙げたるのみならず、叛逆常ならざりしアイヌ人を征討して、初めて皇威を東北地方に徹底せしめた。こは日本史上に於ける重大なる事柄である。大化革新前後から、吾国は朝鮮方面への対外的発展を第二とし、主力を内地開拓に傾倒して来たが、桓武天皇のアイヌ平定は、この政策の見事なる実現にして、日本の本土全体が、この時より初めて天皇の治下に立つこととなった。

天皇はまた、二人の偉大なる宗教家をして、腐敗せる奈良朝仏教の改革に当らしめた。天皇の詔勅に「法に乖《そむ》き利を貪《むさぼ》り、官を蔑《なみ》し令を慢《ゆるがせ》にす。すでに出塵《しゆつじん》の形となりて還って左纏《さてん》の挙を為す。有司厳に権校《ごんぎよう》を加えよ」とあり、また「いま衆僧を見るに多く法官に乖き、あるいは私に檀越を定めて閭巷《りよこう》に出入しあるいは仏験《ぶつげん》を誣称《ふしよう》して愚民を惑わす」とあるに徴しても、当時の仏教が如何に腐敗堕落せるかを知り得るであろう。平安遷都の動機の一つは、僧侶の政権に闖入《ちんにゆう》するを防止せんとするにあったが、それは国家にとりて賢明なる処置であり、かつ仏教に対してもまた好個の警戒となった。

　さて二人の宗教家とは、弘法大師及び伝教大師であり、共に天皇の命令によってシナに留学し、仏道を修業し来れる人々である。二人とも日本が生みたる最も偉大なる哲学者にして、彼らの思索は日本仏教に新しき空気を注入し仏教教理の研究に長足の進歩を促した。彼らは決してシナ仏教を如実に信奉せるに非ず、極めて総合的なる精神を以て、自己の仏教哲学を樹立し、その上に各自の宗門を開けるものである。また彼らは、共に日本古来の神道と仏教との調和に心力を注ぎ、神仏同体の論を立て、仏は神の本地、神は仏の垂迹であり、神仏は権実表裏して衆生《しゅじょう》を済度《さいど》するものであると説いた。それは神道が国民の精神に深き根を下ろし居るが故に、この信仰と提携することなくしては、ついに仏教を日本に弘布し得ざりしことを示すものである。この神仏調和の努力は、すでに奈良朝時代から行われたのであったが、両大師の出現によって、思想的根拠を与えられたのであり、仏教日本化の第一歩と言うことが出来る。

　かくの如く桓武天皇は、一旦日本的自覚を復興せしめたのであるが、幾許もなくして国民はまたその魂をシナ思想及びインド思想に奪われ始めた。けだし聖徳太子が使節を隋の煬帝に派して以来、歴代シナと使臣の往来あり、留学生の派遣ありて、燦然たる隋唐の文化を目撃して帰り、之を国民に伝えたのであるから、シナ崇拝の念が高まり行くのも無理なかった。李白・杜甫・王維・顔真卿《がんしんけい》は奈良朝末期に出で、韓愈・白居易は桓武天皇と時代を同じくしている。かくの如く当時のシナは、文人朝野に満ちて百花繚乱の美を競うてはいたが、その文化はすでに爛熟の域に達し、政治は乱れ、道義は廃《すた》れて、衰兆最も歴然としていた。それにも拘らず吾が国民は、表面皮相の美に心を奪われて之を讃美していたのであるから、決して善き感化を受ける筈がない。唐の徳宗の末年、シナに派遣せられし使節の一人菅原清公《きよとも》は、実に下の如き詩を詠じている。

「我是東蕃客　懐恩人聖唐　欲帰情未尽　別涙湿衣裳」

即ち自ら東蕃と卑下して、シナを尊崇しているのである。かかる始末なるが故に、果して吾国もまた唐末のシナの如く、政治を軽んじて文雅を事とするに至り、惰弱淫蕩《いんとう》の風が盛んになって来た。

吾国の天皇が他国の君主と異なることは言うまでもないに拘らず、平安朝の記録には好んで「皇帝」または「帝王」と書し、即位の儀式までもシナに倣うに至った。甚だしきに至りては、吾国の神祇《しんぎ》を説明するに当りてさえシナの文献に拠った。例えば、『和名類聚抄《わみょうるいじゅしょう》』に「天神《あまつかみ》」を説明するに「周易に云はく天神を神と曰ふ」となし、また「地神《くにつかみ》」を説明して「周易に云はく地神を祇と曰ふ」となせる類である。吾国の天神地祇は、民族の遠祖なる「あまつかみ」及び「くにつかみ」を、唯だシナの文字を藉りて書き表わせるに過ぎず、シナの神祇とは全くその意義内容を異にするに拘らず、平安朝学者はこの明白なる事実に気付かずして、吾国の神々のことまでもシナの古典に拠って解釈せんとしたのである。しかも一層甚だしきは、礼記の百王説をそのままに信受して、吾国の皇統も百代にして終ると考えたる者さえありしことである。宝祚《ほうそ》の隆んなること、当《まさ》に天壌と与《とも》に窮《きわま》り無かるべしという皇祖の厳勅を忘れ去って、みだりに外国思想を奉じたのであるから、本末の顛倒これより甚だしきはない。

これは仏教の場合も同様であった。弘法・伝教の信仰には、さすがに日本的なる精神が現われているけれど、後には彼らの流れを汲むもの、皆なインドを主として日本を従とするようになった。かくなるべき危険は、すでに本地垂迹説のうちに孕まれていたが、それが次第に表面に現われ来り、ついに日本の神々を仏の下位に置き、神仏と言わずして仏神と言うのが平安朝のならわしとなった。

一例を挙ぐれば、伝教大師の創建にかかる吾国天台宗の本山延暦寺は、初めは十二番神、後には三十番神なるものを勧請《かんじょう》している。番神とは法華経を守護する神で、十二の数は十二支に当る。即ち子《ね》の日には何神、丑《うし》の日には何神と、日本の神々が延暦寺に於て交代に法華経を守護するのであり、しかも子の日の番神は実に天照大神である。三十番神とは、さらに三十日に配当して、番人たるべき神々の数を増したのである。皇祖を法華経の番人たらしめて怪しまざるに至りては、その非日本的精神を驚くの他はない。

国民がその本来の精神を忘れて国家が興隆する道理はない。平安朝時代にも、表面は美わしき文化の花が咲いた。わけてもシナに於ける唐末混乱の時代以後、国使の派遣も沙汰止みとなり、シナ文明の流入も之と共に中絶したる上に、英明なる天皇が時々国民的自覚を覚醒するに努められたので、従来現われざりし日本的特色が、文学芸術の上に、並びに衣食住そのものの上に、極めて鮮明に現われて来た。『古今集』や、『後撰集』や、『新古今集』などが著わされて、漢詩よりも和歌が尊ばれるようになった。『竹取物語』『源氏物語』『枕草子』の如き、国文を以て書かれし優れた文学が現われるようになった。それらの総てに共通なる特色は、一言にして尽くせば繊細優麗である。国民性のこの一面が、平安朝時代に於て特に現われ、ほとんど世界無比というべき域に達した。けれども繊細優麗は、剛健堅実の精神を伴うことなくしては、直ちに浮華文弱に陥る。平安朝時代もまたそれであった。

延暦寺

第九章　貴族政治の堕落と武士勢力の台頭

平安朝の文弱にして華美を好む気風は、国家生活の一切の方面に累を及ぼした。先ず之を政治の方面に於て見ればこの時代に於て政治の実権は、皇室より貴族の手に移った。天智天皇を補佐して大化革新を遂行せる藤原鎌足の子孫が、平安朝時代に入りて勢威皇室を凌ぎ、政府の栄官は悉く藤氏一門の独占するところとなり、以前は天皇親政の国家たりし日本が、いまや実質に於て貴族政治の国となった。一つには国民の生活を保障し、また一つには必要なる国家の財源たらしむる目的を以て断行せられたる大化革新の土地国有制も、開墾の奨励、功臣への恩賞、社寺への寄進によって、私有田が年々増加し来るに及んで、ついに跡形もなく廃れてしまった。平安朝の中葉に至りては、貴族及び勢力ある寺院が、競うて土地の占有に努め、ついには直接国家に属して地方長官の治下にある公領が、大寺権門の私有地の百分の一に満たざるに至った。かくの如き私有地を当時は「荘園」と呼んだ。

後三条天皇は、この荘園制度を打破するために肝胆を砕かれた。さりながら天皇の苦心もついにその甲斐なく、白河天皇以後は、皇室そのものが公然盛んに荘園を置くに至った。かくして平安朝末期の日本には、国家経済がなくなった。けだし上下競って荘園を立て、唯だその所得の多からんことをのみ望んだので、一国の政務に要する財源がなくなったからである。されば当時の日本は、ある意味に於て無政府の状態であった。上は皇室をはじめ、藤氏一門以下大小幾多の地主が、それぞれ日本の国土を私有し、租税貢物は荘園の所有者たる地主の手に帰し、皇室以下幾千の地主は、その収入を各自の生活のために費消し、之を有効に政務に投ずることなかった。従って京都は、文化の中心であったが、政治の中心ではなくなった。地方に於ては、豪族自ら乱を起し、豪族自ら乱を鎮《しず》めるという有様で、中央政府は有名無実のものとなった。当時の政治は、決して国家を統治することでなく、唯だ先例古格によって百官を進退するくらいのことであった。それ故に多く故事を知れる者が、当時の能吏として重んぜられた。久寿《きゅうじゅ》年間に右大臣藤原雅忠《まさただ》が、薙髪《ちはつ》して遁世《とんせい》せんとした時、左大臣藤原頼長は、朝家の典故を知る者、唯だこの人あるのみ、この人にして出家すれば、国家何をか憑《たの》まんと嘆いたとのことである。平安朝末期の「政治」が、如何なるものなりしかは、之によって想像し得るであろう。歴史の局面が一転すべき時は刻々に迫った。

荘園増加の勢いに連れて、地方には新たに豪族が起って来た。これらの豪族はいわゆる諸国の「住人」にして後に「武士」と呼ばれし者の先駆である。それらの住人のうちには、初め国司となりて京都より下り、任期終りても帰らずに土着して私墾田の領主となれる者もある。あるいは皇室の荘園を監督して一定の年貢を献じ、己れは地方に在りて事実上の領主たりし者もある、あるいは自己の私墾田を、名義だけは権門勢家に献じてその荘園となし、かくして国司の課税を免れ、かつその所有権を確実ならしめ、一定の貢賦《こうふ》を領家に納めて、己れは荘司または預職の名の下に、領主の実権を握っていた者もある。彼らは中央の威令行われざりし当時に於て、自己の所領を保護するため、武術を練って有事の日に備えた。而してその主として修めたるものは弓術及び馬術にして、これを「弓馬の道」と称《とな》え、家人を撫養《ぶよう》して「弓馬の家」と誇っていた。かくて一族自ら一団をなし、庶子分家をば「家子《いえのこ》」と称し、家人奴僕《ぬぼく》を「郎党」と呼び、人数の多きは一陣をなして何党と称し、党毎に「旗頭」を立て、いわゆる「住人」自ら之に任じていた。而して地方に兵乱起れば、朝廷は諸国住人の有力者を、検非違使《けびいし》・追捕使《ついぶし》・押領使などに任じて、その鎮撫に当らしめた。彼らは必ずしも秩序の維持者ではなかった。けれどもほとんど無政府・無警察の姿なりし地方状態に於て、彼らの勢力は多かれ少かれ治安の維持に効果があった。それ故に地方の地主は、彼らと相結びて、その庇護の下に所領の安全を図らんとし、京都に住する貴族階級も、また彼らと相結んで、その荘園を守らんとした。かくして地方には、後代の大名に比ぶべき大地主が現われた。

古の日本人は、西南を以て故国となし、東北を以て植民地とした。畿内以西の地は海路の往来甚だ便利なるのみならず、日本民族創業の地なるが故に、人口稠密《ちゅうみつ》に、文化早く開けていたが、東北は地広く人稀れなりし上に、その進路に当ってアイヌ人という強大なる敵を有していた。されば奈良朝の昔より、関東・東北の壮丁《そうてい》は、皇室より派遣せられたる鎮守府将軍の下に、アイヌ征討または防禦の任に当って来た。アイヌ人は山野を馳駆《ちく》して狩猟を事とせる剽悍《ひょうかん》なる種族なりし故に、之と戦うには騎射を以てせねばならなかった。勿来関《なこそのせき》・白河関などの関所は、日本民族が、次第にアイヌ人を北方に追いつめて、その南下を防ぐために設けたるものである。大宝令は、唐制に倣いて全国皆兵を主義としたけれど、種々なる弊害を生じたので、桓武天皇の時に之を改め、関東諸国に勅して、軍人たるに堪うる者を募集し、専ら戦闘に従事する専門の兵士を作ることとなった。而していわゆる諸国住人は、多く世々兵籍に列し、好んで弓馬の道にたずさわり、戦争を以てその専業とするに及んで、ここに武士と称する特別なる階級を生じ、関東諸国は武士の淵叢《えんそう》となった。「弓矢八幡」と誓うように、関東武士が弓馬の道を主としたのは、いま述べたる如く、彼らの武術はもとアイヌ人と生死の戦を戦える間に発達せるものなるが故である。而して彼らの勇敢はついによくアイヌ種族を征服した。しかるにいま中央政府の威力、東北に及ばざるに至って、彼ら自身の間に激烈なる競争を始め、所在の武士、概ね私闘を事とするに至った。柔弱なる京都貴族は、逸楽宴安を事としながら、彼らを呼ぶに「関東暴戻《ぼうれい》の類」を以てした。

さりながら当時の地方豪族は、必ずしも無教養人ではなかった。荘園の設置は、当然京都と地方との関係を密接にした。京都の貴族は、その荘園を監督する必要から預職・代官などして、屡々都鄙《とひ》の間を往復せしめたので、諸国住人は彼らを通じて京都の事情を知ることが出来た。大宝令に於て地方教育に従事すべく定められし諸国の「国学」は有名無実となったけれど、諸国の大寺大社が地方教育の機関となった。加うるに国文学の発達は、従来京都貴族が独占せる知識を、諸国住人に普及せしむる上に至大の機会を与えた。京都貴族が、一枝の梅花を安倍宗任《むねとう》に示して、奥羽にてこの花を何と言うかと訊ねた時、宗任が「わが国の梅の花とは見つれども、大宮人《おおみやびと》は何といふらむ」と答えたという名高き伝説は、当時の地方豪族の素養を物語るものである。

さて翻《ひるがえ》って当時に於ける畿内以西の状態を見るに、古より中央政府に従順なりし西南地方も、平安朝の中葉より次第に政府の手を離れかけた。而して東北の豪族が兵馬の強きを誇る陸上の勇者なりしに対し、西南の豪族は兵船の多きを競う海上の勇者となった。瀬戸内海・四国・九州の沿海地方に住せる豪族は、それぞれ多少の兵船を有して、小さき海上権の争奪に従い、あるいは海賊を業《なりわい》とする者も現われた。例えば藤原純友の如き、父祖が京都貴族にして地方官たりし縁故によって地方に住し、兵船を蓄えて小海賊を退治し、ついに海島に拠りて四国を押領し、瀬戸内海を往来する船舶を掠奪していた。而してこれら西南の豪族を統一して一大勢力を築き上げたのが平家であり、東北の豪族を統一して、武家の棟梁となったのが源氏である。

第十章　源氏と平氏

すでに述べたる如く、平安朝に於ける荘園制度の発達は、国家の政治的統一を破壊し去れるが故に、地方の豪族即ち武士は、激烈にして露骨なる生存競争を始め、ついには中央政府を脅威する大乱を生ずるに至った。先ず天慶《てんぎょう》年間に於ける平将門の乱を筆頭とし、その後二十九年にして安和《あんな》の変あり、その後五十九年にして平忠常の乱あり、その後二十年にして安倍頼時の乱あり、さらに二十余年にして清原武衡《たけひら》の乱があった。而して総てこれらの変乱が、源氏をして東国の士心を得せしむる因縁となった。

源氏の盛なるは経基《つねもと》に始まる。経基は清和天皇の第六皇子貞純《さだすみ》親王の長子なるが故に、六孫王《ろくそんのう》と呼ばれ、武蔵・上野《こうずけ》の地方長官として関東に居り、将門の叛乱を征討して功を立てた。その子満仲もまた常陸介・武蔵守・陸奥守・鎮守府将軍として勢威を東北に扶植し、その子頼信は忠常の乱を鎮定し、陸奥守・甲斐守に歴任した。頼信の子頼義は、相模守として殊に士心を得、安倍頼時の乱を鎮定した。而して、その子義家は、清原武衡の乱を鎮定し、八幡太郎の名は関東武士渇仰《かつごう》の中心となった。かくの如くにして源氏は、経基より義家に至る五世百二十年間に、牢乎《ろうこ》として抜くべからざる勢力を東国に植えた。而して私闘に疲れ豪族の併呑に苦しめる東国の武士は、源氏の庇護によって領土の安全を保たんとし、競いて源氏の家人《けにん》となった。家人とは名簿を源氏に送り、その家に出入して主従関係を結べる者である。

諸国武人殊に東国武人の主盟となれる源氏は、もしその実力を自覚し、かつ政治的野心を抱蔵したならば、すでに頼義・義家の時に於て、日本史の局面を一転し得たのである。されどこの時に当りて藤原氏はなお天下に対して至上の勢力を揮っていた。人心の惰性は、すでに政治的実力を失いて、当然亡ぶべかりし藤原氏をして、なお暫くその威厳を保たしめた。その実力を以てすれば、源氏は大なる困難なしに藤原氏を倒し得たに拘らず、却ってその家臣たるに甘んじ、その爪牙《そうが》となって寵遇を失わざらんと努めていた。かくて藤原氏は、その空しき栄華を源氏の忠勤によりて継続し、源氏は藤原氏の威厳を背景として諸国武士の上に臨み、道理としては不思議なる、されど事実としては珍しからざる関係によりて、両者は互に助け合った。

しかるに藤原氏をして積年の勢力を失わしむべき時がついに来た。後三条天皇によって創意せられ、白河天皇によって実現せられたる院政は、実に道長の時に極まれる藤原氏の勢力を、急転直下の勢いを以て墜落せしむる最初の打撃となったのである。けだし院政は、藤原氏が天皇の外祖として天下の政務を決するの例に則り、譲位の天子親ら政権を執り給う制度にして、その直ちに天皇親政の古に復《かえ》らざりしは、久しき恒例を破りて天下の耳目を聳動《しょうどう》せしめんことを虞《おそ》れ給えるためであろう。即ち表面は何ら旧制度を改むることなく、天下の見て以て怪しまざる新政治機関の設置によりて、実は政治的実権を皇室の手に恢復せんとし給えるものである。この政策は白河天皇によって実行せられ、院庁を以て天下の政令を掌《つかさど》るところとなし、院宣《いんぜん》を以て宣旨《せんじ》と同じく天下を聴従せしむる力あるものたらしめた。而して院庁にはさらに武備を集め、之を以て院宣を実行すべき背後の力たらしめんとした。いわゆる北面《ほくめん》の武士即ちこれである。こは藤原氏が源氏を以てその爪牙とせるに対抗する為であった。かくて藤原氏は、表面に於ては極めて平凡に、実際に於ては深刻なる改革的要素を含める、この巧妙なる政策によって、痛切なる打撃を受けた。

後三条天皇・白河天皇の聡明は、藤原氏の勢力が武士によって維持せらるる秘密を看破した。而して藤原氏の爪牙たりし源家一門の武威は、皇室をして深き警戒を加えしむるに至った。しかるにあたかも藤原氏の勢力が、道長の豪華に至りて極点に達し、爾来一族の間に激しき政権争奪を生じ、かつ之を高圧統一して家門を率いる人物を出ださざりし故に次第に衰退に赴きたると同じく、源氏もまた頼義・義家の時を以て武威の絶頂となし、その後は藤原氏に於ける如く、同族の反目嫉視によりて勢力の分離を生ずるに至った。

この時に当り義家の子義親《よしちか》は、罪によって隠岐に流されんとしたが、隠岐に至らずして出雲に止まり、目代を殺し官物を掠《かす》めて暴威を揮った。而して之を出雲に討ってその首を挙げたのが、院の北面に出仕せる平正盛である。彼は藤原秀郷《ひでさと》・源経基と共に平将門を征し、功を以て鎮守府将軍に任ぜられし平貞盛の裔にして、世々伊勢に住したるいわゆる伊勢平氏の棟梁であった。彼は天下皆な義親の威を怖れ、敢て朝命を奉じて之を征せんとする者なかりし時に当り、進んでその家人たる伊勢・伊賀の住人を率いて大胆なる遠征を試み、而して見事に成功した。平家がその実力を認められたるは、実にこの時を以て始まる。

ここに於て朝廷は、平氏を寵用して源氏に当らしめんとし、院政の盛なるに伴いて、平氏の勢力また加わり、鳥羽天皇の時に於て源氏の官級は平氏のそれに後れ、久しく独占せる武家棟梁の地位を失わんとするに至った。およそ当時に於ける両氏の勢力を比較するに、その実力に於て平氏は到底源氏の敵でなかった。けだし諸国の武士、久しく源氏を棟梁と仰ぎ、殊に関東諸国に於ては、源氏の下文《くだしぶみ》がほとんど勅旨・院宣に等しき力を有していた。しかるに平家の勢力中心はほとんど伊勢・伊賀の両国に限られ、諸国に散在せる平氏ありと雖も、一門の状はほとんど路頭の人に等しく、よく之を一個の勢力に統一することは望み難かった。それにも拘らずいまや平氏が源氏と対立する勢力となったのは、主として皇室の寵愛を蒙《こうむ》ったからである。その他にも看過すべからざる一因は、平氏が正盛父子以来、屢々瀬戸内海及び九州の海賊を征討して、源氏が陸上に立てたる功勲を、海上に於て立てたることである。かくして源氏の一門が内訌《ないこう》（内紛）によりて無益にその勢力を消耗しつつありし間に、新興の平氏は恐るべき勁敵《けいてき》として源氏の前に現われた。

院政は、政権を藤原氏より皇室に回収することに於て成功し、かつ平家を寵用して源氏と対抗せしめ、以て藤原氏を抑えるに足る武力を備え得たことに於ても成功した。さりながら天子の他に天子を生じ、政府の他に政府を生じたるに等しき如きこの制度は、必然弊害を伴わざるを得なかった。

而してその弊害の最大なりしは、在位の天子と譲位の天子との感情の隔離であった。けだし在位の天子は、名義を以てすれば、四海に君臨して万機を総攬《そうらん》すべきものなるに拘らず、一切の政務挙げて上皇または法皇の親裁に出づるを見て、之を快しと感じ給わざるは、なお政権の藤原氏の手にありし時と同然ならざるを得ぬ。加うるに廷臣《ていしん》の院庁に重用せられざりし者が、天子を擁してその志を展《の》べんとするに至って、両宮の感情は益々離れざるを得ない。こは総ての国、総ての時代に於て、かくの如き政治的事情の下に必ず繰り返される歴史である。而して保元の乱・平治の乱は、この党争の発現であった。

かく院政は、内裏と院との反目となり、さらに内裏または院と相結んで勢力を張らんとせる廷臣の内訌となった。而してその争闘の起る毎に、必ず武士を頼んで志を行わんとした。このことは眠れる獅子たりし武士をして、自己の力を自覚せしめた。保元・平治の両乱は、武士をして天下の事、かかりて自家の肩上《わたがみ》にあるを覚らしめた。彼らは長い間公卿の為に働いた。彼らは公卿の為に荘園を守り、盗賊を防ぎ、南都北嶺の悪僧と戦い、僅かに昇殿を許されて天にも登れる如く喜んでいた。しかるにいまや上は皇室をはじめ奉り、藤氏一門悉く彼らの好意を得て自己の勢力を張らんとするに至って、俄然として自信の念を生じた。而してただに他人の爪牙たるに甘んぜざるのみならず、逆様に他人を以て自家の傀儡《かいらい》となし、さらに進んで自ら彼らの地位に代らんとするに至った。而して保元・平治の両乱に於て源氏に勝ちたる平氏は、ついに一躍して日本政治界の主人公となった。

平家の勢力を統一してよく源氏を圧倒し、約二十年間武士を以て天下の権を掌握し、日本歴史の新局面を打開せる英雄は、実に平清盛その人であった。彼は藤原氏の政策に倣い、婚姻によって親密なる関係を皇室に結び、皇威を藉りてその号令を重からしめた。

平清盛

彼は神社・仏閣・皇室・貴族の家領・荘園を奪い、日本六十余州の過半を一門の領地として天下の富を壟断《ろうだん》し、平時忠をして「平家に非ざるものは人にして人に非ず」と公言せしめたほどの栄華を極めた。されどその余りに傍若無人の態度と、自家の利益をのみ図るに急なりし政策とはついに天下の人心を得る所以でなかった。貴族及び諸国武士の彼に対する反感は、次第に高まった。而して、彼が一時の憤激に任せて後白河上皇を押し籠《こ》め奉り、高倉天皇を強要して皇位を三歳の幼皇子に譲らしめ奉るに及んでさらに皇族の反感をも挑発し奉った。ここに至って清盛は、ただに天下の人心を失えるのみならず、却って彼と戦わんとする者のために辞《ことば》（名分）を与えたのである。

源氏の老将頼政《よりまさ》は、この大勢を看取した。而して後白河上皇の第三皇子以仁王《もちひとおう》を動かして、王の名に於て檄を諸国の源氏に飛ばせた。彼の雄図は不幸にして蹉跌《さてつ》したが、その志は源家の嫡々《ちゃくちゃく》頼朝の手によって見事に遂げられた。

頼朝の奮起は、平家の勃興に不満なる、而して「源氏の世盛り」を回顧せる諸国武士の喜び応ずるところとなり、兵を挙げて十年ならずして、完全に日本全国を統一し、幕府を鎌倉に置きて天下の実権を握り、爾後七百年にわたる武門政治の基《もとい》を開いた。日本の版図は彼によって著しく拡められた。彼は平家の残党並びに義経の党類を捜索するを名《めい》としてあるいは之を好機として、藤原純友の余類が屡々殃《わざわい》をなしていた九州南部を平定し、さらに鬼界ヶ島・琉球にその勢力を及ぼして、初めて之を内地同様とした。または義経を庇《かば》いし藤原泰衡《やすひら》を討ちたる機会に、古来叛服常なくして、ほとんど版図外の観ありし東北地方を完全に征服し去った。かくして日本全土が、彼の武威によりてほぼ完全なる政治的統一を与えられた。かくて平安朝時代の歴史は、専ら中央のことのみを記しているが、鎌倉時代以後初めて全国各地の出来事が記録に現われるようになった。まことに鎌倉幕府の創立は、大化革新及び明治維新と相並んで、日本歴史に於ける最も重大なる転回期であった。

第十一章　鎌倉幕府の政治

源頼朝は、極端なる勤王論者によって、皇室を蔑せる罪魁《ざいかい》の如く非難されるけれど、その心に於て皇室に不忠なるものでなかった。むしろ頼朝は、生れながらの勤王家なりしと言うを当れりとする。『明慧上人伝《みょうえ》』の記するところによれば、彼は美味を嘗《な》めては先ず之を君に供えんと思い、珍貨を得ては先ず之を君に献ぜんと欲し、臣下に向っては常に尊皇の大義を忘れてはならぬと訓戒していた。例えば文治元年正月六日、彼が鎌倉より範頼《のりより》に与えたる書面の中に「大方は帝王の御事、いまに始めぬ事なれども、木曽（義仲）はやまの宮（円恵法親王）・鳥羽の四宮（恒恵法親王）討奉らせて、冥加つきて失せにき。平家また三条高倉の宮（以仁王）討奉りて、斯様に失せんとする事なり」と述べて、厳に朝廷を疎かにすべからざるを戒めている。寿永三年には、平家と死活の戦闘に従いながらも、仙洞《せんとう》よりの仰せはたとえ戦争に不利なりとも、一旦は必ず之を奉じ、もし変更の止むなきに於ては、具《つぶさ》にその理由を陳《の》べて奏請申理すべしと定めている。建久二年十二月、後白河法皇が御病に悩み給える時の如き、自ら精進潔斎して法華経を読誦《どくしょう》し、真心を籠めて御平癒を祈り奉った。法皇のついに崩御し給うに及んでは、鎌倉にて七七日《なななぬか》の法事を荘厳に営み、四十九日の御仏事には、東国の名ある寺々より僧侶を請《しょう》じて百僧供養を行い、翌年の御一年忌まで狩猟を禁制し、御一年忌には千僧供養を修して追悼の誠意を表した。実朝《さねとも》詠じけらく「山は裂け海はあせなむ世なりとも、君に二ごころ我あらめやも」と。吾らはこの心、また実に実朝の父頼朝の心なりしと信ずる。

さりながら頼朝は、皇室に対して深甚なる尊崇の心を抱けると同時に、天下の治安が自己の双肩にかかれることを自覚していた。而して廃頽《はいたい》を極めたる京都の政治が決して尋常一様の手段を以て廓清《かくせい》すべからざるを知れる彼は、万民の生命財産を保護し、天下の秩序を維持するために、有名無実なりし、あるいは有害無益なりし京都政府以外に、新たに別個の組織を有する鎌倉幕府を創設し、之によって新しき政治を行った。而して彼は、鎌倉の権力を有効に行使するためには、京都政府と協力する必要を認めたるが故に、京都政府の要務に当るべき朝官の進退に関して、鎌倉より朝廷に意見を諷示《ふうじ》（ほのめかすこと）することとなし、朝廷に於てもなるべくは鎌倉の奏薦に従って重要なる政務官を任命せられんことを希望した。この事もまた後世史家の非難の的となっているけれど、吾らは頼朝のこの処置を以て、決して私心より出でたるものと思わない。頼朝の真意は、主として天下の政治を円滑に行わんとするに存し、而して当時の政治的事情は、彼をしてかくの如き政策を採るの止むなきに出でしめたものである。

しかれどもかくの如きは決して京都の公卿を悦ばしむる所以でなかった。而して皇室に於ても、またかくの如き政治を以て皇権を無視するものの如く感じ給えることは、また無理もない次第であった。英明にして多感なりし後鳥羽上皇及び御子順徳天皇は、ついに気概ある京都の公卿と、北条氏に不平なる武士とを糾合し、鎌倉幕府顛覆《てんぷく》の計画を講じ給い、ここにいわゆる承久の乱を生じたが、その結果は却って北条氏の権力を確立するに終った。

承久の役、北条泰時の軍を率いて西上するや、彼は赤心を神前に披瀝し、このたびのこと、もし神慮に叶わずば、吾れ京都に達せざる以前に、先ず吾が命を奪い給えと祈念して、しかる後に軍を進めた。彼は後年、この事を明慧上人に語れる時、涙を流して恭畏《きょうい》の至情を露わしている。さりながら、如何に止むなき事情によれりとはいえ、北条氏が御三方上皇を海島に遷《うつ》し奉りし一事は、断じて弁護の余地がない。北条氏は承久の乱によって天下の覇権を確保することが出来た。けれども之と同時に北条氏は、日本国民の信仰たる尊皇心に対して挑戦せるが故に、晩《おそ》かれ早かれ生命を失うべき創痍《そうい》を自ら負えるものである。北条氏が後醍醐天皇の時に至りてついに滅び去りしは、実にこの旧き創痍によれるものに他ならぬ。

けれども北条氏がかくの如き大悪を敢てせるに拘らず、約百年にわたりて天下を保ち得たりしは、もとより種々なる事情ありしとはいえ、その主要なる原因は、鎌倉幕府の摯実《しじつ》なる政治が、見事に安民の実を挙げたることにある。もと義時・泰時が非常の大悪を犯すに至ったのも、その動機は主として人民安堵の為であった。されば北条氏代々の執権、よく心を治国平天下の道に潜めたのであったが、わけても吾らをして感嘆に堪えざらしむるものは泰時の政治である。公平なる批評は往々にして敵にある。北畠親房の勤王を以てしてなおかつ泰時に向って下の如き言をなしている。曰く「おおかた泰時心正しく政《まつりごと》すなおにして、人をはぐくみ物におごらず、公家の御事を多くし、本所のわづらいをとどめしかば、風の前に塵なくして、天《あめ》の下則《すなわ》ちしづまりき」と。まことに彼はその品格の高潔なりし点に於て、国のために私を顧みざりし精神に於て、而してその事務の才幹に於て、真に日本政治家の儀範である。

父義時の死後、その遺産を分配するに当って、彼はその大部分を諸弟に与え、自ら取ること最も少かった。伯母政子がこれを見て、嫡子の所得最も少きは何事ぞと問うた時、彼はこれに答えて「自分は執権の要職にあるけれど、諸弟は左様な職をもたぬため、せめて遺産なりとも多く分ちたい所存である」と言ったので、政子も痛くその廉潔を賞讃した。ある年伊豆北条の民が飢饉に苦しめる時、彼は米を出だして飢民に貸与し、秋の収穫に及んで之を弁償せしむる約束をした。しかるにその年もまた不作なりしため、さきに米を借用せる民が、弁償の不可能なるを思い、ついに他国に逃亡せんとした。彼は之を聞いて自ら伊豆に至り、悉く債務者を集め、その面前に於て証文を火中に投じ、彼らを安堵させた上に、心ばかりの饗応をなしさらに米一斗ずつ各人に与えて帰らしめた。この種の仁政は実に数うるに遑《いとま》ない。

泰時の執権は、前後十八年の長きにわたったが、その政庁に赴くや常に衆に先んじて往き、未だかつて倨傲の態度を属僚に示したることなく、未だかつて執務に倦《う》みたる色を示したることなく、六十の高齢に達してなお年少属僚と共に幕府に宿直《とのい》し、従者が老いの身を念《おも》うて筵《むしろ》をすすめたるを斥《しりぞ》け、かくの如きものを公堂に運び入れる勿れと叱ったほどであった。彼はまた政治家にありがちな虚栄心に累わされなかった。彼は自ら従四位下以上の官位に昇らざりしと共に一族及び武士全般を戒めて、高き官位を望むことなからしめた。彼の謙遜は、未だかつて命令の口調を以て諸士を指揮したことがなかった。彼は事実に於て主人公なれど、常に傍輩《ほうばい》として諸大名を待遇した。

彼は貞永式目を制定して、政治の準縄《じゆんじよう》（規範）とした。彼の政治は公明正大であり、彼の裁判は公平無私であった。一身一家の事に於て、飽くまでも謙譲なりし彼は、公の政務を行うに当っては、何者をも恐れざる勇気と意志とをもっていた。彼は強きを怖れず、弱きを侮らなかった。仁治《にんじ》二年、天下の豪族たる武田一家が、土地に関して小さな大名と争える時、泰時は道理に於て武田の非なるを見、之を敗訴せしめた。武田一家はこの敗訴を恨みて、泰時の一身に危害を加えんとするとの評判が高まり、人々は再三泰時に警戒注意を与えた。その時、彼曰く「人の恨を顧み、その理非を分たざらんには、政道の本意あるべからず。逆心を怖れて申し行わざらんには、定めてまた存私の謗《そしり》を招くべきか」と。而してこの事ありて一月《ひとつき》の後、武田家は巷説の無実なるを陳《ちん》じ、もとより何らの異心なきのみならず、子々孫々断じて悪事を企てざるべき旨の起請文を泰時に差し出した。彼は綿の如き情と、鉄の如き意志とを以て、民と国とのために一生を献げたのである。

独り泰時のみならず、北条代々の執権は、概ね皆な人民の味方であり、その政治は平民の利害に深き同情ある政治であった。北条氏は使者を諸国に派して百姓の実状を視察させた。あるいは西国の地頭が百姓に苛税を課するを禁じた。あるいは金利に制限を付して、貧民が高利のために苦しむを救った。あるいは大名が故なく人馬を徴発して民を苦しむることを禁じた。あるいは夜間弓矢を携《たずさ》うることを禁じ、あるいは卑賤《ひせん》の者の帯刀を禁じて、人民の安寧を図った。あるいは文書を以て訴願を通達せしめ、人民の訴訟をして早く鎌倉に達せしむる道を開いた。かくの如き政治の下に、民間の財力は著しく発達し、文化の程度は高まって行った。試みに『太平記』を取りて見よ。この書は足利時代の初めに著わされたものであるが、書中に引用するところは、四書五経より老荘に及び、さらに孫子・呉子・六韜《りくとう》三略の語あり、李白・杜甫・白楽天（白居易）の詩あり、韓退之《かんたいし》（韓愈）の文あり、漢書・三国志・晋書・唐書の史実あり、而してさらに歌書・国典・仏典を和し、雄渾無比の文学を創造している。吾らは吾国の武士が、鎌倉政治百年の間に、よくかくの如き書を読んで、之を鑑賞し得るに至れるを想う時、彼らの教養に深き根底ありしことを驚くものである。

第十二章　鎌倉時代の日本精神

鎌倉幕府の創立は、止むなき必要に迫られたる政治的改革であった。もし平安朝時代に於て、偉大なる政治的天才が続出したならば、大化革新の趣旨を徹底せしむること、必ずしも不可能でなかったろう。不幸にして第二の天智帝現われず、第二の鎌足も現われなかった為に、その理想たりし中央集権制度の実現はついに水泡に帰し、国民の政治的統一は全く失われて、極言すればほとんど無政府の状態に陥ったのである。而して国家をこの政治的頽廃より救ったのは実に源頼朝の功業に帰せざるを得ぬ。

彼は往々にして日本の国土を私せる者の如く称えられ、彼の仕事は悉く自己の兵馬を肥やす為の仕事の如く論ぜられているが、かくの如き見解は決して当を得たものでない。之については、忠誠無二の点に於て史上に比類稀なる北畠親房が、『神皇正統記』に論じたるところ、最も公明卓抜である。「後白河の御時兵革起りて姦臣世を乱り、天下の民殆ど塗炭《とたん》に落ちにき。頼朝一臂《いっぴ》の力を振ひてその乱を平げたり。王室は古きに復るまでなかりしかど、九重の塵もをさまり、万民の肩も安まりぬ。上下堵《かきね》を安くし、東より西よりその徳に服せしかば、実朝なくなりても背く者ありと聞こえず。これにまさる程の徳政なくして、いかでたやすく覆へさるべき云々」（仲恭《ちゅうきょう》天皇の条）

また曰く、

「凡そ保元平治より以来の乱りがはしきに、頼朝と云ふ人もなく、泰時と云ふものなからましかば、日本国の人民いかがなりなまし。このいはれをよく知らぬ人は、故もなく皇威の衰へ、武備の勝ちにけると思へるは誤りなり云々」（後嵯峨天皇の条）

さらに曰く、

「頼朝は更に一身の力にて平氏の乱を平げ、二十余年の御憤りをやすめ奉りき。昔神武の御時に宇麻志麻手命《うましまでのみこと》の中洲をしづめ、皇極の御宇に大職冠《たいしょかん》（藤原鎌足）蘇我の一門を亡ぼして、皇家を全くせしより後には、類なき程の勲功にや云々」（後醍醐天皇の条）

この勤王家の観るところはまさしく肯綮《こうけい》に中《あた》っている。頼朝はその安民の事業、治国の勲功に於て、宇麻志麻手命及び藤原鎌足と並べ称すべき国家の功臣である。彼の出現、彼の改革によりて、日本の国民的生活全体が、全く新しき面目を発揮し来り、爾来七百年の日本歴史の基礎が立派に築き上げられた。

源頼朝

日本の政治が改革の必要に迫られていた如く、道徳もまた、革新の必要に迫られていた。平安朝末期の道徳的頽廃はほとんど吾らの想像以上に甚だしきものであった。月卿雲客《げっけいうんかく》（公家）と言えば名は美わしいけれど、彼らの精神は懶惰《らんだ》と驕慢と虚栄と淫楽とに腐り果てていた。例えば藤原経実の如き、官は大納言の貴きに居りながら目に一丁字《いっていじ》を解せざる（文字を読めない）無学者にして、公事ある毎に病と称して出仕せず日夜鯨飲《げいいん》を以て事としていた。家屋そのものまで、遊楽宴安に適するいわゆる寝殿造りなるものが発達して来た。甚だしきに至っては「仮成夫婦之体、学衰翁為夫、摸婉女為婦、始発艶言、後及交接」という如き淫《みだ》らなる遊戯（見世物）が、公然と行われた。従って男女の倫常が極度に紊れたことは言うまでもない。他人の妻を姦するが如きは寧ろ罪の軽い方で、兄弟叔姪《しゅくてつ》の互に妻を犯すあり甚だしきは継母子の相姦さえ行われていた。加うるに当時の風習は、夫が妻をその家に迎うることをせず、妻の家に通い行く者が多かったので、弊風の行わるる機会はいよいよ多く、多くの男と交わるのは手弱女《たおやめ》の手柄、多くの女の従えるのは風雅男《みやびお》の誉れと誇る浅ましい世態であった。男女の倫常は常に、一般道徳不振の標準である。その他の五倫が甚だしく紊れたことは当然であって、ついには子として父を斬り、甥として伯父を誅せる保元の乱は、まさに風教の頽廃を暴露して余りあるものである。吾らは当時の人心が如何ほどまで放埒無慚《ほうらつむざん》を極めたかを示す絶好の一例として、田楽の流行について一言したい。

田楽はもと田植の時に農民の労を犒《ねぎら》うために興った歌舞で、笛や太鼓を叩きながら、一斉に舞踏するだけのものである。しかるにこの野卑なる田楽が、驚くべき勢いを以て京都に流行し始め、上は殿上人より、下は庶民に至るまで、それぞれ大小の団体を組み、悪謔猥雑《あくぎゃくわいざつ》ほとんど言語に絶する装束を着け、笛に定曲なく唯だ口に任せて吹き、太鼓に定声なく偏えに手に任せて打ちながら、毎日毎夜京都の市中を踊り狂うて歩いた。而して一の組と他の組とが衝突した時には、ほとんど狂乱せる双方の間に烈しき争いを生じ、之が為に生命を失う者さえあった。永長元年にはほとんど百日にわたりてこの奇怪なる狂態が続けられたとのことである。大江匡房《まさふさ》がこの有様を目撃して、「妖異の萌《きざ》すところ人力及ばず」と嘆いたのも無理ならぬ次第で、いまや人々は制止することを知らぬ享楽の欲に駆られて、まさに歓楽の鬼たらんとした。

しかるに爛熟せる京都文明が生みたるこの堕落腐敗を刷新して、日本国をその道徳的破産より救えるものは、実に武士道そのものであった。例えば、之を文学に見よ。平安朝時代の文学はほとんど総てが男女の恋物語か、しからずば風流談・懐旧談の類であった。それは典雅なる、而して享楽を事とする時代の、縦《ほしい》ままなる人情の経緯を、繊細に描き出だすことを主眼としていた。しかるに、鎌倉時代の文学は、武士の節義を写すことを主眼とせる物語か、しからずば教訓談の類である。もとより『源平盛衰記』にも恋愛があり、『平家物語』にも恋愛はある。さりながら之を取り扱う態度に於て、両者は全然趣きを異にする。平安朝時代の文学に於ては、恋愛は人生の最大関心事とせられているが、鎌倉文学に現われたる愛は、さらに偉大なるものの為に犠牲とせられたる悲壮なる恋愛であった。それは好んで義理を描いた。義理の為に捨てねばならぬ人情、人情に打ち克たねばならぬ義理を、涙を伴える力強さを以て描いている。彼らの説けるこの悲壮にして荘厳なる道徳は、後に武士道という偉大なる道徳体系に発達し、爾来七百年の間、日本国民の道徳的生活の中心生命となった。

もと武士道は、武将及び代々之に仕えたる武人との間に結ばれたる特殊の主従関係に胚胎《はいたい》し、さらに武人相互の間に及んだもので、主君に対する純一にして熱烈なる忠誠を経とし、飽くまでも自己の体面を尚ぶ凛然たる自尊を緯とせるもの、後に儒教によりて体系を与えられ、仏教によりて哲学的基礎を与えられたる道徳である。彼らの忠誠の精神は、彼らをして人生の義務の本末軽重を知らしめ、私を以て公を害すべからざる所以を教えた点に於て、国民の共同生活を向上せしむる上に非常なる貢献があった。また体面を重んずる精神は、自己並びに他人の人格に対して敬意を払うべきことを教えた。而してこの人格の尊厳を意識し、かつ之を擁護せんとの努力は、武人の生活の各方面に於ける道徳的向上の基礎となった。

独り男子のみならず、婦人の道徳もまた鎌倉時代に入りて俄然として向上した。而して武士道が頼朝に負える如く、婦人道はその妻政子に負うところ最も多い。平安朝の婦人は、恋愛の歓楽に酔うことを以て本願としていたが、政子に至りて婦人は独一の夫に一身を捧ぐべきもの、正しき家庭を作り、その支配者たるべきものとなった。貞操婦節という観念が之によって発達した。之と共に男女の倫常を正すべき法律も制定せられ、姦通の如きは強姦和姦の別なく、所領を没し出仕を罷《や》め、苟くも風俗壊乱の行為あるものは、御家人は百ヶ日の出仕停止、御徒《かち》以下は片鬢剃《かたびんそり》、名主百姓にありては、名主は十貫文、百姓は五貫文の過料に処せられ、かつ妻妾の称呼を正して一夫一婦の制を張ったので、女子の婦節を重んずる精神が当然勃興して来た。而してこの頃より夫が妻の家に通う風習漸く廃りて、妻女をその家に迎えるようになり、之また家庭に対する道念を発達させた。かくの如くにして東国の武人は、政治的革新を成就したと同時に道徳的生活を刷新した。

政治並びに道徳が革新の必要に迫られていた如く、宗教改革の機運も、また熟していた。弘法・伝教によって新しき生命を鼓吹せられし仏教も、平安朝末葉からとみに堕落し始め専ら現世利益を旨とする加持祈祷を事とするに至った。之と同時に、初伝当時の伝道の熱心を失える僧侶らは、壮麗なる寺院の中に立て籠って、多く経論を読み、盛んに弁舌を鼓し、知識の優勝を以て同輩を圧倒し、理論の難解を以て俗人に誇示する風を生じ、ここに宗教は一個の学問と化し、その本来の面目を蔽われてしまった。

加うるにいわゆる僧兵制度が当時の仏教に至大の累をなした。僧兵の起源に関しては、明確なる記録が残っておらぬけれど、要するに、藤原摂関の時代に当り、貴族の子弟が多く仏門に帰依して僧侶となったので、彼らに臣事していた武人も、また出家して寺に入ったのが、自然に僧兵を成立する原因となったのである。而して当時の寺院は、概ね大荘園の持主であったから、これらの僧兵を養うだけの余裕があり、かつまた多くの僧兵を擁することは、世間的勢力を張る上に最も好都合であったので、貴族の捨施《しゃし》によりて荘園の増加すると共に僧の数も増し、大寺院に至りては数千の僧兵を有するようになり、ついには干戈を執りて争闘するに至った。それらのうちで最も横暴を極めたのは、叡山延暦寺及び奈良興福寺の僧兵で、いわゆる山法師及び奈良法師として世間に跋扈《ばっこ》していた。彼らは屡々諸国の国司・郡司と争端を開き、些少の過失あれば忽ち《たちま》仏神に藉口《しゃこう》して之を朝廷に訴え、多くの場合はこれらの国司・郡司を流罪に処せしめた。彼らはその要求の聴かれざるに於ては、叡山の法師らは山王七社の神輿《みこし》を奉じ、奈良の法師らは春日の神木を捧げて皇城に迫り、以て朝廷を威嚇するを常とし、鴨川の水・双六の賽《さい》と共に、至尊の御心のままにならぬ一つとなった。

彼らが皇室並びに貴族と密接なる関係を有し、常に皇族または藤氏一門の子弟を座主・長者に戴いていたことは、人民をして彼らに反抗することを得ざらしめた。彼らを敵とすることは、直ちに国家を敵とする姿になっていたので人民は唯だ彼らの前に屈従するだけであった。彼らはまた彼らの欲せざる、あるいは彼らに不利なる、新しき信仰を主張する者あれば、直ちに兵力を以て之を圧抑し迫害することが出来た。これは当時の宗教界に於ける自由なる信仰の発動を妨げた。しかるにいまや、武人の崛起《くっき》によりて、彼らの鉄壁の一つなりし藤原氏は、その権威を失墜した。而して彼らが恃み《たの》とせる兵力の如きも、之を武人の勇敢に比すれば物の数でなかった。かくして彼らはその俗界に対する勢力に大打撃を蒙り、同時にまた精神界に対する権力をも失い始めた。これに於て日本の宗教界は、貴族的宗教の圧迫を脱して、新しき信仰を歓迎すべき準備が出来た。

かくして宗教改革の気運は、政治上の革新と共にその頭《こうべ》を擡《もた》げ始めた。而して最も早く宗教改革の大事業を成就せる者は、法然上人その人で、まさに日本のルーテル（ルター、ドイツの宗教改革者）を以て呼ばるべき者である。法然に従ってさらに親鸞上人が起った。彼らが高唱せる他力往生の宗教は、色々の迫害を蒙りながら、江河を決する勢いを以て伝播せられ、ほとんど三十年の間に「専修念仏のもの天下に繁昌す」と言われるほどになった。彼らの教えた宗教は、一切の努力を棄てて偏えに阿弥陀仏の他力に縋《すが》り、極楽浄土に往生せよと言うのであった。この信仰は、早くすでに良忍の融通念仏に端を発し、源信僧都《そうず》の『往生要集』によりて理論的基礎を与えられ、空也上人の伝道によりて国民の感情に融化せられ、法然・親鸞によりて大成せられたものである。試みに当時の世態《せいたい》を見よ。御堂関白の栄耀栄華は、帰らぬ夢となった。さしも時めきたる平家の一門も、忽ちにして西海の水泡《みなわ》と消えた。春の花の泥に塗《まみ》れるを見てさえ涙を流せる感じ易き心は、この遽《あわただ》しき世故の転変によりて、その無常観を深刻にされた。この時に当りて従来諸宗で教えた一切の難行雑行を斥け、光明無量・寿命無量の阿弥陀仏が、衆生を漏らさず救わんとの誓願を信じ、一身をその慈悲に委ね、ひたすら名号を称えなば、命終りて必ず浄土に往生するを得んとの純一なる信仰が、最も人心に喜び迎えられたのは当然のことである。

次には禅宗が新たなる生命を以て行われ始めた。禅宗が吾国に伝えられたのは一朝一夕の事でない。すでに奈良朝時代より、如何なる宗旨に於ても、観法には即ち禅を以てし、修行の間には南無阿弥陀仏を念じていた。されど念仏宗が一宗として大成されたのは鎌倉初期なりしが如く、禅が国民の信仰の力となったのは、同じく鎌倉時代に入ってからである。即ち法然上人の開宗より十六年にして、宋より帰朝せる栄西禅師が臨済禅を唱え、禅師滅後十余年にして道元禅師の曹洞宗起るに及んで、初めて新たなる生命を得て来た。而して禅宗は、当時シナに於て最も行われた仏教であったが、あたかも宋末戦乱の世に際会したので、彼地の禅僧にして乱を吾国に避けし者多く、之が為禅宗は長足の進歩を遂げた。直指人心《じきしにんしん》、立地成仏の真面目を現前せしめんとするこの簡潔にして力強き信仰は、殊の外に鎌倉武士の心に適《かな》い、念仏は庶民の宗教、禅は武士の宗教なるが如き観を呈した。

次に鎌倉仏教の最後の光耀は、日蓮上人の法華宗である。いま日蓮出生当時の仏教界を見るに、上述の如く念仏宗と禅宗とが新興の勢いを以て上下に行われ、王朝仏教の権威なりし天台・真言は漸く衰えかけて、僅かに京畿地方に勢力を張るに過ぎなかった。而して両者のうち、真言宗はなお余焔を挙げていたが、天台宗に至りては明らかに衰頽の坂を降っていた。日蓮上人はかくの如き時代に生れ、天台宗の本山比叡山に登りて十余年を修行講学に過ごし、宗門の衰微が伝教大師の真意に悖《もと》れるに由るを憤慨し、ついに自ら一宗の開祖となり、念仏無間《むけん》・禅天魔・真言亡国・律国賊と絶叫して、火の如き熱烈を以て自己の信仰を天下に伝えた。されば法華宗は、ある意味に於ける天台宗の復活で、日蓮の天台に対する関係は、あたかもロヨラ（イエズス会の創立者）がローマ教会に対する関係に彷彿している。

日本仏教の発達は、如上（上述の）三宗の樹立を見るに至ってその最高潮に達した。これらの宗教は、その教理に於ても、宗風に於ても、決して同一ではなかった。殊に真宗と禅宗との如きは、一は仏教内に潜在せる他力の信仰を極度に高調し、他は自力の信仰を極度に高調した点に於て、最もいみじき対立をなしている。さりながら、これらの総ては、新時代の宗教的要求を満足せしめて、吾国に於ける宗教改革を成就せる新信仰として、互に相異なっていながらも、明らかに共通の点を有していた。

吾らが第一に気の付くことは、新宗教の宣伝者が、皆な伝道に熱心なりしことである。屡々繰り返せる如く、奈良朝に於て伝道の宗教は、平安朝に入りて学問の宗教となった。僧侶は、如何にして多くの衆生を済度すべきかに心を注がずして、唯だ多く経論を読み、巧みに議論を闘わすことに日を送るようになった。而して幸福主義が仏教を支配し、加持祈祷が僧侶の本職となるに至って、伝道の精神は益々冷却した。次いで寺院が貴族門閥と密接なる関係を結び、大荘園を所有して兵力を蓄え、専ら俗権を張るに腐心するようになった。極めて稀なる例外を除けば、もはや伝道の精神は僧侶の心より消え去ってしまった。しかるに宗教改革の機運に促されて新宗教が勃興するに及んで、熱烈なる伝道の精神が、俄然として新信仰鼓吹者の間に起った。日蓮は言うも更なり、法然にまれ親鸞にまれ、乃至は禅宗の僧侶までも、悉く熱心なる伝道者であった。

次に新仏教は、宗教を外面的儀式の束縛より解放した点に於て一致している。王朝時代に於ては、宗教に於て最も重んぜられたのは外面的儀式であった。人々は絶対者と交通する為に種々なる物質的手段によることを必要とした。先ず仏と連なる為には、いわゆる十種供養として種々なる犠牲を献げねばならなかった。ある人は堂塔を作って之を仏に献げ、ある人は鐘を鋳て之を献げ、ある人は経文を書いて之を献げ、かくしてその保護冥助《みょうじょ》を得んとした。次には読経を以て仏の加護を得る最も必要なる手段とされた。人々は毎日勤行《ごんぎょう》・長日勤行などと言いて、あるいは僧侶に依頼し、あるいは自ら経を読んだ。されば誦経《ずきょう》の声の瀏喨《りゅうりょう》（冴え）は、僧侶として人民の帰依を博する必要の資格であった。次に最も甚だしかりしは、真言宗の隆盛と共に栄えし秘法の修行である。即ち大法・

準大法・秘法・通途法などの別を立てて、数限りなき神人交通の儀式を制定し、それぞれの場合に従ってそれぞれの法を修行した。しかるに新興の宗教に於ては、総てこれらの無意義なる儀式を度外視した。法然・親鸞にありては、唯だ弥陀の本願を信じてその慈悲に乗託《じょうたく》し、至心に南無阿弥陀仏と唱うることの他に、何らの儀式も修行も無用とした。直指人心・見性《けんしょう》成仏の禅宗に於て、儀式が宗教的生活に於て何ら重きをなさざるは言うまでもない。日蓮宗に於いても「信心肝要なりとて余行《よぎょう》をなさず」と言わるる如く、法華経に帰依して南無妙法蓮華経と唱うる他に儀式を必要とせぬ。かくして寺院と儀式との中にありし宗教は、いまや個人の心中にその座を発見したのである。

第三に新仏教は、宗教を学問より解放せる点に於て、換言すればその教理信仰の純一簡明なりし点に於て一致している。僧侶が只管《ひたすら》学問の優勝を以て誇っていた時代に於て、吾が他力宗の祖師が「是非知らず邪正もわからぬこの身なり」とて、理論の高遠は之を南都北嶺の学匠たちに訊ねよと公言したのは、真に青天の霹靂《へきれき》であった。また真言宗の興隆以来、仏教に於ける崇拝の対象は限りなく多数になった。しかるに他力宗の宣伝者は「一仏は一切なるが故に、諸仏は皆な一体なり、諸仏は皆な無量寿《むりょうじゅ》（阿弥陀）極楽世界より出でたるが故に、諸仏は皆な弥陀より出でたるものなり、されば釈迦・薬師・観音・弥勒などの諸菩薩は、皆な弥陀一仏なりと知るべし」と唱えて、無数の諸仏を弥陀一仏に摂《せっ》してしまった。而して従来行われたる一切の宗教的修行・学問・観想を、唯だ一個の念仏に摂してしまった。かくしてその教理も信仰も、極めて簡単なるものとなった。「弥陀の一仏を信ぜよ、至心に南無阿弥陀仏と唱えよ。しからば決定《けつじょう》して浄土に往生すべし」——唯だこれだけが他力宗の根本教義である。

而して禅宗もまたその教義の簡単なることに於て他力宗に譲らなかった。そはすでに不立文字《ふりゅうもんじ》（文字では伝えることが出来ない）と自称するほどであるから、もとより学問を以て宗教生活の要件として居らぬ。そは他力宗が、諸仏は弥陀一仏なりと教えたるに対して、吾が心即ちこれ仏である、と説いた。されば禅宗の成道《じょうどう》とは、之を今日の言葉で言い表わせば、自己の精神の衷に無限性を認むること、自己の心底に於て宇宙を構成する実在の根本を掴むことに他ならぬ。

最後に法華宗の教理も、之を天台宗に比ぶれば甚だ簡単なものになった。仏法とはこの世界を支配する法則を言うのである。仏法と世法とは別のものでない。されば人間は本来仏陀で、世界は本来浄土である。迷うが故に凡夫《ぼんぷ》となり、覚るが故に仏となるというのが、日蓮宗の教義であって、要するに一切を以て仏陀の発現となし、その真相を悟得することを以て至極の一大事とするのである。而してこの教理を最も明瞭に教えたものは法華経であるから、日蓮の信者はこの教典を堅く信じ、南無妙法蓮華経と唱えさえすれば、それが成道の要津《ようしん》となるのである。故に南無妙法蓮華経とは「吾は法華経に帰依してその教ゆるところを疑わず」ということで、さらにその意味を取りて翻訳すれば「吾は仏なり、裟婆《しゃば》（現世）は寂光土《じゃっこうど》（極楽浄土）なり」ということである。

かくの如くにして宗教の革新も一段落を告げた。而して吾国は新しき政治と、新しき道徳と、新しき宗教とを得て、いわゆる封建時代七百年に於ける国民生活の精神的基礎を与えられた。吾らは、鎌倉時代に於ける宗教改革の面目を具体的に読者に伝えるために、次章に於て武士階級の信仰たりし禅宗の興隆者、道元禅師の革新的精神を叙述する。

第十三章　宗教改革者としての道元禅師

仏教が吾国に渡来せる当初に於て、ほとんど政府の一事業として弘布されたことは、日本仏教のために幸福でもあり、かつまた不幸でもあった。一方に於て仏教は之が為に自由にかつ迅速に栄え行き、聖徳太子以後約一世紀ならずして、すでに吾国の精神界に完全にその王国を建設することが出来た。さりながら他方に於て、この事は仏教の為に由々しき誘惑となった。即ち仏教が皇室、貴族の深甚なる帰依を受け、その伝道はさながら国家の事業たる観あるに及んで、僧侶は国家に於ける特別の地位を占めるようになり、ただに精神界にその勢力を扶植せるのみならず、同時にまた政治界に於て隠然として当時の貴族階級に拮抗する勢力を樹立し、後には彼らの勢力が逆様に貴族を圧倒して、ついに道鏡の陰謀を見るに至った。こは奈良朝仏教の最も悲しむべき堕落であった。

桓武天皇の平安遷都は、もとより種々なる事情に由って断行されたものであろうが、政教を分離せしむることが、その主なる原因の一つであったことは疑いを容れぬ。而してそは恐らく貴族階級の筆頭たりし藤原氏の献策に基づいたものであった。さりながら当初朝廷または政府によって栄えた仏教は、平安朝に於ても之を離れて存立することが困難であった。もとより平安朝僧侶は、奈良朝怪僧の如き、驚くべき大胆と機略とを以て、逆様に朝廷を制せんとするが如きことはなかったが、朝廷または政権の庇護の下に立つことを以て、最も望ましきことと考えていた。日蓮上人の『祈祷鈔《きとうしょう》』という文章の中に「山門（比叡山）と王家（皇室）とは松と柏との如し、蘭と芝とに似たり、松枯るれば必ず柏枯れ、蘭しぼめば又芝しぼむ、王法の栄えは山の悦び、王位の衰へは山の歎き」と書いてある。こは日蓮ほどの傑僧も、宗教と政権との相依を以て怪しむべきことと思わず、またこの事が如何に日本仏教を堕落させた原因となっているかに想到せざりしことを示している。さればこそ彼は自己の新信仰を宣伝するには、先ず当時日本の政治的実権を握っていた鎌倉幕府を、法華経の信者にせねばならぬと考えたのである。

かかる次第なれば平安朝の末期に於て、僧侶がほとんど国家に対して隷属的地位に立ったことも敢て異とするに足らぬ。彼らの多くは、僧服を着た名聞《みょうもん》の俗史となり果てた。その希《こいねが》うところは顕要なる僧位僧官に任ぜられて荘厳なる寺院に住し、俗界に対する権力と物質的の幸福を得ることであった。かかる状態に於て、真個の仏教が発揮される道理は決してない。

しかるに道元禅師に至りて、断然としてカイゼルのものをカイゼルに返した（政教分離の意・イエスの言葉）。改革者としての道元を述ぶるに当り、第一に挙ぐべきは、実に仏教を一切の政治的纏綿より解放したことである。試みに栄西禅師の行蹟について見よ。栄西禅師は道元禅師に先んじて禅宗を鼓吹せる宗教界の偉人である。その志すところは、禅宗の信仰を基礎として天台・真言・戒律の三教を統一し之によりて日本仏教の中興を期するにあった。いま有名なる栄西禅師の「日本仏法中興願文」を読むに「庶幾《こいねがわ》くは輔相智臣、心を此願文に留め、今奏聞を経、中興の叡慮《えいりょ》を廻らし、仏教王法を修復せんは最も望む所なり」と言い、また「王法は仏法の主、仏法は王法の宝なり」と言うが如く、最も重きを政教相資《そうし》に置いている。されば禅師は、鎌倉に赴いて将軍頼家に謁し、その母政子の帰依を受けて、建仁寺《けんにん》・寿福寺を開き、朝廷よりは紫衣《しえ》を賜わり、権僧正《ごんそうじょう》に任ぜられ、俗界の権力を伝道に利用するに努めたのである。しかるに道元禅師に於ては全くこの事なかった。もし禅師にして欲したらんには顕要なる僧位僧官を望むがままに得られたろう。あるいは最も有力なる政権の後援を得たであろう。けれども禅師は断じて之を為さなかった。

彼は明全《みょうぜん》和尚の後継者として、建仁寺を嗣ぐべき地位にありながら、駐《とど》まること僅かに三年にして深草の里に退き、さらにまた越前の深山に去ってしまった。而して京都東福寺の聖一国師《しょういちこくし》や、鎌倉建長寺の大覚禅師などが、高貴顕門を檀家として世に時めく有様を他所《よそ》に眺めながら、その師如浄《にょじょう》禅師の訓戒を堅く守りて「一箇半箇の接得」（真の弟子の養成）に専心した。北条時頼に招かれて半年余を鎌倉に伝道したが、事終えて後は時頼の懇請を斥け、精舎《しょうじゃ》の建立をも固辞し、三千石の寄附をさえ拒絶して山に帰り、

山僧出去半年余　猶若孤輪処大虚
今日帰山雲気喜　愛山之愛甚於初

と詠じてその心懐を述べていた。而して当時仏教界の最高法服たる紫衣恩賜の事あるに及んでも、二度までは固辞したが、勅諚《ちょくじょう》三度に及んでこの上の拝辞は余りに恐れ多しとて拝受はしたが、之を高閣に奉蔵しただけで、ついに身に着けたことがなかった。かくして禅師は、一個の黒衣僧としてその生涯を終えた。日本仏教の累《わずら》いなりし政治的纏綿は、禅師によりて見事に之を擺脱《はいだつ》することが出来た。

次に道元禅師は、仏教を学問より解放した。日本仏教が行化より一変して学問たらんとする傾向は、すでに伝教、弘法に胚胎していたが、道元出世（出家）当時に至りては、仏教の教義は頗《すこぶ》る煩

瑣となり、経典の数も夥しく、いわゆる「顕密大乗経六百三十七部、二千八百八十三巻」の称があった。多くの寺領を有して豊かに衣食している数知れぬ僧侶どもは、日夜経文や論釈を渉猟《しょうりょう》して、無意義に煩瑣なる空論を事とし、互に博覧多識を誇っていた。

幼年より「文字童子」と驚嘆せられ、仏学の研鑽に於ても当時無双でありながら、道元禅師は仏教の学問と、仏教の信仰とを混同することとなかった。真の宗教的信仰は、唯だ坐禅弁道によりて得らるべきものであって、文字習字の法師の知り及ぶべきところでない。故に禅師が帰朝後間もなく書いた開教宣言書とも見るべき『普勧坐禅儀《ふかんざぜんぎ》』にも「須《すべか》らく言を尋ね語を逐ふの解行を休《や》む可し」と述べている。当時の仏学は、人をして頭を無数の経巻に没せしめ、智慧を外面の研究に求めしめた。さりながら徒らに浩瀚《こうかん》なる書冊を渉猟したりとて仏教本来の生命と何の交渉あろう。「空しく思量念度を費やして、菩提を得る功徳に擬せん」とするが如きは、あたかも「是れ轅《ながえ》（長柄）を北にして越（中国南部）に向はんと思はんが如く、又円孔に方木を容れんと為《せ》んと同じ」である。仏法を参究するということは、取りも直さず「自己をならうこと」である。自己の真面目を究明することである。外に向けられた眼は、内に向け変えられねばならぬ。春は芒鞋《ぼうあい》（わらじ）を着けて千万里の外に求むるに及ばぬ。坐して窓前の梅花を嗅げば、春のすでに枝頭にあるを知り得る。道元禅師は如是《にょぜ》にして仏教を学問の羈絆より脱却せしめた。あるいは八宗に通じて居るの、あるいは六宗を明らめたの、あるいは天台の学者だのと、愚かな名聞を誇って「学問」を迷信していた時代に於て、道元禅師が「文字を教ふる学者の衆生を導くは、一盲の衆盲を引かんが如し」と言い、あるいは「天然の妙智は自から真如なり、何ぞ儒書及び仏書を仮《か》らん」と言ったのは法然上人が『一枚起請文』の中に「たとひ一代の法をよくよく学すとも、一文不知の愚鈍の身にして智者の振舞をせずして、只一向に念仏すべし」と言えると相並んで、まさに時代に対する革命の宣言であった。

次に道元禅師は、平安仏教に纏綿せる雑然たる外面的・物質的分子を放棄した。平安仏教の中枢は加持祈祷であった。当時の人々は、何かといえば直ぐ仏の保護助力を得ようとした。而して加持祈祷は即ち仏の加護、または冥応、または冥助、または利生《りしょう》を得る手段であった。雨が降り続いても祈祷、病気になっても祈祷、妊娠しても祈祷、争訟にも祈祷、商売にも祈祷、人々は一切の利己的満足の為に、常に僧侶に縋った。かくして当時の祈祷僧は、王公四民の幸福を掌中に支配する恐ろしい権力を握り、之が為に莫大な御布施を貪りて、豊かな財産に衣食していた。人々はまた色々な供養によりて、あるいは読経によりて仏の恩恵に浴せんとした。而してあるいは之を功徳を積むと言い、あるいは善根を修めると言っていた。『中右記《ちゅうゆうき》』に記すところに依れば、白河法皇御一代に修められた「善根」は画像五千四百七十余体、生丈仏五体、丈六仏六百二十七体、半丈六仏六体、等身仏三千百五十体、三尺以下二千九百三十余体、大塔二十一基、小塔四十四万六千六百余基に及び、金泥《こんでい》一切経書写、その他秘法修善千万檀その数を知らずということである。国力疲弊の時に当りて、なおかつ如是の冗費を功徳の為に惜まなかったを見ても、当時の人民が上下押しなべて如何に利己的迷信に囚われていたかを知ることが出来る。

しかるに道元禅師に於ては、総てこれらの外面的方法は、得道証悟（悟りを開くこと）と没交渉であった。禅師は当時の祈祷僧の有様を目撃して「いまの法は俗家の世渡業《よわたりわざ》にも劣り浅まし、なかなか渡世のなす事を見れば、なす事ありて取る事あり、これには遥に劣れるはこの頃の仏者の有様なり」と痛嘆し、徒らに読経念仏によりて功徳を求めんとする者に対しては「口声を暇なくせる、春の田の蛙の昼夜に鳴くが如し、ついにまた益なし」と斥け、仏教の本意は唯だ仏陀の教え給えるが如く修行して、契心証会《しょうえ》するにありとなした。従って得道の因縁は、正しき信仰と、正しき実行以外に之を求めることが出来ぬ。「ユダヤ人は休徴《おつげ》を乞い、ギリシア人は智慧を求む」（コリント書・パウロの言葉）。道元禅師は休徴を求むる祈祷僧と、智慧を漁《あさ》る学問僧の手より仏教を取り返した。

元来仏教には正像末《しょうぞうまつ》の三時説というのがある。こは仏（シャカ）滅後の年代区分であって、仏滅後五百年間を正法の世、次の一千年を像法の世、その次の一万年を末法の世と称している。正法の世とは仏陀の遺法厳存し、如実に遺法を修行して証果を得べき時代、像法の世とは、遺教あり修行者もあるけれど真実の証果を得ること難き時代、最後に末法とは、唯だ遺教のみありて真実の修行者なく、従って証果を得るものなき時代である。吾国では伝教大師をはじめとし、法然上人・親鸞上人乃至日蓮上人らに至るまで、皆なこの三時説に拠って仏教の興廃を論じている。即ち法然・親鸞両上人の如き、今日の如き末法の世に於ては、到底自力修行によりて証果を得ることが出来ぬ故、絶対に弥陀の大慈大悲に縋り、その不可思議の力によりて、極楽浄土に生れ、往生即成仏の証果を得させて貰う他に道がないと信じ、浄土念仏を以て五濁悪世《ごじょくあくせ》の末法時に相応せる教法となし、弥陀の誓願を宣伝する為に一宗を開いたのである。

しかるに、道元禅師はこの三時説に対してほとんど一顧だも与えなかった。禅師は「いま末代悪世にも修行せば証を得べしや」との問に答えて「大乗実教には正像末法を分くことなし、修すれば皆な得道す」と明言している。禅師の信仰では、正像末の三時説は、畢竟外面的のものであって、仏教の生命と交渉あるものでない。証果を得ると否とは、人について言うべきもので、時代について言うべきものでない。正法の世に生れ合わせたりとて、正信を抱かず修行の志なき者は証果を得ることなく、末法の世と雖も、真実求道の志を以て真個修行を積みさえすれば、必ず証果を得べしと堅く信じ、かつ自己の生涯を以てその活きたる模範としていた。

されば修行ということは、禅師の最も重んじたところで「仏家には教《おしえ》の殊劣を対論することなく、法の深浅を選ばず、但し修行の真偽を知るべし」と言い、あるいは「人まさに正信修行すれば、利鈍を分かず等しく得道するなり」と説き、唯だ経典を読むのみで如法の修行を等閑にする者に対しては、あるいは之を「医方を見る人の合薬を忘れたる」に譬《たと》え、あるいは「みだりに祖師の語を見て思量し分別し、戒行不足にして悟れりと言うは、これ末世法をみだり人を惑わす大罪人なり」と痛撃している。こは取りも直さず宗教と道徳との結合に向って深き根拠を与えたものである。証果を得る道は唯だ一つしかない。諸善奉行・諸悪莫作《まくさ》、即ちこれである。人々は之が為に先ず仏陀に帰依し、仏法に帰依し、教団に帰依せねばならぬ。而して仏陀の定め給える諸々の戒律を守らねばならぬ。祈祷も読経も、決して得道の因とならぬ。唯だ善行のみが、人々をして「諸仏の位に入り、位大覚と同じうし已《おわ》る」ことを得せしめるのである。されば修行と証果とは決して別物でない。真実如法に修行して、諸仏の受持せるところを受持するは、即ち諸仏の所証なる仏果を証することである。故に曰く「仏法には修証これ一等なり」。

すでに修証一如であるとすれば、宗教的生活に於て悟ってしまったから、修行は無用というような道理のある筈はない。「修の証なれば証に際なく、証の修なれば修に始なし」。故に真実の仏徒は「日々の生命を等閑にせず、私に費さざらんと行持」せねばならぬ。之について禅師が丁寧反覆説いているところは、まさに吾らの日々拝誦して鑑戒となすべき金玉の文字である。曰く「一日の身命《しんみょう》は貴ぶべき身命なり。貴ぶべき形骸なり。しかあれば一日を徒らに使うこと勿れ、この一日は惜むべき重宝なり、尺璧《せきへき》（宝玉）の価値に擬すべからず、驪珠《りじゅ》（竜の真珠）に換うること勿れ。古賢惜むこと身命よりも過ぎたり。静《しずか》に念うべし。驪珠は求めうべく、尺璧は得ることとあらん。一生百歳のうちの一日は、一度失わば再び得ることなからん。何《いず》れの善巧方便《ぜんきょう》ありてか過ぎにし一日を復《ふた》び還し得たる、紀事の書に記さざるところなり。古聖先賢は日月を惜むこと、眼睛《がんせい》よりも惜み国土よりも惜む。その徒らに蹉過《さか》すというは、名利の浮世に濁乱《じょくらん》し行くなり。徒らに蹉過せずというは、道にありながら道の為にするなり。すでに決了を得たらば、また一日を徒らにせざるべし。偏えに道のためにに行取し、道の為に説取すべし」。

かくの如き見解は、ややもすれば仏教が陥り易き傾向――即ち俗事及び日常生活を蔑視し、または之を以て解脱を妨ぐるものとなす傾向――より遠ざかることが出来た。禅師は、「出家人諸縁速やかに離れて坐禅弁道に障りなし、在俗の繁務は如何にしてか一向に修行して無為の仏道に叶わん」との意見に対し「世務の仏法を妨げざること」を明らかに説示している。

さて上に述ぶるが如く、道元禅師は極力、道徳的力行を高調し、かつ道徳律の森厳を力説した。因果の道理は歴然として私がない。造悪の者は必ず堕ち、修善の者は必ず陞《のぼ》る、毫釐《ごうり》も違うことがない。もし因果亡じて虚しからんが如きは、諸仏の出世ある筈もなく、祖師の西来《さいらい》もある筈がない。たとえ悪を行いながら悪に非ずと思い、または悪の報あるべからずと思ったところで、到底因果の鉄則を免れることが出来ぬ。道元禅師は実にかくの如く教えた。

さりながら道徳は決して禅師の仏教の全体でない。禅師の信仰を一個の楕円形に譬うれば、道徳的力行はその一つの焦点で、他の一つの焦点は解脱救済の思想である。道元禅師は人々に向って飽くまでも倫理的努力を勧めた。されど同時に人間の道徳的能力を考えて「汝ら懺悔せよ」と教えた。こは基督《キリスト》が、一面に於て驚くべき峻厳を以てその弟子に道徳を要求すると同時に、他面に於て罪を赦《ゆる》す神を教えたのといみじく似通うている。道元禅師もまた耶蘇《ヤソ》と同じく、道徳的生活が悪戦苦闘の生活なるを知っていた。仏陀の戒律を守らんとする心に対峙して、之を破らんとする力強き心が湧いて来る。この烈しき争闘に囚われて、人間はその達すべき目的地に達し兼ねている。禅師はこの事を熟知していた為に、人々に向って懺悔滅罪の福音を宣《の》べた。

その倫理的方面に於て秋霜の凛烈を示す禅師は、道徳的不可能を可能とする不可思議なる諸仏の大慈大悲を説くに至って、俄然として春陽の温かさを生じて来る。曰く「仏祖憐みの余り広大の慈門を開き置けり。これ一切衆生を証入せしめんが為なり、人天《にんでん》誰か入らざらむ。彼の三時の悪業報必ず感ずべしと雖も、懺悔するが如きは重きを転じて軽受せしめ、また滅罪清浄ならしむるなり」。人々よ、真心を発露して仏に告白せよ。しからば発露の力よく罪根を銷殞《しょういん》せしむるであろう。誠心を専らにして仏前に懺悔せよ。しからばたとえ過去の悪行多く重なりて得道を妨ぐるとも、仏道によりて得道せる諸仏諸祖は、必ず汝らを愍《あわれ》みて、よく業累を解脱せしめ、学道障り無からしめるであろう。

道元

かく道元禅師は仏の慈悲を力説した。而してその慈悲は、当時の人々の期待せる如き世間的幸福を与うる慈悲にはあらで、人々をして罪悪より解脱せしむる慈悲である。懺悔する者の罪悪を銷滅せしめて、之を諸仏の位に導く根本的愛である。之をかの平安朝末期の人々が、あるいは安産のために、あるいは商売繁昌のために、護摩を焚き陀羅尼《だらに》を誦して仏に願った慈悲と比ぶれば、何たる甚だしき相違ぞ。されば平安朝時代に於ては、仏陀に求むるに外面的・物質的慈悲を以てせるに相応して、仏恩に報いるにもあるいは堂塔を建立するとか、あるいは仏像を刻むとか、乃至その他の物質的方法を以てした。しかるに道元禅師は、諸仏の深甚なる慈悲に対する報謝の道は、唯だ如法真実の生活を以てする他に別途ないと教えた。「その報謝は余外の法は当るべからず。唯だ当に日々の行持その報謝の正道なるべし」。

次に注意すべきことは、同代の他の宗教改革家が、その一生を主として直接世間相手の仏道に費せるに反し、道元禅師が主としてその力を僧侶養成に尽くしたことである。もとより禅師と雖も俗人を相手に弘法説教することを辞せなかった。さりながらその最も力を用いたのは、自己の真宗教を継嗣し、之を世間に宣伝する伝道者を養成することであった。禅師が僻遠の地を択んで住んだのは、それが僧侶養成上に有利と認めたことも、たしかに一因をなしている。

禅師が当代僧侶の堕落を嘆いて「諸方を見るに道心の僧は稀にして、名利を求むる僧は多し」と言える如く、また「仏法をば慕わず、一心に朝廷の貴をこいねがう」と言える如く、僧侶の多くは卑賤陋劣《ろうれつ》なる考えより出家し、真実道のために仏門に帰する者は暁星《ぎようせい》（数の少ないことのたとえ）よりも稀なりし時代に於て、禅師は最も厳格なる制度を定めて学人の教育に従事した。興聖寺《こうしようじ》時代に於ける僧堂の制度は「重雲堂式」について見るべく、永平寺時代の制度は「衆寮法規《しゆりよう》」によって知ることが出来る。それらの規則を見るに到底「デモ坊主」の辛抱出来るようなものでない。それは真摯求道の志ある者ならでは得堪えぬほど峻厳を極めたものである。禅師は実践躬行して範を弟子に垂れ、袈裟の洗い方、飯の炊き方、歩行の仕方、睡眠の方法、洗面の仕振りに至るまで、周到なる注意を与えている。

永平寺の法堂及び僧堂の工を竣《お》えたる時、禅師はさらに、下の如く言っている。曰く「衆多く院闊《ひろ》きを以て大叢林《そうりん》となすべからず、院小に衆寡なきを以て小叢林となすべからず。もし衆の寡多、院の大小を以て叢林の量となさば即ち戯論とならん。たとえ衆多きも抱道の人なくんば即ちこれを小叢林となす。たとえ院小なるも抱道の人あらば即ちこれを大叢林となす。なお民繁く土広きを以て大国となさず、けれども君は聖に、民は賢なるを以て大国となすが如し」と。禅師は初めより外面的発展を欲せずして、精神的充実を期していた。しかれども新信仰を求むる心が動きつつありし時代に於て、道元禅師の力強き宗教は、次第に真摯なる求道者を惹きつけた。而してその門下に孤雲懐奘《こうんえじよう》をはじめとし、詮慧《せんえ》・了然《りようねん》・義介《ぎかい》・義演・義準らの高材逸足を集め、以て伝道の基礎を固めることが出来た。

而して道元禅師は、一面に於て盛んに著作によって伝道に従事した。この文書伝道が主として在俗の人々を対機としていたことは、その文章が概ね仮名交り文なるによって推想することが出来る。禅師はその若き頃に「法語などを書くにも文章を立派に書かん」とし、字句に無用の骨折りをなしたことを悔いて「語言文章は如何にもあれ、思うままの理を顛々《つぶつぶ》と書かん」と思い定め、旧仏教の学匠達が難解の漢文を以て誇示していた間に立ちて、和漢の方言俗語を使用したる見事なる国文を以て、数々の著作を書いている。けだし道元禅師は、古来の日本高僧中に於て最も著述多き一人で、『正法眼蔵《しようぼうげんぞう》』九十五巻、『永平清規《しんぎ》』五巻、『永平広録』十巻、『普勧坐禅儀』、『学道用心集』など、夥しき数に達しているが、その大部分を占むる『正法眼蔵』九十五巻は、実に「思うままの理を顛々に」書きたる国文の著作である。不立文字を標榜する禅門の師でありながら、かくの如く大部分の著述あるは、要するに禅師が主として僧侶養成のために城邑《じようゆう》を遠ざかれるより、直接化導《けどう》の機会少なかりし在俗の人々の為にせるものと思われる。

第十四章　蒙古来襲前後

十八歳の少年たりし北条時宗が第六代の鎌倉執権たりし時、日本国の臣従を強要する蒙古の国書が到来した。時は文永五年にして、鎌倉幕府創立以来約六十年を経ている。

人も知る如く、蒙古はシナの北部に彷徨せる遊牧の民であったが、源頼朝がなお伊豆の一隅に雌伏せる頃、「目に火あり、面に光りある」偉人、彼らの間に生れ、諸部族を統一して一個強大なる国家を朔北窮塞《さくほくきゅうそく》の地に建設してより、驚くべき勢いを以て征服の歩みを四方に進め、先ず南満北支を平らげ悉く中央アジアを平定し、裏海《りかい》（カスピ海）の西を廻り、高加索山脈（コーカサス山脈）を越えて欧州に入り、南方ロシア及び西部アジアを平定するに至った。この偉人は言うまでもなく成吉思汗（ジンギスカン）その人である。彼は北条泰時執権の時代、享年六十六を以て陣中に病死したが、その子太宗、父の志を継いで先ず金を滅ぼし高麗を従え、さらに第二回の欧州遠征軍を起し、露国より波蘭（ポーランド）に入り、進んで北はドイツを攻め、南は匈牙利（ハンガリー）・墺太利（オーストリア）に侵入し、バルカン諸国並びにイタリアの一部にまで攻め入りて、ほとんど欧州全土を席巻するの勢いであったが、即位第十三年、五十三歳を以て崩じたので、征西の諸将はその軍を還さざるを得なかった。

太宗の後を継いで蒙古帝国の大帝となったのは、貴由（クユク）即ち定宗《ていそう》である。外蒙古の平原の中に行われたる定宗の即位式こそは、アジアの歴史に於ける偉観の一つであった。蒙古諸王、北シナの大官、ペルシア並びに西アジア諸国は言うまでもなく、ロシア・イタリア・フランスなども、また使節を派して即位式に列せしめた。ローマ法王すら特使を派して親書を奉呈せしめた。試みにローマ法王の親書に対する定宗の返書を読め。

「上帝祐護し給うところの人類の総主宰貴由汗、大教主に答う。汝の使者、国書を奉じて方《まさ》に至り、我れと和を講ぜんと欲す。我れ、使者の言を聴き、また来書の意を悉《つく》せり。汝ら果して兵《いくさ》を罷めんと欲すれば、即ち汝教主及び諸帝諸王牧長、皆な当に自ら来りて和を請うべし、決して躊躇するを容《ゆる》さず。我れ応《まさ》に告ぐるに我意を以てすべし。

汝が書、我れに基督教を奉ぜんことを勧む。しかれども我れその何の故に当に奉ずべきかを知らざる也。汝が書にまた曰く、汝は我が基督教徒を殺せるを聞きて駭愕《がいがく》すと。これ何ぞ駭愕するに足らん。汝輩上帝の意に背き、成吉思汗の命に逆らい、邪謀を用いて我が使者を殺せり。これを以て上帝震怒し給い、我れに命じて之を誅罰し、悉く諸国を以て我れに臣附せしむ。人力これに至らず、唯だ上帝の命じ給うところ也。汝西方の民、自ら上帝の徒《ともがら》と称し、しかも他邦を侮蔑す。しからば即ち上帝の眷顧《けんこ》し給うところ、果して何《いず》くに在りや。我ら固く上帝を崇敬す。故にまさにその祐護によりて宇内を平一し、東西ある無からしめんとするなり。我らもまた人なり、上帝の祐護あるに非ざるよりは、即ちよく何事をか成就せん」

これ実に北条時頼執権の初年のことに属する。而して定宗の後を継げる憲宗の世に於て、高麗王の如きは自ら蒙古朝廷に赴き、朝鮮半島は全くその独立を失うに至った。

フビライ

すでにして時頼執権の終年、即ち文応元年に至り、蒙古の世祖《せいそ》、即ち忽必烈（フビライ）が即位した。而して日蓮上人が『立正安国論』を時頼に献じて、四方の賊来りて国を侵すの難あらんと警《いま》しめたのも、実にまたこの年であった。而してこの予言は幾許もなくして実現せられた。さりながら敵国外寇の難を予知せる者は、恐らく独り日蓮上人に限ったことではない。想うに当時の国民は、必ずしも日蓮の警告を待たで、同様の危惧を暗々裡に抱いていたのである。

当時の日本は、もとより、アジア大陸に起れる政治的変動によりて、直接の影響を受くべき地位または関係にあったものではないが、けれども全く之と没交渉であったのではない。少くとも当時の国民が全然アジア大陸の事情に盲目なりしと想わば、これ由々しき速断である。後宇多院に仕え、院崩御の後に剃髪して遁世せりと伝えらるる兼好法師の『徒然草』を読むに、実に下の如き一節がある。曰く「唐《から》の物は、薬の外は無くとも事かくまじ、書どもは此国に多く弘まりぬれば書きも写してん、もろこし船の、たやすからぬ道に、無用の物どものみ取り積みて、所狭く渡しもて来る、いと愚かなり」と。而してほとんど同時代の著作なる『新猿楽記』にも、また商人のことを記して「東は俘囚の地に臻《いた》り西は貴賀の島に渡る。交易の物、売買の種、称《あ》げて数ふ可からず。唐物は沈香・麝香《じゃこう》・衣比《えひ》・丁子・甘松・薫陸《くんろく》・青木・竜脳・牛頭・鶏舌・白檀・赤木・紫檀・蘇方《すおう》・陶砂・紅雪・紫雪金・益丹・銀益丹・紫金膏・巴豆《はず》・雄黄・可梨勒《かりろく》・檳榔《びんろう》・銅黄・緑青・臙脂《えんじ》・空青・丹・朱砂・胡粉《ごふん》・豹皮・籐茶碗・籠子《ろうし》・犀の生角・水牛の如意・瑪瑙《めのう》の帯・瑠璃《るり》の壺・綾・錦・羅《うすもの》・縠・呉竹・甘竹・吹玉等なり。本朝の物は云々」と言っている。これらの記事に拠るも、当時吾国とシナとの間に、相応に頻繁なる商人の往来ありしことを知り得るのである。独り商人のみでない。医師殊に僧侶の如き、彼国より吾に来るもの多く、吾より彼国に遊学する者も少くなかった。すでに保元の頃に於て、信西入道が戦に敗れて都を逃げた時、従者西光は宋に亡命すべしと勧めている。また実朝の如きも入宋の企てを為している。栄西禅師は二度も宋に往来した。これらの事実は、当時の国民がシナに渡航することを甚だしき難事と考えていなかったことを示すもので、之を菅原道真が遣唐使廃止を諫奏した時代に比すれば、非常なる相違と言わざるを得ない。加うるに北条氏の初め頃より、九州の人民は高麗を侵略して、海賊を業とする者が絶えなかった。

かくの如くなれば当時の国民、少くとも当時の為政者は、必ずや大陸に起りつつありし事件について聞知するところあったに相違ない。彼らは朔北の野に崛起せる蒙古人が、破竹の勢いを以て四方を侵略し、朝鮮の如きもその独立を失えるを漏れ聞きて、すでに心に警戒の念を抱いていたであろう。従って如何にして来《きた》るべき困難に備うべきかということは、独り日蓮上人のみならず、心ある人々の精神を支配せる問題であったと信ずる。

果して困難がやって来た。文永五年フビライは下の如き国書を吾国に送った。

「上天眷命大蒙古国皇帝、書を日本国王に奉ず。朕惟《おも》うに古えより小国の君、境土相接する、講信修睦を務む。況んや我が祖宗、天の明命を受け、区夏《くか》を奄有し、遐方《かほう》異域、威を畏れ徳に懐《なつ》く者、悉く数うべからず。朕即位の初、高麗無辜《むこ》の民久しく鋒鏑《ほうてき》に瘁《や》むを以て、即ち兵を罷めしめ、その疆域《きょういき》を還しその旄倪《ぼうげい》を反《かえ》す。高麗の君臣、感戴して来朝し、義は君臣なりと雖も、歓は父子の若《ごと》し。計るに王の君臣もまた既に之を知らん。高麗は朕の東藩なり、日本は高麗に密邇《みつじ》し、開国以来時に中国に通ず。朕の躬《み》に至って、一乗の使の以て和好を通ずるなし。なお恐る王国の之を知る未だ審《つまびらか》ならざるを。故に特に使を遣わし、書を持して朕の志を布告す。冀《こいねが》わくはいまより以往、通問結好して以て相親睦せん。かつ聖人は四海を以て家と為す、相通好せざるは豈《あに》一家の理ならんや。以て兵を用いるに至らん。夫れいずれか好む所ぞ。王夫れ之を図れ」

而して高麗王は左の如き副書を送っている。

「吾国蒙古大朝に臣事し、正朔を稟《う》くること年有り。皇帝仁明、天下を以て一家となし、遠きを視ること邇《ちか》きが如く日月の照らす所、咸《みな》その徳を仰ぐ。いま貴国に通好せんと欲して寡人に詔《みことのり》して曰く、日本は高麗と隣たり、典章政理嘉《よみ》するに足るものあり。漢唐而《しか》下、屡々中国に通ず、故に特に書を遣わして以て往かしむ、風濤険阻を以て辞となす勿れと。その旨厳切なり。ここに已むことを獲《え》ず播阜等をして皇帝の書を奉じて前去せしむ。貴国の中国に通好する、代として之なきなし。況んやいま皇帝の貴国に通好せんと欲するは、その貢献を求めるに非ず、けだし外なきの名を天上に高うせんと欲する耳《のみ》。もし貴国の通好を得ば、必ず厚く之を待たん。それ一介の使を遣わして、以て往いて之を観るは如何。貴国商酌せよ」

この書は文永五年正月筑前太宰府に着し閏正月先ず鎌倉に達し鎌倉より之を京都に差し上げた。時に朝廷は後嵯峨上皇五十の御祝の準備中であったが、非常の御憂慮でその御祝も廃《や》めさせられ、神仏に祈って蒙古の難を避けられんとし蒙古への返書をば菅原長成に命じて起草せしめ給い、之を関東に遣わされた。しかるに時の執権時宗は、蒙古の国書礼を欠くこと甚だしきにより、断じて返書無用なるべき旨を奏上し、使者を逐い帰して凛然たる覚悟を示してやった。その後数回、使節の来朝があったけれど、時宗は皆な之を斥けて、一度も返書を与えなかった。ここに於て文永十一年、蒙古は初めて兵を用い、戦船九百艘を率いて壱岐・対馬・筑前などに入寇し、壱岐・対馬両国の守護代は戦死し、沿岸の郡邑は掠奪の禍いを受けたが、蒙古軍は幾許もなく帰国した。しかるに翌年に至り、さらに使者を遣わして通好を求めて来たが、鎌倉幕府は杜世忠《とせいちゅう》以下元使五人を竜口《たつのくち》に斬り、明らかに国交断絶を声明し、同時に全国の大小名に命じて、蒙古の来襲に備えしめた。而して軍令を統一して行動の敏活を期する為に、新たに九州探題を置きて一族の有力者を之に任じ、さらに単に彼の来襲を防ぐに止らず、実に進んで彼を攻めんとの計画を策した。この計画は、真に吾らをして感激を禁ぜざらしむる雄大英邁なる日本精神の発現である。欧亜両大陸に跨《またが》る大帝国を建設し、勝利と征服との絶頂に立てるフビライの威嚇に対し、厳然として国家の尊厳を保てるのみならず、進んで彼を懲らさんとする壮烈敢為の気象は、吾らをしてその前に跪拝《きはい》せしむる偉大なる精神でないか。

　幕府は建治二年三月を以て、蒙古征討の水軍を出だすべしと定めた。勇敢なる武士は諸国より集まりて、この遠征に勇み加わった。肥後の御家人井芹秀重《いせりひでしげ》の如きは、己れは八十五歳の高齢にて御奉公の役に立たねど、子息永秀は年六十五、孫経秀《つねひで》は三十八、親族秀南《しゅうなん》は十九、いずれも弓箭兵仗《きゅうせんへいじょう》を整え、何時にても御下知《げち》次第忠勤を励ませると申し出でた。されど遠征軍の派遣は事容易ならず、之が為に予定の時期に出発が出来ず段々延び延びになってしまったけれど、勇に逸《はや》り立つ武士たちは、弘安の初年以来高麗の沿岸を襲いて辺海の郡邑を苦しめた。かかる間に弘安四年の夏に至り、蒙古は大軍を催して来り侵したが、暴風の為に非常なる損傷を蒙りて軍を回《かえ》すに至った。これが有名なる弘安の役である。而して蒙古はついに日本征服の非望を抛《なげう》った。亀山上皇が躬を以て国難に代らんことを祈り給えるもこの時である。宏覚《こうがく》禅師が、

末の世の末の世までも吾国は
　よろづの国に勝《すぐ》れたる国

と詠んで、蒙古降伏を祈願したのもこの時である。伊予の武士河野通有《こうのみちあり》が、蒙古来らずば異国に渡って戦闘すべしと、起請文を十枚まで書きて氏神の前に之を鵜呑みにし、八年の間倦《う》まず待ち受けて、ついに蒙古の船に先登したのも、この弘安の役である。吾国をしてジンギスカンの子孫の国たるを免れしめたものは、決して伊勢の神風のみではない。もし相模太郎（時宗）の断乎たる勇断と、国民の血管に流るる神秘なる愛国の至情、並びに国民的自尊心となかりせば、日本の運命は実に風前の燈火《ともしび》の如きものであった。

第十五章　建武中興

公生活に於ては万民安堵を至極の信条となし、私生活に於ては飽くまでも質実簡素を家法とせる北条氏の精神は、時宗の元寇撃退を最後の光燿として、爾来遽《あわただ》しく当初の剛健真摯を失い始めた。時と所とを問わず、世襲政治に免れ難き運命が、北条氏をも等しく見舞ったのである。

鎌倉幕府の創設者頼朝は、勢力を幕府に統一して国内の平和を維持する必要から、後代の人々から苛酷無残と思われるほど、一門の源氏を圧迫してその勢力を殺《そ》いだ。而して北条氏は頼朝のこの政策を踏襲して、しかも一層の厳酷を極め、源氏の諸家をはじめとし、勢力ある諸大名の強圧を敢行した。北条時政の外縁にして頼朝の甥たりし阿野冠者時元は、実朝横死の後、幾許もなく連枝昆弟《れんしこんてい》と共に討ち取られた。幕府創立の元勲たりし和田一門も亡ぼされた。北条氏の外戚にして関東無双の大名なりし三浦氏もまた亡ぼされた。北条氏はかくして天下に恐るべき敵なきに至った。

これは北条氏の為に喜ぶべきことではあったが、同時に北条氏は最も警戒を要する境遇に入れるものと言わねばならぬ。そは総ての門閥政治に例外なく伴う腐敗が、常にかくの如き時に生ずるからである。而して北条氏は、一面に於てかかる誘惑多き地位に坐すると同時に、他面に於て同じく恐るべき力と戦わねばならぬ事情の下にあった。戦うべき力とは何ぞ、曰く京都の惰弱虚飾と繁文縟礼《はんぶんじょくれい》とである。けだし実朝横死以後、摂家の少年を京都より迎え、次には無理に親王を迎えて将軍に祭り上げるようになって、鎌倉は次第に京化して来た。幸いにして、義時、泰時の如き力強き人格が江河の如く関東に流れ入る京都文明に対抗し、一族を訓練して柔弱軽薄なる京都風に染まざらしめんと努めたりしため、比較的長く東国武人の面目を維持することを得たが、いまやこの対抗力も次第に力弱くなって来た。而して時宗の世を逝《さ》ると共に、累代国家の忠実なる公僕たりし北条氏は、尊大倨傲なる貴公子となり、柔弱遊惰なる京都風が、鎌倉を吹き捲《ま》くるに至った。

四夷《しい》を鎮めし鎌倉の
右大将家の掟より
只品《しな》ありし武士も皆
なめんだらにぞ今はなる

これ北条氏最後の執権高時の世に書かれた落書の一つである。右大将頼朝の偉大なる感化も、泰時の高貴なる模範も、いまや鎌倉を支配する力を失った。蒙古退治の為にほとんど全国の兵を動かしたことは、大名を疲弊せしめ併せて北条氏を疲弊せしめた。初め下に篤き北条氏の恩に感じたりし諸国の大地主は、いまや俄然として負担の重きを加うると共に、義時・泰時の旧恩を忘れ始めた。かつて承久の役終るや、朝廷に味方せる公卿並びに武士の所領にして、幕府の手に没収せられしもの実に三千余ヶ所、而して義時は悉く之を戦功ありし大小名に分与した。大小名はその無私の態度に感激して北条氏を謳歌した。しかるに蒙古来襲の結果は、一面に於ては単に大小名の財力を涸渇せしめたるのみならず、他面に於ては戦勝の為に心の弦弛《ゆる》みて、奢侈《しゃし》の風を増長せしめ、武士にして土地を抵当に金を借り、後には一切を失うに至る者も少くなかった。かくして人心漸く乱を思うようになった。
而して一方を顧みれば、北条氏の政治も、著しく腐敗して来た。時宗の死するや、その子貞時十四歳の少年を以て直ちに執権となり、次いで貞時死して高時九歳の幼少を以て家を継ぐ（五年後に執権）。少年を以て執権の虚位に就くに及び、鎌倉幕府の実権は、外戚安達氏と、北条氏の家扶《かふ》たる長崎氏との手に移った。あたかも幼少の天子を擁したる藤原氏の政治が弊害に満ちたりし如く、いまや鎌倉の政治も、また総ての問題が情実と賄賂とによりて決せらるる時代となった。民心、北条氏を離れ始めたのも当然である。

試みに一例を挙げよう。当時津軽半島全部を領し、かつ津軽に於ける北条氏家督の所領の代官たりし安藤五郎三郎・同又太郎という従兄弟の大名があった。而して二人の間に境界の争論生じ、之を鎌倉に訴えた。しかるに理非曲直を断ずる任に当れる長崎高資《たかすけ》は、双方より賄賂を収めたのみで、一向判決を下そうとせぬ。多くの時日を費やし、賄賂の高は嵩《かさ》んでも、何の得るところもなかったので、彼らは北条氏の信ずるに足らざるを見、訴訟を棄てて津軽に帰り、武力を以て自ら問題を解決せんと試み、津軽六郡は忽ち兵乱の巷となった。北条氏は奥羽の諸大名をして之を鎮圧せしめんとしたけれど、容易に治平を恢復することが出来なかった。それにも拘らず時の執権高時は「心ばえなどもうつつなく、朝夕好む事とては犬追田楽などを愛し」ていた。諸大名のある者は、かくの如き世の有様を見て、取って以て北条氏に代るべしとの野心を抱かざるを得なくなった。かくの如き野心の最も大に、かつ之を実現すべき実力を具備せるものは、代々下野《しもつけ》の足利に居り、清和源氏の嫡流として、名望一世に高かりし足利氏そのものであった。

北条氏の世に於て、源氏の諸流、または源氏ならずとも、余りに強大なりし諸大名は必ずや北条氏の強圧を受けたりしことは、すでに述べたる如くであるのに、独り足利氏のみは例外であった。足利氏は、義兼《よしかね》以来世々北条氏と婚を通じ一家の繁昌、天下に肩を双ぶる者なき有様であった。されど和田氏亡び、三浦氏の亡べる理由を熟知せる足利氏は、同じ運命のやがて自家の上に見舞うべきことに対して、戒心せざるを得なかった。北条氏の全盛時代に於て、この警戒は足利氏をして従順無為ならしめたが、北条氏の衰微と共に天下を窺うの大志と代って来た。今川了俊の『難太平記』に記すところに依れば、源義家は「我《わが》七代の孫に、吾生替《いきかわ》りて天下を取るべし」との遺書を残して死んだが、七代の孫足利家時は「猶も時来らざるを知ろしめしければにや、八幡大菩薩に祈り申し給ひて、我が命を縮めて、三代の中《うち》にて天下を取らしめ給へとて」切腹して相果てた。而して今川了俊は、「其時の御自筆の御置文に仔細は見えしなり、正しく両御所（尊氏・直義）の御前にて、故殿《なきとの》（今川範国、了俊の父）も我等なども拝見申したりし也」と記している。こは足利氏の北条氏を図りしこと、決して一朝一夕に非ざりしを物語るものである。

いまや革新は必然の勢いとなった。而して東に於て足利氏が専ら機会の熟するを待ちつつありし間に、西に於ては承久以来血涙を呑んで武家の専制を忍びたる京都政府もまた革新の気運に動かされた。

鎌倉にては「うつつ心（判断力）もなき」高時が、僅かに十四歳にて執権の虚名を負いてより三年、京都にては英明豪快なる後醍醐天皇が、御年三十一歳にして即位し給うた。而して天皇の敢為なる御気象は、実に改革の主人公を勤め給うに適わしきものであった。天皇の聡明は、学問に於て当時の専門家と肩を双べ、禅を修めて高遠《こうえん》の悟得に入られていた。試みに天皇が大燈《だいとう》国師に賜える左の一篇を読め。

二十年来辛苦人　迎春不換旧風烟
着衣喫飯恁麼去　大地何曽有一塵

以て天皇の禅機と文藻とを拝察するに足る。而して天皇はその反対党より狂者の名を得給えるほど、強大なる自信を有して居られた。天皇は「いまの例《ためし》は昔の新儀なり、朕の新儀は後世の例たるべし」とて、旧き典故と死せる縄墨《じゅうぼく》（規範）とを無視し給うた。而してこの独往乾坤《けんこん》の英主を囲むに、新進気鋭なる一群の若き公卿を以てした。

『徒然草』は下の如き逸話を伝えている。曰く、ある時西大寺の静然《じょうねん》上人が、腰屈み眉白く誠に年長《た》けたる有様で内裏に参られたるを見て、時の内大臣西園寺実衡《さねひら》はその神々《こうごう》しさに打たれて「あな尊とき景気（有様）や」と感嘆の声を発した。すると日野資朝《すけとも》之を見て「年のよりたるにて候」と言い放ち、後にむく犬の浅ましく老いさらばえたるをば、「此気色尊とく見えて候」と言って、実衡に贈ってやったと。この一話を見ても、年若き公卿の間に、如何なる精神が勃興しつつありしかを知るに足るであろう。革新の火の手は先ず京都によりて上げられた。

西園寺内大臣にむく犬を贈った日野資朝は、「山伏の真似して、柿の衣にあやい笠というもの着て」東の方に下り、藤原俊基《としもと》は「紀伊国に湯あみに下るなど言いなして」地方を遊説し、宣旨は密かに各地の豪族に下された。この計画は北条氏の探知するところとなり、後醍醐天皇は誓書を関東に賜いて、辛うじて事なきを得た。もしこの時北条氏の内に義時あり、泰時あらしめば、よく京都の実情を洞察し、不穏の中心にて在せる後醍醐天皇に向って御譲位を迫り奉り、之によって革新の気勢を殺ぐに努めたであろう。しかるに彼らが之を敢てせざりしは決して彼らがその祖先よりも勤王の心に篤かりしを示すものでなく、唯だ彼らがその祖先の聡明と果断とを欠けることを示すものである。皇室は之によりて鎌倉の鼎の軽量を知り給うことを得た。従って京都に於ける革新の計画は、この一撃により阻まれることとなかった。

英邁なる後醍醐天皇と、天皇を囲める少壮なる公卿とは、表面無為を粧《よそお》いつつ、着々として計画を進めて行った。天下の英雄乱を思うの時、天皇の密旨は大胆なる公卿によりて諸国の武士に分たれ、志を御密謀に寄せ奉る者漸く多きを加えた。伊賀・伊勢・大和・河内の武士、三河の大名、播磨の大名、さては備後の豪族などが、密かに心を天皇に通じ、叡山、高野山の僧徒まで、皇室の味方たるべき勢いとなった。而してそれらのいわゆる「宮方《みやがた》」の中、最も有力なりしは、河内・和泉・紀伊三国に一門栄えたる楠木氏の棟梁正成《まさしげ》なりしは言うまでもない。

しかるに御密謀は再び破れ、北条氏は後れ馳せながら帝を隠岐《おき》に遷し参らせ、事に与《あずか》れる謀臣を斬りて根本的弾圧を試みた。されどこの時には天下の気運すでに一変し、関東の威令は到底諸国を威圧するに足らなくなっていた。加うるに帝の最高参謀たりし大塔宮《だいとうのみや》（護良親王）と、無二の味方たりし楠木正成とは、よく北条氏の毒手を免れて、南畿一帯の地に革新運動を続行した。幾許もなくして天皇はエルバを脱せるナポレオンの如く、密かに隠岐を出でて伯耆《ほうき》に渡らせられ、名和長年の奉公によりて船上山《せんじょうさん》上より宣旨を諸国に飛ばし給うた。而して久しく東に在りて、北条氏に代らんとの野心を抱きつつありし足利尊氏は、北条氏の命を受けて官軍鎮圧に向う途上、近江国に於て船上山の宣旨を奉じ、初めは官軍の為に最も恐るべき敵として鎌倉を発し、いまや最も頼るべき味方として入京した。足利一族の向背は、実に北条氏の運命を

後醍醐天皇

決するに足る力があった。後醍醐天皇の歓天喜地し給えるも無理ならぬ次第である。果然足利氏と同族なる新田義貞は幾許もなく兵を上野に挙げ、一挙にして鎌倉を亡ぼし、ここに革新を成就して、天皇の宿志はひとまず遂げられた。

いまや王政復古の経営が始まった。先ず中央政府には第一に記録所を置き、天皇親臨して万機を決し給う所となし、第二には雑訴決断所を設け、全国を八区に分ち、卿相を以て長官とし、将士の恩賞より一切の司法事務を決し、第三には侍所を置きて軍政及び京都の警護を掌《つかさど》らしめ、第四には武者所を置いて天皇の御親兵となし、かくして天下一統の政治を実現せんとした。されどかくの如き新政は決して武士の喜ぶところでなかった。而して足利尊氏は新政に不満なりし武士の統領として、ついに後醍醐天皇に叛旗を翻し、建武中興の偉業も果敢《はか》なく破れて、南北両朝の対立となり、さらに足利党の最後の勝利を以て、日本歴史の一時期はここにその段落を画した。吾らは暫く事ここに到れる事情について、概括的叙述を試みよう。

第一に弁ずべきは、建武中興の失敗を後醍醐天皇の責めに帰し奉る――かつて熊沢蕃山《ばんざん》の敢てせる如く――の甚だしき妄断なることである。建武の新政は、たとえ多少の欠点ありしにせよ、之を一個の政治体系として言えば、概して極めて聡明なる政治であった。そはその主義に於て飽くまでも徹底的にして、唯だ後醍醐天皇の如き人格を待って、初めて企画せらるべき性質のものである。その失敗の原因を知る為には、吾らは当時の形勢を諒解せねばならぬ。

人もし北条氏の滅亡を以て、当時の国民の勤王心に帰するならば、そは甚だしき速断である。北条氏を倒せしものは実に北条氏の政治に飽きたる諸国大小名の不平と野心とに他ならぬ。『太平記』の記者が「元弘大乱のはじめ、天下の士卒こぞりて官軍に属せしことは、更に他なし、只一戦の利を以て勲功の賞に預からんと思へる故なり。されば世静謐《せいひつ》の後、忠を立て賞を望む輩、幾千万と云ふ数を知らず」と言えるは、当時に於ける革新の心理を説明して肯綮《こうけい》に中《あた》っている。もとより官軍の将士の中には、真に君臣の大義を明らかにせる勤王家ありしことは言うに及ばぬ。されど革新の成就に与って力ありしは、風雲の際会に乗じて一家の利益を図らんとせる大小名の兵力であった。従って北条氏すでに亡ぶと雖も、彼ら大小名の勢力は依然として亡びない。政府を造り、または之を倒すの実力は、実に大小名の手にあった。この時に当りてもし真に政治的改革を断行せんとすれば、宜しく彼ら大小名の勢力を抑ゆるに足るの武力を具うる政府でなければならぬ。しかるに不幸にして中興政府は、この至要なる実力を欠いていた。この実力なくして、しかも大小名の欲求と並行せざる政治を行わんとする以上、その成功は到底不可能と言わねばならぬ。もし足利氏にして真に勤王の志を抱いて官軍に属し、朝廷の武将として一族の武力を以て新政の背景たらしめたりせば、もとより非常なる反対に遭ったであろうが、あるいは王政復古を庶幾《しょき》し得たかも知れぬ。されど足利氏は事ここに出でなかった。

当初より北条氏に取って代わることを目的とせる足利氏は、巧みに乗ずべき機会に乗じ、新政に不満なる大小名を率いて皇室に抗し、ついに累代の宿志を成就した。尊氏はその門地と声望とを以てして、自然に保守党たる多数の大小名の統領と仰がれ、公家一統の新政治を建てんとせる革新主義の政治家と戦い、北条氏の制度を守りて何ら異常なる改革を行うことなく、よく大地主の歓心を収めて室町幕府の創立者となった。けだし彼は武人に擁せられて征夷大将軍となったのである。而して最も善くこの間の消息を洞察し給いて、もし王政復古を徹底せしめんとすれば、先ず足利氏を除かざるべからずとせるは、実に大塔宮の達見であった。されど宮の苦心は種々なる事情の為に実現を見なかった。

ローマの末年に於て、帝位は軍隊の手にあった。軍隊は、その好むところの者を帝位に立て、その欲せざるところの者を帝位より逐う実力を有していた。而して鎌倉末期の大小名は、あたかもローマの軍隊に似ている。彼らはその武力を以て北条氏を亡ぼし、その武力を以て足利氏を立てたのである。かくして擁立せられたる足利幕府は、その建設の当初より、すでに受動的・保守的の性質を有していた。当時の大小名が足利氏に与《くみ》せるは、要するに利害を同じうせる為なるを以て、もし利害相反するに至らば、直ちに之に向って叛旗を掲ぐべき危険を蔵していた。室町幕府が、常にその下にありし大名の為に動揺を感じたりしは、之が為に他ならぬ。室町将軍の権威は、絶えず大小名の利己心のために掣肘《せいちゅう》せられざるを得なかった。

第十六章　室町時代

室町幕府の制度は、ほとんど全部鎌倉幕府の組織を踏襲し、将軍上にありて政治を総攬し、三人の管領《かんれい》ありて将軍を補佐し、評定衆・引付衆ありて政務に参与し、諸奉行ありて事務を分担せることほとんど前代と変わるところがない。その中央官制は政所《まんどころ》・問注所・侍所の三より成り、政所は主として財政を司り、併せて売買貸借に関する訴訟を聴き、問注所は記録証券を司り、かつ文書の誤謬《ごびゅう》・詐欺・遺失などに関する訴訟を聴き、侍所は幕府の警備・将士の進退・暴徒の糾弾を司った。而して地方に在りては、鎌倉に関東管領、九州及び奥羽に探題を置き、諸国に守護地頭を置きて地方政務を分掌せしめた。

かくの如く室町幕府は、その外面の組織に於て鎌倉時代と同一であるけれど、その政治を有効ならしむる統一力を欠いていた。けだし鎌倉幕府の創立は、その性質に於て徹底的革新であった。日本史は頼朝の出現を一転機として、全く新しき局面を打開せられた。政治・法律・乃至道徳・宗教に至るまで、悉く前代とは別個の面目を発揮した。而して頼朝の後継者たる北条氏は、よくこの新しき時代の支配者たるべき実力を具備し、封建的国家の統一者たる実を挙げることが出来た。しかるに時宗の没後、代々の執権、皆な幼弱または暗愚なるに加えて、政務の実際に当れる者が公僕の精神を失い、奉公安民の念を欠いた為に、各地の豪族、北条氏の政府を喜ばざるに至り、ここに建武新政の出現となり、再転して室町幕府の創立となったのである。而して建武新政は、その本質に於て真に徹底的のものであったが、天下の豪族はこの革新を喜ばず、ついに足利氏をしてその宿志を成さしむるに至った。

されば北条氏倒れ、足利氏立てるは、要するに内閣更迭《こうてつ》の稍々《やや》大規模なるものにして、決して政治的革新でない。そは、各地の豪族が、主として自己の利害または好悪《こうお》より、新しき主人を立てて古き制度を行わしめんとせるものに他ならぬ。而して各地の豪族が、足利尊氏兄弟を彼らの新しき主人公として選んだのは、決して偶然でなかった。暫く勤王論を離れて、その人物についてのみ見れば、尊氏兄弟は実に武士の上に立ち得る主将の器であった。尊氏は当時の豪族が最も尊べる名族源氏の門葉であった。彼は弓馬の道に於て当時比類無き大将であった。彼は生死を賭する戦場に於ても、怡々《いい》たる顔色を変えたることなきほど大胆であった。夢窓国師は彼を評して「御心広大にして物惜みの気なし」と言っている。彼は昨日降参せる者をして今日己れの陣屋を守護させる宏量を有していた。彼は己れに敵せる者に対して「心中不便なり」とて之を憎むことをせず、幾度も叛きたる者を幾度もその降を容《ゆる》した。彼は将士の戦死を聞く毎に、その愁傷を蔽う能わざるほど柔らかなる感情を有していた。彼は寵遇《ちょうぐう》を得たる後醍醐天皇に抗し奉るの已《やむ》なきに至れるを悲しみ、爾来一身を処すること隠者の如く、天下の政務を子弟に任じて自ら吻《くち》を挟むことなく、天皇の崩ずるや、文を作って極めて皇恩を述べ、切に衷情《ちゅうじょう》を表し、天皇の菩提の為に天竜寺を創建した。而して彼の弟直義は、兄を補佐してその業を成さしむるに最も適わしき正直と細心と、而して事務の才幹とを備えていた。今川了俊は彼を評して「大休寺殿は政道私なし」と言っている。彼らが当代の人心を得たのは決して怪しむに足らぬ。朝廷の急進主義、朝令暮改して定まらざる公卿の政治を厭《いと》える守護・奉行・地頭・御家人らの保守党は、彼に於て最も適任なる首領を見た。而して彼は彼らの要求を満足せしむべく、同時に自己の信ずる善政を行うべく、並びに恐らくは自己の功名心を遂ぐべく、ここに王師に抗して将軍政治を復興し、之が為に賊名を後世に貽《のこ》すに至った。

室町幕府の根本の弱点は、前に一書せる如く、統一力の欠如にある。そは繰り返して述べたる如く、室町幕府の成立が、主として各地豪族の利害好悪によるものにして、初めより受動的性質を帯びていたことに、根本の原因を有している。もし足利将軍にして、かつて頼朝または義時・泰時が成せる如く、各種の権力を巧みに分配し、その権衡《けんこう》によりて天下の治安を保つの政策を樹立し、かつ之を実現するを得たりしならば、如上の欠点は、自ら除去せられたであろう。しかるに寛厚なる尊氏が、余りに功臣を優遇して、中心勢力を幕府に収むることを為さなかったのが禍因をなし、室町幕府はすでに創業の当初より常に権臣豪族の反覆に苦しめられ、全室町時代を通じてついに鎌倉時代に見るが如き政治的統一を見ずして終った。

三代義満の治世は、足利の全盛時代と呼ばれている。されどかくの如き平安は、北条氏没落以来、南北朝対立の時代を通じて止むことなかりし多年の戦乱改革に疲れたる反動として、暫く無事を楽しめる平和にして、言葉の厳格なる意味に於ける全盛ではない。何となればかつて一時の必要または便宜の為に、足利氏及びその与党を盟主と仰げる豪族はすでにこの時に於てその心足利氏を離れたるが故である。足利氏は、彼らの協力一致の上に立てるものなるが故に、彼らの一致が瓦解する時は、即ち足利氏が権力を失う時である。されば見よ、爾来将軍は豪族が権力を争う道具に利用せらるるのみで、その廃立は唯だ彼らの心のままであった。而して足利氏は、名は即ち天下の将軍なりと雖も、中央政府の権力の及ぶところは、近畿数郡の間に過ぎず、天下はあたかも平安朝末期に於ける如き無統一の状態に陥りて、各地に割拠せる大小豪族が、天下の全局とは無関係に、それぞれ独自の盛衰を遂げ、独自の歴史を造って行った。而して応仁元年、戦塵輦轂《れんこく》の下《もと》（天子の膝元、すなわち京都）に挙がりしより以来、日本は全く主権なき混沌の時代に入ったのである。

かくの如き大勢は、すでに義満の時に明らかにその徴候を示していた。けれどもこの稀代の驕児は、何ら積極的に之に備うることなかりしのみならず、その無用なる豪奢、飽くなき僭上《せんじよう》によって、却って危殆の形成を助長した。幕府の財政は彼によりて窮乏せしめられ、民力もまた室町邸宅の荘厳《しょうごん》、金閣寺の建立などによりて、著しく疲弊せしめられた。彼に次いで将軍となれる義持は、淫逸を極めたる暗君であった。義量《よしかず》の短かき将軍の後を享けし義教《よしのり》は、頽廃せる風教の刷新に努めたが、その苛酷に失《しっ》せると、驕慢に堕せることとの為に、怨みを天下に買った。次いで義勝の代を経て、義政が職に就いた。彼は応仁の大乱中に於てすら、乱世を他所に見て、風流と淫楽と雅遊とに耽っていた。彼の政令は、当時の人々が三魔と罵れる三人の側室より出づるを常とした。彼の寵妾は、その名《な》記録に留《とど》まれるものでさえ四十人を越え、管領細川政元の母とさえも通じていた。夫人富子もまた乱行を事とし、かつ公卿諸士の窮貧を利して高利の金を貸付け、之を己《おの》が奢侈なる生活費とした。時の後花園天皇は、人民が天変地災に苦しめるにも拘らず、義政が頻《しき》りに無用の土木を起して、花御所《はなのごしょ》を営むを見給いて、

残民争採首陽薇　処々閉序鎖竹扉
詩興唫酸春二月　満城紅緑為誰肥

と諷し給うたが、さらに耳を藉さなかった。その金閣寺に倣いて建てたる銀閣寺の如きは、天下の

富を集めたと言われている。而してその子義尚《よしひさ》もまた両親に劣らぬ乱倫を敢てし、過度の酒色の為に常に病に罹《かか》っていた。かくの如く代々の将軍は、乱れゆく天下を乱るるがままに任せ、汗馬馳せ、剣戟《けんげき》響く間に、悠々として逸楽無慚の生活を送った。

足利将軍は、その豪奢に要する費用を、商人及び農民より徴収した、之が為に民力の疲弊は年と共に甚だしくなった。義政治下の寛正《かんしょう》二年には、天変の為に飢餓疾病に斃れし京畿の民、僅々二ヶ月の間に八万人を算したるに徴するも、細民窮乏の惨状を想像するに難くない。加うるに幕府は、自己の負債を弁償するの道に窮するに及んで屡々いわゆる徳政を発し、公私一切の貸借関係を消滅せしむるの暴挙を繰り返した。而して後には無頼の徒の債務に苦しむ者、相結びて徳政の発布を強要するに至った。義政の代には、このいわゆる徳政一揆が十三回も起った。それ徳政の令ひとたび発せらるれば、貸したるものは貸主の損失となり、借りたるものは借主の所有に帰する。かくの如くにして良民は貯蓄の心を失い、細民は乱を思うの心を抱くに至るは、極めて自然の成行きである。されば此の頃より賭博が盛んに流行し始めた。他人の子女を奪取する「めとり」の風が起った。少年少女を拐帯《かいたい》して金に換ゆる「かどわかし」が起った。道に旅客を襲う「追剥ぎ」が現われた。而して京都は朝廷並びに幕府の所在地なるに拘らず、最も虐政に苦しめられたると、兵乱の中心となれるとによりて、目も当てられぬ有様となり、当時の記者をして「計らざりき、万歳期せし花の都、いま何ぞ狐狼《ころう》の伏土《ふしど》とならんとは」と嘆ぜしめたほど荒れ果てた。而してこの頃の賭博は、また実に乱暴狼藉を極めたものであった。彼らはもとより金品を賭けたが、金品なき者は言葉のみで賭けた。即ち彼らは勝手に富豪の蔵、または寺社の庫を賭け、負けたる者は夜に乗じて賭けたる蔵を襲い、財物を盗み取って勝者に与えたのである。

右近の橘

皇室の御式微も実に室町時代の末期より甚だしきはなかった。年中の儀式・節会《せちえ》は多く廃せられ、恐れ多くも宸筆を売って用度を補い給うに至った。天皇崩じさせ給いても大葬の費用なく、霊柩を内裏黒戸《くろど》に置き奉ること四十日に余ったこともあった。二十年間、御即位の大礼を挙げ給わざることもあった。禁庭の右近の橘（左近の桜とともに御所のシンボル）の下に茶店が出来た。少年は宮殿の縁に上りて泥を捏《こ》ねた。而して夜は三条橋畔より、内侍所《ないしどころ》の燈火を望むことが出来た。従って公卿の窮乏もまた言語に絶し、夏に一枚の衣なくして蚊帳を纏《まと》える公卿あり、袋を携えて市中に乞食《こじき》せる公卿もあり、美しき姫君を武人の妾《めかけ》に献じて、その補助に衣食する者もあり、而して多くは京都に留まり兼ねて、縁辺をたよりて流落離散した。

さりながら地方の人民は、決して近畿に於て見るが如き悲惨の状態に陥らなかった。けだし幕府の勢力地を払って、小さき中央集権の各地に発生するや、その君主となれる豪族は、自己の力によりて自ら護り、または発展を遂げなければならなかった。而して之が為に彼らは民力を養うの必要を知り、心を産業の発展に用いた。されば有力なる豪族の下にある邑落は幸いにして盛大に赴くことを得た。而してここに最も吾らの興味を惹く一事は、豪族の領土に属せず、商業を以て立てる当時の都市が、宛として欧州中世期の自由市に彷彿たる発展を遂げたることである。例えば瀬戸内海の咽喉に位《くらい》する泉州堺の如き、廻らすに城郭を以てし、武器を貯え、壮丁を養って、豪族の侵入に備えていた。こは独り堺に限らず、多くの商業都市が、自ら護った途であったろう。而して吾国の沿岸各港の商人が、連署して書をローマ法王に送ったという事実に徴すれば、あるいはその時の都市の間に、少くも一種の連絡があり、あるいは共通の利害を保護する為に、都市同盟を組織していたかも知れぬ。

さりながら国家は長くかくの如き状態に堪ゆるものでない。そは新しき統一を見ねばならぬ。かくして僅かに一地方の利害の為に争える豪族間の争闘は、次第に天下を争う大規模の争覇戦に変ずべき機運に動いていった。而して世はいわゆる戦国時代となった。

第十七章　戦国時代の文明史的意義

すでに鎌倉文明を概説するに当って叙述せる如く、室町時代以前にありては、武士の道は「弓馬の道」と呼ばれ、武士の家は「弓馬の家」と呼ばれた。けだしこの時代に行われたる戦争は、主として騎兵戦にして、戦場に出でて功名を立て得る者は、騎馬の武士に限られていた。『源平盛衰記』『太平記』などを繙けば直ちに知られる如く、当時の武士は見事なる馬に跨り、美々《びび》しき甲冑に身を固め、大刀を提《ひっさ》げて戦場を馳駆し、合戦酣《たけなわ》なるに及んでは、主将自ら身を挺して奮戦し、時ありては家子郎党、その主を囲んで同じ枕に討死するという有様であった。

しかるに応仁の乱以後に於て、特に吾らの注意を惹くものは、以前単に戦場の補助機関たるに過ぎざりし歩兵が、いまやその主要なる役目を勤むるに至りし一事である。頼山陽はこの変化を説明して、京都以西は地勢山多くして、騎兵の功自《おのず》から少ない、足利氏は東国に起りたれど、幕府を京都に開きたるが故に馬を戦場に用いること少く、一転して歩兵の世となったと言っている。山陽の言は正しい。けれどもこの変化を助成したるさらに重大なる原因は、吾国に於ける人口の増加が、次第に牧場を変じて耕地となし、従って人多くして馬乏しき時代となったことである。

さて騎兵が戦争の主要機関たりし時代に於ては、世に顕わるる績《いさお》し（戦功）を挙げ得るものは主として諸国住人と呼ばるる地方の大地主に限られていた。けだし当時に於て、戦士として戦場に出るためには、多くの馬、之を飼う糧秣、及び之を取り扱う中間・雑色《ぞうしき》の類を養う必要があったので、総てそれらの負担に堪え得る財力を具えて居らねばならなかった。加うるに馬上にて行わるる戦闘は、身に重き物具を着けても、さほど邪魔にならないので、あるいは甲《かぶと》、あるいは鎧など、美々しく飾り立てた装束が行われ、唯だ之を整えるだけでも少からぬ費用が掛かった。而して、この時代に於ける戦争は、単純なる腕力の格闘と相距《へだた》る一歩に過ぎなかった。明人《みんじん》は豊太閤《ほうたいこう》の征韓軍を批評して「日本軍には軍に法なし、人々自ら戦いを為す」と言ったが、豊太閤時代の戦争は、之を室町時代初期までの戦争に比すれば、著しく組織的・団体的となっていたのである。しかるにその軍隊すら、明人の眼にはなお人々自ら戦いを為すが如く見えたとすれば、『源平盛衰記』『太平記』時代の戦争なるものが、如何なる性質のものなりしかを想像するに難くない。

しかるに上述の如く、応仁の乱を一転回期として、吾国の戦争は明らかに騎兵時代より歩兵時代に移った。而してこの変化は、一見単に兵制の変化に過ぎざるが如くにして、実は吾国の全社会の変化を促す主要なる原因となった。いまその当時の社会に及ぼしたる影響を列挙すれば、兵制に於ける如上の変化は、第一にいわゆる草莽《そうもう》英雄を生ずるの時代を開いた。『碧山日録《へきざんにちろく》』に曰く「一軍士あり、此に来る、善射の士なり。酷《はなは》だ勝元公に意を得たり。其の態たる跌宕傲睨《てっとうごうげい》、其の能を誇るに似たり。当時志を達するもの、皆な此徒なり。有道雅徳の君子は草野に雌伏す、悲しむべき哉」と。ここに勝元公というは言うまでもなく管領細川勝元のことである。『碧山日録』の記者が悲しみつつある間に時勢は刻々に推移して、力が何ものよりも尚ばるる強い者勝ちの天下となって行った。而してかつて騎兵戦の時代に於ては、世に頭角を擡げ得る者は、各地の大地主に限られたりしに反し、いまや槍を以て主要の武器とする歩兵戦の時代となりては、匹夫下郎《ひっぷ》と雖も、頭に竹子笠《たけのこがさ》を頂き、身に軽き甲《よろい》を着け、槍一筋さえあれば、その身の実力に応じて功名を取り得ることとなったのである。

次に歩兵時代に於ては、戦争に於て個人の勇気よりも兵数の多寡の重んぜらるるようになった。源平時代の戦争に於てこそ、一騎当千と言うことが、単なる修辞的文句でもなかったが、歩兵時代に入りては、軍勢の大小、隊伍の成否が、最も戦争の勝敗に関することとなって来た。かかる時代に於て、小さき地主が大なる地主に対してその地位を保ち能わざるは、けだし自然の理である。さればこそ武力を以てする土地の兼併が盛んに行われ始めた。即ち一面に於て、貧人寒士にもその功名の機会を捉うべき自由を与えたる社会は、同時に他面に於て、戦争が団体的に行わるる結果として、地主の各地に依拠して、小区域内に自己の権力を張ることを困難ならしめ、ある一人の盟主を主権者と仰いでその節度の下に自家の安全または立身を図るを利とするに至らしめた。かくしてその土地を失える武士は、自ら択べる主人即ち大名の城下に集り、給を大名の糧米に仰いだ。而して大名もまた喜んで糧米を与えて天下の士を招き、以て自家の勢力を張らんとした。されば当時の武士には、いわゆる譜代の他に給人《きゅうにん》という一階級を生じた。給人の名称は、給を国主に仰ぐより出でたるものにして、またこれを糧人《りょうにん》とも言った。荻生徂徠の説によれば、後世のいわゆる浪人は、この糧人の転訛である。

大名間の競争が激しくなるに従って、兵力を城下に集中して置く必要が次第に大になった。さればば独り糧人即ち土地を失える新参の武士のみならず、知行所を有して各地に散在せる譜代の武士も、またその土地を離れて城下に集まるようになった。かくの如くにして吾国の社会組織は、その面目を新たにするに至ったのである。

いわゆる群雄割拠の時代は、かくの如くにして始まった。従来は大地主の羅列に過ぎざりし状態が、いまや小独立国の併立となり、いわゆる群雄はそれぞれ自家の領土内に於て君主としての権威を振った。彼らはその勢力の行わるる範囲内に於て任意に法を設けて人民の行為を支配した。武田家の法度、大内家の壁書、伊達家の塵芥《じんかい》集、長曽我部家の百箇条などは世に知られたる戦国時代の「法典」であるが、その他の諸大名も、それぞれ各自の国法または家法と呼べる法制を制定していた。

戦国時代の制度に於て、第一に吾らの目に映ずるものは、その赤裸々なる軍国主義である。日本の各地に割拠せる諸々の小独立国は、悉く軍国主義を以てその国是としている。総ての大名は、部下の大小家臣を悉く軍隊的組織の下に置いた。即ち軍奉行《いくさ》の下に物頭・組頭を置き、糧人として新たに来附せる武士を、寄子または寄騎（与力）と呼び、寄親を以てその支配者とした。而して、常に他国の行動に対して監視を怠らぬと同時に、自国の要所々々に関所を設けて、他国人の入国に対する警戒を厳重にした。

従来は諸侯と家臣との関係が、主として情誼を以て結ばれていたが、いまやその関係は次第に法律的になった。あるいは戦国の時に当って、峻刑酷罪の行わるるを見て、人心の残忍粗暴に赴けるが為と解する者あるけれども、実はこの時に於て初めて法律思想が国民の間に生じたるものにして、徳川時代の法制は、当時の諸家の法度の中より発達せるものに他ならぬ。されば吾らは法律思想の発生を以て、戦国文明の重要なる一方面と見る。

もとより当時の諸国は、恒《つね》に戦闘状態にあるものにして、国を挙げて攻守に一致せずんば、自家の存在を危くする時代なりしが故に、極めて厳重なる制裁を必要とした。されば刑法の如きも、犯人の罪を罰する以外に、犯罪を未発に防止するため、脅嚇《きょうかく》主義を採用し、社会への見せしめに、殊更厳刑酷罰に処している。この精神を最もよく代表するものはいわゆる連坐の掟である。連坐とは一人罪を犯せば、その親子一族に及ぶという法律で、畢竟個人の行動に対してその関係者に連帯責任を負わせる主義である。また「喧嘩両成敗」ということも、戦国時代に出来た法律である。けだし当時の如き殺伐なる社会に於ては、一般人民の間に喧嘩争論が不断に行われた。されば一々双方の言を聴いて審判していては、その煩に堪えないので、苟くも喧嘩する者は、当事者双方を一様に刑罰に処することに定め、一面に於ては手数を省き、他面に於ては之によりて喧嘩の防止乃至減少を図ったのである。

　また前に述べた連坐の制度は、戦国時代に於ける町村自治の発達に非常なる貢献をしている。即ち当時に於ては、単に刑法上のみならず、租税の滞納・道路の破損・田地荒廃などに至るまで、一家乃至一村落の連帯責任としていた。さらば当時の町村の人々は、自分らの知らぬ間に、他人が如何なる罪を犯し如何なる手落ちを仕出かして自分らの上に飛んだ責任が降りかかるか判らぬ状態に置かれたので、かかる不慮の災難を免れるために、町村自治の精神が盛んになって来た。その結果として、例えば町に於ては適当の区域を一画として之を組町と称し、その中に親町と枝町とを拵《こしら》え、また郷村に於ては、組郷・組村が出来、さらに之を枝郷・寄郷・小村《こむら》などに分ち、相互の間に有機的連絡を保ちて、公私の事に従っていたので、町村自治は想像以上に発達した。而してこれら連帯責任を負担する区域は、その実効を挙ぐるに便利なる点より、次第々々に縮小せられ、後にはいわゆる向三軒両隣《むこうさんげんりょうどなり》と言うように、近所合壁《がっぺき》だけの組合が出来るようになった。

　また当時の如き形勢の下にありては、諸国は皆な一朝有事の日に、国内に於て物資の供給に事欠かぬ準備を整え置く必要があったので、常に産業の発展に留意せねばならなかった。されば鎖国を主義として居りながら、商人のみに対しては除外例の取り扱いをなし、関所の出入を自由にし、貨物に対する関税を免除し、その市場を自由市場とし、市場に於て発生せる一切の紛議は、商人の勝ちとなすなど、能う限りの便宜を与えたので、商業の発達もまた著しかった。次いで諸大名はまた一国の富強を図る必要から、鉱山の採掘に熱心になった。吾国に於ける鉱業の発達は、実に戦国時代に始まれるものにして、その結果吾国に於ける貴金属の分量著しく増加し、金貨銀貨の鋳造も盛んになり、次第に全国一般にその流通を見るに至った。この事が国民の経済生活に影響せること甚大なりしは言うまでもない。

要するに戦国時代は、今日の想像よりすれば甚だしき混沌の時代の如く考えられるけれど、実は国力が新たなる力を以て充実しつつありし一個の過渡時代にして、その中には将来の文明を生むべき要素が次第に成熟しつつあった。この過渡期を経て、日本はさらに新しき発達の階段を登ることが出来、さらに新しき花を開かしむることも出来たのである。

第十八章　新時代の開拓者織田信長

戦国時代は、之を当時の用語を以て言えば下剋上《げこくじょう》の時代、之を今日の用語を以て言えば、実力本位の時代である。下剋上とは、下の者が上を剋するの意味で、社会の下層に生れた者が、その実力によって無能なる門閥階級を倒し自ら代って勢力を占むることである。

すでに述べたる如く、さなきだに基礎堅固ならざる足利氏の統治権衰えて、吾国はまたもや大地主割拠の時代に還り、小さき中央集権が各地に成立せられ、その間に激烈なる生存競争を見るに至ったが、その激しき競争に勝利者となりて各地勢力の中心となったのは、新たに起った人物、即ち概して草莽の間に生れた英雄であった。例えば美濃国に主となれる斎藤道三の如きは、もと一個の商人であったのが、その国に守護たる土岐《とき》氏を逐うて自ら取って代ったのである。細川氏の部下三好氏は、細川氏に代ってその権を執った。上杉氏は、その家臣長尾氏の為に権を奪われた。毛利氏はその主人大内氏に代った。至る所、古い門閥家が次第に衰えて、その家臣の中の実力ある者が次第に顕われて来た。而してそれらの新たに勃興せる英雄のうち、覇を天下に称せんとの雄志を抱いた者も二、三に止まらなかったが、色々な理由によって中原の鹿（覇権）は織田信長の手に落ちた。

当時吾国に於ける各地の中心勢力を東北より西南に向って列挙すれば、奥羽では南部・津軽・伊達の諸氏、関東では佐竹・北条、越後に上杉、甲斐に武田、海道筋では今川・徳川・織田、京畿では三好一族、但馬に山名、出雲に尼子、備前に浮田（宇喜多）、防長に大内、安芸に毛利、四国では河野・十河《そごう》・長曽我部、九州では大友・竜造寺・伊東・島津という形勢であった。しかるにそれらの諸侯のうち、織田氏がついに中原の鹿を手に入れたのは、主として信長の偉大なる才幹によること言を俟たずと雖も、彼の興った濃尾平野が、土地豊沃なりし上に、その位置京師に近く、大内・島津が偏境にありて出づるを得ず、上杉・武田また覇を望みつつも四方に強敵を控えていたのに、独り信長は京師に入るべき沿道に、矢面に立つべき勁敵がなかったことも、彼をして志を成さしめたる重大なる原因であった。

織田信長

　信長は決して高い門地の出でない。彼は尾張斯波《しば》氏の家臣織田の家老の家に生れたので、陪臣の身分から出たのである。彼は少年の時から、仕方のない悪戯《いたずら》者であった。「三郎殿御行跡荒く、古風に違《たが》えるところ多く候」とは、その父信秀が、彼の為に付け置きたる家老より屢々聞かされた愁訴であった。十六、七の年頃まで、彼の仕事は乱暴なる野外の遊戯であった。乗馬はその最も好めるところで朝晩乗り廻していた。三月から九月は、何時も河に浸って、水泳に有頂天になっていた。清洲の町を通る時は、人目を憚らず、栗を食いながら、あるいは瓜に噛《かじ》り付きながら、平気で歩いた。餅を頬ばりながら、人の肩に掴まって歩くこともあった。人々は礼儀も知らず作法も弁《わきま》えぬこの少年を、織田の馬鹿者と呼んでいた。彼の為に覇業の基礎を築いてくれた父信秀は、彼が十六歳の時に、僅かに四十二歳を以て世を逝った。その葬儀の日に、彼は長柄の大刀《たち》脇差を、ミゴ縄にて巻きたるを腰に佩《は》き、髪は茶筌《ちゃせん》に巻き、袴もつけずに仏前に出で、抹香《まっこう》をクワッと掴んで投げ掛け、そのまま帰って行ったので、参会の人々は呆れはててしまった。されどこの不思議なる少年は、父の後を継いで後、四方に敵を受けながら、足掛《あしかけ》七年の間に、僅かに二十一歳を以て尾張全国を統一し、次いで今川義元を桶狭間に破り、斎藤を滅ぼして美濃国を平定し、かくして英名を天下に馳せて自己の根拠を確立し、越前の朝倉氏に身を寄せていた足利義昭を奉じて京都に入ったのは、永禄十一年の秋であった。

義昭は、信長の庇護によって征夷大将軍となることが出来たので、頻《しき》りに信長を管領にしようと努めたけれど、彼は辞して受《う》けなかった。また朝廷からは副将軍の職に就くようと諭されたけれど、これまた固辞して御請け致さなかった。この事実並びに彼が平氏を名乗った一事は、彼の雄心壮図を明らかに物語っている。天下を取ろうという信長に、吹けば飛ぶような足利将軍の管領が何するものぞ。彼が一向平氏の子孫という確証もないのに平氏を名乗ったのは、源平交迭《こうてつ》という当時の信仰に基づき、「源氏たる足利氏に代って新たに興るべきは平家である。天下を一新する為には、平氏を名乗るが最も好都合である」と考えたからである。もとよりかかる思想は、信長のみに限ったことでない。北条早雲の如きも、すでに伊豆の三島神社に願文を捧げ、「もはや源氏の世も末である。自分は代って興るべき平氏であるから、何卒神明の冥加によって天下を取りたい」と祈っている。また徳川家康は、初め松平姓であったのが、永禄九年に、自分は新田氏の子孫であるから、徳川という姓に復したいと朝廷に奏請し、勅許を得て初めて徳川氏を名乗っている。新田氏は義貞以来足利氏の宿敵である。しかるにいまや足利氏が衰えて、新田氏が興るべき時が来たという同一の思想から、徳川の姓に復したものと思われる。されば、信長が平氏を称し、管領または副将軍に就職しなかったことは、偶々《たまたま》彼の抱負を物語るものである。

義昭は、信長の尽力によりて将軍職に就くことを得たが、信長の勢い日に隆んになり、自己の勢いさらに振わないところから、密かに武田信玄を誘いて信長を退けんとした。信玄はもとより一代の英雄で、予《かね》てより西上の志あったから、無論之に応じて京師に入らんとし、三方ヶ原より三河に進んで来たが、陣中に肺患を発して、世を逝った。ここに於て信長は、義昭に迫って五条の約束を誓わせた。その第一に曰く、諸国に内書を発する場合には、必ず信長に仰せ聞《きこし》けること。これは義昭の秘密の計画を防ぐ為である。第二に曰く、これまでの御下知は総て取り消され、今後新たに総ての事を定むべきこと。第三に曰く、公儀に対して忠義の者を賞するに、与うべき知行なかったならば、信長の知行をやって欲しい。第四に曰く、天下の儀、信長に御一任ありて、信長の分別次第、勝手に成敗するを妨げざること。第五に曰く、天下を静謐にするには、朝廷の事を万事御疎略申し上げぬこと。以上の五箇条である。これはその実質に於て、信長が義昭の手より一切の政権を収めたもので、天下の権はこの約束の出来た日、即ち永禄十三年正月二十三日を以て、全く信長に帰したものと言い得る。

もちろん義昭は、この協約に対して不平満腹であった。さればこの約束ありしに拘らず、毛利・大友・島津をはじめとし諸国の豪族に書を下して、信長を破らしめんと計った。されど義昭は、屡々信長と戦って、その都度敗北し、ついに鞆ノ津《とものつ》に逃げて毛利氏に寄るという境遇に陥った。その間に信長は、浅井・朝倉両氏を倒し、優に足利氏に代るべき地盤を作り上げた。しかるに、先に信玄が応じたりし如く、今度は上杉謙信が義昭の書に応じ、西上の計画を策して遺憾なく準備を整え、まさに発せんとして急に四十八歳を以て斃れてしまった。謙信の西上については、信長も一通りならぬ心痛であったが、運命は飽くまでも彼に幸いして、この後の仕事が非常に楽になった。彼は無遠慮に四方の征伐を始め、北陸・関東・四国・中国に兵を進め、次第にその大業を成就するの途にあったが、人も知る如く天正十年六月二日、本能寺に於て明智光秀の為に弑せられた。

信長は生れながらの改革者であった。彼はすでに若年の頃より、自ら認めて価値ありと信じたることの他は、何事をも眼中に置かなかった。彼は一切の煩瑣にして愚劣なる典礼の上に超出して、唯だその場合々々に最も適切有効と認めたる方法を以て、万事を神速簡易に処理した。おおかたの陣中には、必ず真言僧などがいて、日の吉凶、方角の是非などを占っていた時代に於て、信長には些かの迷信だもなかった。而して彼は己れ自身が無比の英雄なりしが故によく他の英雄的素質を看取し、門閥を問わずまた生国を問わず、苟くも実力ある者は悉く之を抜擢した。彼はただに人を知るの明に於て驚くべき天稟《てんぴん》を有したるのみならず、之を用い、之を導き、而して之を駕御《がぎょ》する上に於ても、また比類なき大将であった。まことに彼は気象の雄大に於て当代の第一人なりしのみならず、将軍としても恐らく第一人であり、かつ最も傑出せる政治家でもあった。

『信長記』『太閤記』に信長のことを叙して屡々「天下速成《そくじょう》の治功」と賞讃しているが、天下速成の一語、言い得て実に適切である。乱世久しく打ち続き、日本の政道地を払える時、天下を一統して太平の基礎を荒ごしながらも置くためには、信長の如き人物に俟たねばならぬ。彼の性格は、あたかも天が心ありて当時の日本に下したかと思われるほど、かかる役割を勤めるに適わしくある。而して彼が天下一統の中心を皇室に求めたことは、今日より見れば当然至極のことに過ぎないけれど、彼の時代にありては実に絶倫の識見と言わねばならぬ。禁庭の右近の橘の下に茶店が出来、宮殿の縁側に少年が泥を捏ねたる時代なりしに拘らず、透徹曇りなき信長の精神は、日本の国家が皇室を中心とせねばならぬことを明らかに洞察した。故に、彼はその大業の当初より、日本国家の新しき秩序は、国民の心の奥深く根ざし、千秋万古抜くべからざる尊皇心を基礎として築き上げねばならぬことを知っていた。見よ、彼は足利義昭を奉じて京都に入りしその時から専ら心を皇室に傾け、先ず三年の日月を費して紫宸殿《ししんでん》・清涼殿・内侍所・昭陽殿及びその他の局《つぼね》を造営し、京都の町人に米を貸し付け、その利息を毎月の御入費に差し上ぐべきことを定め、暫く眠れる国民の尊皇心を覚醒し、皇威の確立と共に自己の権威を重からしめ、之によって国家建設の業を容易ならしめた。吾らはこの点に於て深く信長の大智《だいち》に服する。

さて信長の突然の死は、折角統一の途に就きたる事業を破壊し去れるものなるが故に、世は再び乱れるかに見えたけれど、彼によって一統に向わしめられたる時勢の潮は、彼去りても逆流することなく、加うるに彼の遺業は深き印象を世人に与え、天下皆なその向うところを知りたるが故に、豊臣秀吉先ず彼の志業を継いで全日本を統一し、次いで徳川家康が、信長・秀吉の築ける基礎の上に、巧みに自家の権力を確立し、幕府を江戸に置いて日本の政権を掌握し、爾来明治維新に至るまで約二百六十年間、家康の子孫が日本の実際の支配者となった。

家康ある時人に語りて曰く「世の治まると乱るるとは、天気と同様なり。晴れかかりし時は少し降るかとすれど晴れ、降りかかりし時、晴るるかと見えてついに雨となる。世の治まらんとする時は、乱るるようにて、いつとなく治まり、乱れんとする時は、しばし治まるように見えてもついに乱るるなり」と。信長の死によって天下が乱世に還らざりしは、実に之が為である。

第十九章　海外発展精神の勃興とその挫折

勇健敢為なる戦いによって、一切を自己の生命に抱擁し、之を自己の精神に統一しつつ、飽くまでも向上登高せずば止まぬ雄大森厳なる日本精神が、最も見事に煥発せる時代は、実に戦国の末より徳川幕府の初年にわたる前後約半世紀の間である。北は津軽の外ヶ浜より南は薩摩の隅に至るまで、山に、野に、川に、原に、国民の気は昂《たかぶ》っていた。邁往健闘の雄志は、六十余州に漲りて、大日本は実に「武者振《そうと》い」して振い起った。而してその極めて自然なる結果として、大日本を海外に及ぼさんとする壮図が、多くの国民の精神に動き始めた。

試みに史を繙いて、当時の国民の進取的精神を見よ。彼らは天文十二年に大隅種子島にて、初めて葡萄牙（ポルトガル）人より小銃を得て、幾許もなく自ら之を製作するの技術を習得し、日本全国の武士ほとんど銃を知らざるなきに至った。参州（三河）長篠の戦いは小銃渡来の年を距ること僅かに三十二年、而して織田氏は実に三千の小銃を以て戦った。彼らはまた式を外国に採ってその城郭を築いた。築城術は一個の学術となって、大なる濠を繞《めぐ》らし、高き石垣を築き、銃眼を有する城郭が、六十余州の各地に聳ゆるに至った。攻防の具とともに外国より採るに従って、個人的勇気を根底とせる従来の戦術も、また自から一変し、斥候《せっこう》の必要が認められ、大将は個人的勇気よりも「人数配り」及び「備立《そなえたて》」の策戦に堪能なるを必要とせられ、今日の伝令に相当する使番が、命令を諸隊に伝うるの任務に服し、参謀官として千軍万馬の古強者《ふるつわもの》を軍師に挙げ、小荷駄《こにだ》即ち輜重《しちょう》輸送の法も定められて、全く近世的戦術を創始するに至った。

彼らはまた、西洋の巨大なる船舶を見て、間もなく之に匹敵する巨船を見事に造るだけの造船術を発明した。而して之を操縦して自由に大洋を馳駆する航海術をも会得した。呂宋（ルソン）より長崎に来れる宣教師を乗せたる船の船長が、日本人なりしこともあった。慶長十四年に池田輝政は、長さ約六十七間の船を造り、さらに京都の角倉了以は、長さ五十間余の船を造り、また、幕府の造れる大船は、長さ約六十間、銅を以て之を包み、三重の櫓《やぐら》を設け、二百挺の艪《ろ》を備えたものであった。一四九二年、コロンブスが大西洋を横ぎりて亜米利加（アメリカ）を発見してより僅かに百十余年、慶長十五、六年の交《かい》（間）に於て、吾が京都の商人田中勝介は、実に反対の方向より太平洋を横ぎり墨西哥（メキシコ）に到達している。而していわゆる御朱印船なるものが、東インド及び爪哇（ジャワ）の諸島に往来して、海上に権威を振ったのもこの時であった。

彼らは宣教師の法服に倣って、雨を防ぐ合羽を作った。野菜・鳥肉を西班牙（スペイン）風に調理し、葱南蛮・鴨南蛮として賞味した。彼らのある者はローマ字の印章まで作った。大友宗麟はそのクリスチャン・ネームをフランシスコと呼べるよりFrcoという印判を作り、黒田長政はCuro.N.C.M.S.という楕円の印判を、黒田孝高《よしたか》はそのクリスチャン・ネーム（シメオン）とその号如水を合せてSimeon Josuiという印判を作っている。この鬱勃たる精神は、多くの代表的人物によって発揮せられた。いまその数者を下に挙げる。

第一には原田孫七郎がいる。彼は早く天正の初年にルソンに赴き、馬尼喇（マニラ）に住してスペイン語を習得し、よくスペイン人の事情を知り、ついに豊臣秀吉に勧めて南洋経略を志さしめ、勧降の書を比律賓（フィリピン）太守ダスマリニアスに送らしめた。その書中には「来春九州肥前に営すべし、時日を移さず降幡《こうばん》を偃《ふ》せて来服すべし、もし匍匐膝行《ほふくしっこう》、遅延すれば、速かに征伐を加うべきこと必せり、悔《く》ゆる莫《なか》れ」の語がある。

彼と同時に泉州堺の豪商に助左衛門があった。文禄年間、壮士百余人を率いてルソンを侵したが、守兵之に敵し兼ね国守は多く財宝を贈って降を乞うたので、助左衛門之を許し、重宝を船に満載して堺に帰った。

また当時暹羅（シャム）及び安南（ベトナム）には、多数の邦民が移住して日本町をさえ設けていたが、これらの地方に於て商業に従事せる者は、決して単純なる商人にあらで、志を国内に得ざる武士の驥足《きそく》を伸ばさんとせる者が多かった。例えばベトナムに於ける松本七郎兵衛の如き、その好代表者である。彼は慶長年間にベトナムに赴き、ここに永住してその地の婦人を娶《めと》り、巨資を投じて松本寺を日本町に建立した。海外に個人の力を以て一寺を建設することは、非常に豪富でなければ出来ぬことである。また之と同時に、同じくベトナム貿易に従事せる荒木宗太郎は、ベトナムの西部、順化（フエ）に赴き、安南王に謁してその王女を娶っている。以て日本人のこの方面に於ける活動を想像するに足るであろう。而してシャムに於ては、山田長政が日本のために万丈の気を吐いたことは、世間周知の事実である。

小笠原島が吾が版図に入ったのも実にこの頃である。その発見者小笠原貞頼は、徳川氏の臣で小田原陣に戦功あり、秀吉征韓の役に検軍使となって朝鮮に赴き、文禄二年、肥前名護屋に帰った。その時家康が秀吉に向って、貞頼数度の戦功あれども、国内には与うべき地なきが故に、無主の島嶼を探らせて彼に与えんことを請い、秀吉之を快諾したので家康は航海免状を貞頼に与えた。貞頼大いに喜び、直ちに名護屋より発航し、文禄二年七月二十六日、ついにいまの小笠原島を発見し、全島を跋渉《ばっしょう》して木標を島の両所に樹てて帰った。

浜田弥兵衛もまた逸すべからざる代表的人物である。彼は弟及び息子と共に僅かに三名、台湾に拠りて吾が民に無礼を加えたる和蘭（オランダ）人を膺懲《ようちょう》せんが為に乗り込み、よくオランダ太守を克服し、その贈れる蘭船一艘と邦船二艘に、満載せる財貨を収め、太守の子及び蘭人四十三名を人質として長崎に連れ帰った。

而して当時の諸侯も、また海外の事情を知るために使節を欧州に派している。天正十年には大友・大村・有馬の諸侯が、共に使節をヨーロッパに派し、大友氏は天正十二年に再び植田玄佐《げんさ》をローマに遣わし、次いで蒲生氏郷《がもううじさと》が山科勝成（イタリア人）以下十二名をローマに派し、さらに天正十四年・十六年・十八年にも使を出している。伊達政宗も支倉常長を西洋に送り、徳川秀忠すら天主教の真相を知らんとして、揖斐《いび》与右衛門を西洋にやった。彼は西洋に留まること七年、帰って天主教の害あることを将軍に復命したのである。

夜飛ぶ虫は光る螢のみでない。その他歴史に名を残さぬ多くの国民が、雄志を抱いて海外に赴いた者も、頗る多かりしは言うを須《もち》いぬ。げに当時の日本には、発展健闘の壮心が旁魄《ほうはく》としていた。而してこの雄大なる精神の最も見事なる発現は、豊臣秀吉の征韓役である。

形式的儒教道徳に囚われ日本本来の精神を忘れたる儒教文人は、多く豊太閤の征韓を非難せんとしている。例えば貝原益軒の如き、戦争を義兵・応兵・貪兵・驕兵・忿兵の五に分ち、前両者は君子の用いるところなれど、秀吉の征韓は貪兵・驕兵・忿兵を兼ねたるものなるが故に、その敗績は天道悪を憎む必然の結果であると評している。而して頼山陽の如きすら秀吉の外征を以て貪兵と難じ、一方には自己一身の私の領土欲を充たさんため、他方には飽くことを知らざる部下将士の余勇を外国に漏らさしめて、彼らの統御を容易にするため、不要の軍を起したのだと説いている。

さりながらかくの如きは大日本の精神を体得せざる者の言である。日本精神の真実相は、統一の意志・支配の意志、而して優越の意志である。この偉大なる意志は、建国の当初より、常に吾国の英雄の生命に躍動していた。この意志は、桃山時代に於て、国民的生命が最も充実緊張した時に、かつて見ざりし力強さを以て国民を動かした。而してこの意志は、吾が豊太閤に於て、そのあらゆる力強さを以て躍動した。彼はこの抑え難き統一の意志によって、軍を朝鮮に出したのである。

豊太閤の眼には、独り朝鮮のみならず、世界の総ての国土が、あたかも大日本の一部なるかの如く映じた。朝鮮王でも、明国皇帝でも、琉球王でも、乃至フィリピン太守でも、彼の眼にはあたかも薩摩の島津侯、小田原の北条氏と同様に映じていた。彼常に左右に向って曰く「誰でも自分より優れた者があるなら、天下をその人にやろう。自分より優れた者がないから、天下を取った」と。彼はすでに日本を統一した。而してさらに進んで他国を日本に統一せんとした。最も優越せる者が、支配者たり統治者たることは彼にとって自明の道理であった。

彼は天正十五年に、すでに対馬の宗氏に書を与えて、「このたびは九州を成敗するために進発した。ついては暇のあり次第、何《いずれ》の島々も残らず処分するつもりであったが、その方は早速渡海して味方に参向したから、対馬一国を従前の通り与えて置く。次に高麗国をも軍勢を出して成敗しようと思ったが、その方が止《と》めるからひとまず出兵を延期する。ついては高麗国王が早速参朝するように取り計らえ、さすれば万事従前の通り許して置く」と述べている。彼は同様の手紙を琉球にもやった。

琉球王は言のままに、早速貢物を持って来たので、従前の通り琉球を領することを許された。しかるに朝鮮は、彼の命を奉じなかったので、ついに文禄元年に出兵することになったのである。

　征韓軍の先鋒が釜山に上陸したのは、文禄元年四月十二日であるが、五月三日には早くも京城を陥れ、六月十五日には平壌を陥れ、僅々二ヶ月の間に、ほとんど朝鮮全土を平定した。国王李王は、義州に遁《のが》れて明の援兵を乞わねばならなかった。さりながら朝鮮の如きはもともと太閤の眼中にない。彼の志すところは、真に雄大を極めたものであった。彼はこの年五月十八日付を以て秀次に与えた書面の中に、下の如く述べている。曰く「朝鮮の都も陥落した。卿も来年正月頃に出陣するよう準備せよ。今度は大明国をも従え、卿を明国の関白にする。明後年頃には後陽成《ごようぜい》天皇様の行幸を仰ぐようになろう。その時には都の周囲十ヶ国を奉献し公家衆にもそれぞれ知行を差し上げる」と。而して同時に山中橘内（秀吉の祐筆）が名護屋陣所より、太閤の意を受けて大阪の太閤の女中のもとに送った書面に曰く、「太閤は一旦北京の都を御座所にするかまたは誰か適当の人物を置いて、自身は日本から舟着の便ある浙江省寧波《ねいは》を御座所に定め、戦争の都合では、天竺から南蛮までも攻めるつもりである」と。

　ここに最も興味ある一事は、太閤所持の扇が今日に伝わっていることである。扇の一面には、日本・朝鮮・シナ三国の地図を描き、北京・京城は言うに及ばず、重要なる地名を朱を以て明示している。而して他の一面には、日常使用すべきシナ語の下に、日本訳を書き込んでいる。試みに之を示せば、

もつくわい　御れい（礼）申なり　たじん　このほど御目にかゝらず
しんしん　こなたへ御いで（出）あれ　なちうらい　さけ（酒）もつてこい
きうれう　ひさしい　なひゑんらい　すゞり（硯）もつてこい

むくんふ　ひまない　かうれう　よき事
うくんふ　ひまある　ふかうれう　あしき事
きれう　いに（去）たい　くんれう　ね（寝）たい
なうれう　はらたう　かんふかん　そ（左様）かそでないか
ふき　帰るまい　なほんらい　めし（飯）もつてこい
なさらい　ちや（茶）もつてこい

などの類である。

しかるに不幸にして太閤の真精神が、出征諸将によって十分に領会されていなかった。之が為に征韓の役は、ついに有耶無耶《うやむや》の間に終局を告げてしまった。その主なる原因は、征韓軍の三奉行をはじめ宇喜多秀家・小西行長らが、明国との交渉に際して余りに早くより和議を主張した為に、外交上の駆引に於て、昔も今も到底吾が及び難き手腕を有するシナの使節のために、全く内兜《うちかぶと》を見すかされ、その権謀術策に乗ぜられて、次第々々に不利の地に陥り、うまうまと彼の手を食った為である。もっとも明国でも、当時事を西方に構えていたので、長く戦争を続けることが不可能であったから、宰相石星《せきせい》は頻りに和議を唱え、講和使を肥前名護屋に派して談判せしめた。太閤は七箇条の講和条件を提出して明国もし之を容れずば、断然講和せずと主張した。その七箇条とは、

第一条　明帝の皇女を日本の后妃に納《い》れて和平の実を挙ぐること。
第二条　両国は爾今官船商船の交通を絶たぬようにすること。
第三条　両国の通好変更すべからざることを両国大官たちが誓詞を取りかわすこと。
第四条　朝鮮八道のうち、四道を朝鮮国王に返付すること。

第五条　四道を返付せられし朝鮮は、朝鮮の王子並びに大臣一両員を人質として日本に送ること。
第六条　吾が軍が生擒《いけどり》せる朝鮮王子二人を還付すること。
第七条　朝鮮国王の権臣が累世違却すべからざる旨誓詞を書くこと。
この条件には下の告諭《こくゆ》文が付いている。
一、夫れ日本は神国なり。神にして天帝、天帝にして神なり。全く差《たが》うこと無し。之に依て国俗神代の風度を帯び王法を崇び天則を体し、地に言あり令あり。しかりと雖も、風移り俗易《あなど》って、朝命を軽んじ英雄権を争い群国分崩す。予懐胎《かいたい》の初、慈母日輪《にちりん》の懐中に入るを夢む。覚めて後驚愕、相士を召して之を筮《ぜい》す。曰く天二日なく、徳輝四海に弥綸《みりん》するの嘉瑞《かずい》なりと、故に壮年に及んで夙夜《しゅくや》世を憂い国を憂い、再び聖明を神代に復し、威名を万代に遺さんと欲し、之を思うて止まず。纔《わず》かに十有一年を歴て、内徒姦党を族滅し、城を攻めて抜かざるなく、国邑有せざるなく、心に乖く者は自ら消亡す。すでにして国富み家娯しみ、民その処を得て、心の欲するところ遂げざる無し。予が力に非ず、天の授くるところなり。
一、日本の賊船、年来大明国に入り、処々に横行して寇をなすと雖も、予かつて日光天下に照臨するの先兆あるに依って、八極を匡正《きょうせい》せんと欲す。すでにして遠島辺陬《へんすう》、海路平穏通貫障礙《しょうがい》なく之を制禁す。大明もまた希うところに非ざる乎。何が故に謝詞を伸べざる。けだし吾朝は小国なるより、之を軽んじ之を侮る乎。故を以て兵を将《ひき》いて大明を征せんと欲す。しかるに朝鮮機を見て三使を差遣し、隣盟を結んで憐を乞う。前軍渡海の時に当り、粮道を塞《ふさ》ぎ兵路を遮ぎるべからざるの旨、之を約して帰らしむ。
一、大明日本会同の事、朝鮮より大明に至って之を啓達す。三年の内、報答に及ぶべし。約年の間は、干戈を偃《やす》むべき旨これを諾す。今期すでに相過ぐると雖も是非の報告なきは、朝鮮の妄言なり。その罪、逃るべかざらん。咎め己れより出でたり。これ故に去歳春三月、朝鮮に到り、前駆を遣わし、違約の旨を匡さんと欲す。ここに於て城を築き備えを設け、塁を高うして之を防ぐ。前駆寡を以て衆を撃ち、多々その首を刎ぬ。疲散の群卒、林越に伏し、蟷臂《とうひ》を恃み蟹戈《かいか》を挙げ、隙を窺うと雖も、鋒《ほこさき》を交うれば則ち潰散す。北《に》ぐるを追うて数千之を討ち、国城また一炬《いっきょ》にして焦土と成れり。

一、大明国朝鮮の急難を救わんと欲し、而して利あらず、これまた朝鮮反間の故なり。この時に於て大明の勅使両人、日本名護屋に来りて、大明の綸言《りんげん》を説く。之に答うるに七件を以てし、別幅に見す。ために四人之を演説すべし云々。

かく一方には明国と講和談判進行中、他方に於て太閤は書を高山国即ちいまの台湾に遣わし「吾が軍朝鮮を征し、国王出奔して援を明に乞い、明国十万の兵を出だして吾が軍と戦ったが、戦い利あらざるより、明国は勅使を吾国に派して和を請い、いまその談判進行中である。琉球の如きも年々土宜《どぎ》を献じ、海陸舟軍を通じて吾が徳光を仰いでいる。貴国も早く求朝するがよい。もし背かば征伐する」と申し込んでいる。

豊臣秀吉

太閤の意気かくの如くなるに拘らず、三奉行の如きは早く講和を成立せしめんとして、秘密に太閤の告諭文を改め、七箇条の要求を葬り去り、ついに極めて屈辱的な平和条約を以て一時を弥縫《びほう》せんとした。かくて慶長元年、明の使節が、明王の勅諭として齎らしたものの中には、太閤の提出せる条件は一も含まれて居らぬのみならず、却って明国は、戦勝国の態度を以て、日本に向後の服従を誓わしむるが如き文面であった。太閤は赫として憤りを発した。而して朝鮮再征に決して之を決行したが、不幸にして幾許もなく世を逝ったので、在外の兵士を撤退するに至った。かくして征韓の役は、表面失敗に終った。されど表面の成敗《せいはい》はその根底に動いていた精神の偉大を損益するものでない。吾らは特に今日に於て、豊太閤の精神を高調し力説して、国民の心裡に荘厳雄大なる大邦建設の理想を樹立したい。

第二十章　基督教の伝来

西暦十三世紀の末、即ち吾国に在りては北条氏執権の世に当り、約二十年間シナに滞在せるイタリア人マルコ・ポーロが、帰国して東方の異聞を弘め、極東にジパングという黄金国ありと説き、王宮の屋根は黄金を以て葺《ふ》き、床板敷石の代りに、黄金の厚板が使われていると伝えてから、ジパング即ち日本国は、ヨーロッパ人をして航海探検に熱中せしむる最も重大なる動機の一となった。コロンブスの如きは、深くマルコ・ポーロの言を信じ、西方の航路を取ってこの国に達せんとし、図らずもアメリカを発見するに至った。彼は新大陸を発見したとは心付かず、死ぬるまで日本シナの付近に達したことと考えていたのである。

かく当初ヨーロッパ航海者の誘惑物たりしに拘らず、ヨーロッパ人が初めて吾国に来着し得たのは、ポルトガル人が阿弗利加（アフリカ）沿岸を南下し、喜望峰を廻りてインドに出で、次いで南シナに達したりしより約三十年の後、即ち西暦一五四二年、吾国の天文十一年であった。けれどもその最初に来着せるポルトガル船も、実はシャムよりシナの寧波に至る目的を以てシナ沿岸を航海中、暴風雨に遭って偶然に漂着したものである。されどひとたびこの事ありてより、ポルトガルとの交通は忽《たちま》ち頻繁となり、数年ならずして数艘のポルトガル船が、同時に薩摩の港に入るほどになった。

しかるにこの頃アンジェロ、俗名ヤジロウと呼ぶ僧侶が、ポルトガル船に乗じてシナに赴き、さらにマラッカに行った。彼はマラッカに於てフランシスコ・ザビエルに会った。ザビエルは人も知る如く、耶蘇会即ちジェスイット派創立者の一人にして、非凡なる人傑である。ヤジロウはこの偉大なる伝道者に動かされて基督教徒となり、一五四九年（天文十八年）その師ザビエル及び二人の宣教師を伴いて鹿児島に帰った。これ実に基督教の吾国に伝われる始めである。

ザビエルは領主の許可を得て、先ず鹿児島地方に伝道を始め、翌年平戸に移り、ついに京都に赴き、京都伝道を企図したが、時あたかも室町幕府末期の戦乱時代に当ったので再び山口に帰り、一五五一年、豊後日出《ひじ》よりポルトガル船に乗じて一旦インドに還り、さらにシナ伝道を試みんとしたが、不幸にして一五五二年途中にて病没した。

フランシスコ・ザビエル

ザビエルの滞在は、僅々二年に過ぎなかったが、その布教は著しき成功を見た。彼は広く国内を巡りて仔細《しさい》に視察を遂げ、宣教の見込十分あることを本国に通知し、宣教師の派遣を請求している。而して彼がシナ伝道を志したのは彼の炯眼《けいがん》がよく日本のシナ崇拝を看破し、「政治法令の組織及び一般の習慣に於て、シナ人民の聡明英智なるを深く讃称《さんしょう》するは日本人の風なり」となし、先ずシナを教化して日本に及ばんとしたものであった。彼曰く「もしシナに於て基督教の伝道の手順を得るに至らば日本はもともと教えをシナより取りしものなれば、基督教をしてシナより輸入せしむること最も容易なり」と。而して耶蘇会は、彼の建議を容れて宣教師を吾国に派遣し、基督教は次第に多くの信者を得るようになった。文禄以後に至りては、ジェスイット派の宣教師のみならず、他派の伝道師も相次いで渡来し、慶長の初年に於て、天主教はほとんど日本全土に漲るの観を呈するに至った。パジェスの『日本基督教史』に依れば、当時は佐渡の鉱山にさえ多くの信者が居り、蝦夷地にまでも天主教徒が入り込んだ。

基督教伝来の初期に於ける吾国の国情は、新宗教の弘布に好都合であった。吾らは王朝末期より鎌倉時代にかけて法然・親鸞並びに日蓮の新仏教が、驚くべき伝道上の成功を収めたことによって、当時の日本精神界が、腐敗せる旧仏教に対して慊焉《けんえん》（不満に思うさま）たりしことを知り得る。新来の基督教は、あたかも国民が旧き宗教に愛想を尽かした時に伝来して、真宗や日蓮宗と同じく、国民の宗教的要求に満足を与えたのである。加うるに最初のジェスイット派宣教師は、概ね極めて高潔俊秀なる人材であった。彼らは万里の波濤を凌《しの》ぎ、百難を冒して伝教の為に鞠躬《きつきゆう》する熱誠を有していた。彼らの道徳は極めて堅固にして、操行殊に高潔であった。仏教の僧侶が酒色に耽《ふけ》り乱行を恣にし、忍辱の身にあるまじき振舞多かりしに比して、彼らの品性と行状とは、際立ちて高貴に見えた。国民は先ず彼らの徳風に化せられた。

加うるに彼らは、高き文明の保持者であった。彼らは国民の知らざりし新知識の所有者であった。例えば之をザビエルの書翰《しよかん》に徴するに、彼は実に下の如く述べている。曰く「日本人は他邦人よりもよく道理に通ずるの性情を有せり。しかれども彼らは未だ地球の円体なることを知らず、その運行を知らざりし故、吾らはその理由並びに風雷などの原理を説明せしに、彼らは熱心にその真理に耳を傾けたり。殊に上流の有識者は、吾らを敬慕してなおその説の蘊奥《うんおう》を聴くことを悦びいたりき、吾らは諸学術上の便宜によりて、国人一般の心に吾が宗教を悟らしむるを得たり」と。真理を求めることに於て極めて敏感なる吾が国民は、広くかつ深き知識の所有者として彼らを尊敬したのである。これが伝道上に多大の便宜を与えしことは言うまでもない。彼らはかくして所々に学校を設立して、宗教を教えると共に学術的知識をも与えた。普通教育の機関としてはセミナリオ、専門の宗教教育を施す為にはコレジオが方々に建てられた。

彼らはまた慈善事業によりて人心を収攬した。貧者には財物を、病者には医薬を与えて、物質的にも色々な功徳を施した。彼らのある者は、その所持せる一切を挙げて伝道の為に用い、当時の医者の喜ばざりし皮膚病患者を収容する為に病院を建て、貧者の為に貧民院を建てた。而して当時殊に多かりし孤児・棄子《すてご》、または寄辺《よるべ》なき老者のために孤児院・養老院を造って之を養った。而して時には上流の招きに応じ、いわゆる「南蛮流の治療」によって、多くの病気を全快せしめ、上流の間に宗教を伝うる機会を作った。さればこそ当時の人々、この有様を見て曰く「誠の仏菩薩、今世に出現して、救世済度し給うなり」と。

次に基督教は、貿易上の関係より非常なる伝道上の便宜を得た。当時のポルトガル、スペインは、熱心なる天主教国であって、政府が進んで伝道事業の為に各般の助力を与えていた。従って商船の如きも、宣教師に対して非常なる好意を有し、宣教師の行く所には船を着け、行かない所には商船も寄港せぬという有様であった。例えばザビエルは、鹿児島に於て僧侶の反対を受けて平戸に移った。すると従来鹿児島に入港せる商船が、今度は平戸に寄ることになった。而して平戸で宣教師が逐《お》われると、あるいは横瀬浦、あるいは福田浦に入港するという風であった。しかるにこれらの商船は、当時戦乱絶え間なき時代に於て、最も有用なる銃器を輸入し、かつ欧亜の珍奇なる品々を齎《もた》らして、国民に大なる満足を与えていたので、九州地方の豪族は、貿易上の便宜を得るために、競うて宣教師を歓迎したのである。例えば豊後の大友氏の如きは、最も早くより宣教師を歓待し、かつ種々なる伝道上の便宜を与えていたが、一五六七年、ニケヤの司教に送った書翰の中に「自分はかくまで宣教師及びポルトガル人を保護しているのであるから、硝石は他領に送らずに、自分の方にのみ送るようにして貰いたい」と言っている。

やや後年のことであるが、加藤清正が慶長元年に肥後からフィリピンに行く商船の保護を依頼するために、フィリピン太守に送った手紙にも「自分には相識《あいしり》の宣教師がいるけれど、未だ基督教を聞く機会を得なかった。また宣教師を自分の領内に招きたいと思うけれど、朝鮮征伐に忙しくして、これまた未だその折を得ない。しかし何れ《いず》そのうちに暇が出来たら、きっと基督教のことを聞き、宣教師をも招くつもりだ」と書いてある。これらの例によって見れば、当時の諸侯が、外国貿易の利益を得んために、如何に宣教師を好遇したかを知り得るであろう。この事情も、また基督教の弘布を速かならしむる理由の一となった。

けだし当時国民の多数が信奉せる仏教も、もとこれ外国より伝来せるものにして、海外の高僧が常に吾国に渡来しては人民の尊崇を受けていた。されば吾が国民は、宗教上の伝道者が異邦より来ることに対して、反感または猜疑または軽侮の念を抱くことがない。従ってヨーロッパ人が、新たなる教法を伝えるに当っても、格別之を以て破天荒のこととは思っていない。却って之を以てかつて天竺からシナに伝わり、次いで日本に伝わった釈尊の宗教の類であろうと思い、何ら反発嫌悪の情を抱かずに、その教うるところに傾聴したのであった。されば当時の人々は基督教を「切支丹《キリシタン》仏法」と呼び「デウスと申す大仏」と呼んでいた。

上述の如き事情の下に、基督教は驚くべき勢いを以て吾国に伝播した。殊に長崎を以てポルトガルの貿易港と定め、大村家よりこの地を宣教師に与うるに及び、基督教は一つの中心点を得るに至り、島原地方より大村藩に就中《なかんずく》多数の信者を出だし、次いでその勢力、佐賀・筑前・筑後・豊前・豊後一帯に及び、さらに中国・四国に拡がり、ついに近畿に宣教師が入り込むようになった。

最初に京都に来た宣教師はザビエルで、天文十九年のことであったが、次に永禄二年にガスパル・ビレラが豊後より来りて堺に留まって伝道に従った。永禄八年に至り、さらにルイス・フロイスが来るに及び、両人は京都に於て足利将軍義輝に謁したが僧徒の非常なる反対を受けて堺に逃げ帰った。しかるにその後京都の信徒が次第に数を加うるに及びフロイスは彼らに迎えられて再び京都に赴き、永禄十二年、織田信長及び足利義昭に謁し、京都に会堂を築いて布教するの許可を与えられた。すでにして元亀元年、さらにフランシスコ・カブラルが京都に来り、フロイスと共に岐阜に赴いて信長に謁し、翌元亀二年にはオルガンティノ・ソルディィまた京都に上った。彼は京都の会堂が、古材木を用いた頗る粗悪の建築なりしを見、自ら設計して和洋折衷の荘厳なる会堂を建てた。この建築には、基督教を奉ぜる畿内の諸侯及び信者が、盛んに寄附助力を与え、京都所司代も銅銭二万貫、人夫一千人を寄進するという勢いであったから極めて宏壮なものが出来上がって、天正四年秋に落成式を挙げた。彼はその後天正七年、安土に於て信長に謁し、僧院及び会堂を安土に築くことを許された。この頃京都に於ては、基督教徒が二万を超える程であった。

而してこの他アレッサンドロ・ヴァリニャーノが日本宣教視察としてインドより来り、天正九年京都及び安土に於て信長に謁し、安土に学校を建て、当時の青年、殊に上流の子弟に普通教育を授け、進んで宗教教育をも授けることにした。かくの如く信長は、この新来の宗教に対して、少からぬ好意を示したのであった。

予は当時に於ける基督教会堂の様子、及び基督教に関する吾が国民の感想を知るために、『吉利支丹物語』の一節を下に引用したい。

「さて寺（教会堂）の模様を伝へ承はるに、秘密の間とて、デウスの姿を物凄《ものすさま》じげに作り、磔《はりつけ》にかけたる所を見せて、門徒どもに感涙を流させせんとの計略と見えたり、其奥の間は、対面の間と申して、サンタ・マリアと云ふ女房、デウスを産み出だして、二歳ばかりの子を抱きたる姿を見する。その仔細は、デウスと申す仏、天地の主なりと云ふばかりにして、衆生疑ひをなす可し、仏法世法の理りをも聞き知るまじきと思しめして、サンタ・マリアの胎内に宿らせ給ひて、世界に生れ出で給ふ所を見せて、対面の間と言ふ。其奥の間は懺悔の間と申して、此間の罪科悪事どもを、バテレン・ヰルマン・シウテイの者共まで、車座に直って、其真中にて懺悔をし、詫言をしてしたたかに辱しめられて後、件のペンテイレヤ（鞭）をもつて、バテレンが手づから打て血を出だし、帛紗《ふくさ》物をもつて拭ひ、其腕を洗はずして仏を拝むを大行《だいぎよう》と云ふ」

この一節を読んで吾らの感ずるところは、当時の国民が基督教を以て新しい仏法と思っていたらしいことである。即ち国民はあるいは基督教を呼ぶに吉利支丹仏法と言い、あるいはデウス即ち神を呼ぶにデウス仏と言いたるのみならず、宣教師らもその教義上の用語を多く仏教に借りていた。ビレラの如きは、初めて京都に来た時に、丁度仏教の僧侶のように頭を剃ったとさえ伝えられている。さればその会堂にも、大道寺・南蛮寺・天門寺という風に命名した。こは想うに出来るだけ当時の国民に異様なる感じを起させまいとの用意からであったろう。しかし基督教の観念は事実に於て国民にとりて全く新規のものなりしが故に、悉く仏教の用語を借り、または悉く之を日本語に翻訳することは、ただに困難なるのみならず、意味の誤解を招く虞れありしより、後には特に基督教的な言葉は外国語をそのままに用いるようになった。

今日の天主教がしかる如く、当時の吾国に来りし宣教師らも、国民に向って極めて簡単な教理を説くに過ぎなかった。即ち世界が神によって造られたことや、神の子イエスの生涯を教え、十戒や祈祷文を教え、洗礼を施すというくらいなものであった。但し特に教義を研究したい信者の為には、彼らの建てた大学林に於て、さらに詳細に教授することにしていた。而して宣教師らは基督教の教義を国民に知らしめる為に、日本文をローマ字綴りにして数種の書籍を出版した。また宣教師が日本語を学ぶ便宜の為に、宗教書類以外の翻訳をも出版した。

基督教の伝来と共に起った注意すべき一事は、九州の大村・有馬・大友の三大名が、ヴァリニャーノの勧めに従って、伊東マンショ・千々石《ちぢわ》ミゲルの両名を正使とし、原マルチノ・中浦ジュリアンの両名を副使とし、日本人及び西洋人のジェスイット派宣教師と共に、スペイン王及びローマ法王に使節を派したことである。

一行は天正十年長崎を発し、約二ヶ年半の航海の後、天正十二年、漸くポルトガルのリスボンに到着し、それよりスペインのマドリードに赴きて国王フィリップ二世に拝謁し、非常なる歓迎を受け、進んでイタリアのローマに至り、時の法王グレゴリウス十三世及び次に法王となれるシキストウス五世に謁見し、北イタリアを巡遊して、マドリードよりリスボンに出でて、往路を通って天正十八年六月長崎に帰着した。この間実に八年有半、正副の使者が国を出る時には、十五歳乃至十八歳の青年であったのが、帰った時には立派な男になっていた。

一行は欧州に於て非常なる歓迎を受けた。而して当時の法王庁には、欧州各国の公使が来ていた

左から中浦ジュリアン・原マルチノ・伊東マンショ・千々石ミゲル

ので、各国の公使はそれぞれ本国に日本使節のことを報告した。欧州各国は大なる注意をこの遠来の使節に払い、かつ万里の彼方にある遠国の民が基督教に帰依《きえ》したことを以て、基督教の非常なる勝利と喜び、この勝利を挙げたるジェスイット派は、法王並びにスペイン国王の尊き感賞を蒙り、色々な便宜や特権を与えられ、特に日本に於ける宣教はジェスイット派に限るという権利まで賦与された。しかるにその後フィリピンにいたフランシスコ派の宣教師が渡来して、同じく宣教を始めたので、ジェスイット派は法王の布令によって退去を求めたけれど、フランシスコ派の宣教師は之に応ぜず、ついに再三法王庁に交渉して、ジェスイット派以外の者も日本に宣教するの許可を与えられた。ここに於て両派の間に嫉視反目を生じ、之が基督教の伝播《でんぱ》にとって若干の障碍《しょうがい》となった。

さりながら基督教は、信長時代に於て都合宜しき境遇の下に置かれ、非常なる勢いを以て国内に伝播し、渡来後約五十年、邪教禁制の令が布かれるまでに、少くとも百万以上の信徒を得たことは、驚くべき事実であった。

第二十一章　切支丹禁制

仏教徒の微力なる反対を除いては、ほとんど何らの障碍なかりしのみならず、物質上または精神上の理由から、信長並びにその他の大小名の好意または帰依を受けつつ、極めて平和に、かつ順調に伝播し来れる基督教は、豊臣秀吉が天下の政権を握るに及んで、初めてその進路を阻まれた。

豊臣秀吉の基督教禁制は、純乎として政治上の理由に基づくものである。秀吉は、外国宣教師が、単に日本国民の心霊を感化せんと勤労するに止まらず、さらに進んで日本の土地に俗権を確立せんと欲する傾向あるを認めた。事実天正十五年、秀吉が九州征伐に従える以前は、長崎は外国宣教師の土地となり教権と政権と併せて彼らの手に帰していた。されど日本国民は、内乱次第に鎮定し、国内の統一漸く強固となるに及んで、断じて外教の俗権侵害を認容することが出来なくなったのである。秀吉はこの年を以て、令を全国に伝えて基督教を禁じた。

而して秀吉をして、ついに基督教に対して断乎たる手段を取るに至らしめたのは、サン・フェリペ号事件であった。サン・フェリペ号事件というは、慶長元年、スペイン船サン・フェリペ号がフィリピンよりメキシコに向って航行中、激しき風波に遭遇して土佐の浦戸《うらど》に避難し、船を修繕し、かつ食料その他を積み込んで再び航海を続けんとした時の出来事である。この船が前記浦戸に碇泊していた間に、該船の船長は世界地図を開いてスペイン領土の広大を誇示し、かつスペインがかくの如く大なる領土を得たのは、初めに宣教師を各地に派遣し、信者の数が加わるに及んで、兵士を送って信者と呼応し、而してその地方を占領したからであると告げた。船長の言は当時の天主教徒の心理を物語るものである。けだし当時の天主教徒は、植民地の開拓を以て、異教を退治してローマ法王の領土を拡むる神聖なる事業と解していた。従って遣外宣教師が、教権と共に俗権をも併有せんとしたのは、もとより自然の結果であった。

この話を伝聞した秀吉は、ついにサン・フェリペ号を没収し、乗組員一同を長崎よりマニラに送還し、かつその船に乗っていた宣教師を捕らえ、邪教弘布の罪名の下に京都大阪の町々を引き廻した上、長崎に送って、フランシスコ派宣教師六名、日本人二十名を死刑に処した。これ日本政府が基督教徒を死刑に処したる最初である。

秀吉の処置は、之を政治上から言えば、全然不当とすることが出来ない。事実スペイン宣教師数名は、書を本国政府に送って、日本をスペイン領とすることは最も望ましいが、兵力を以てする征服は至難であるから、先ず盛んに基督教を弘布し、日本人の信者をして自然にスペイン国王を尊崇するように仕向け、次第に日本をしてスペイン国王を奉ずるに至らしむべきことを献策している。従って日本の政治家が、之に対して断乎たる手段を取るは、けだし止むを得ぬ次第と言わねばならぬ。

さりながら秀吉が禁制を出した頃は、基督教の信者すでにその数頗る多く、容易に大勢を挫折することが出来ず、秀吉の死と共に基督教は再び天下に拡まるに至った。伊達政宗が、家臣支倉常長をしてフランシスコ派の宣教師ソテロと共にローマに赴かしめたのもこの頃である。而して秀吉の後継者たる徳川家康は、通商貿易を以て富国の良策となし、外人の渡来を歓迎せるのみならず、また国民の進んで海外に赴き、交易を開かんことを奨励し、慶長十五年には田中勝介をして太平洋を横ぎりてメキシコに至らしめたことさえあった。而して之と共に一時基督教の禁制も大いに弛んだが、後には次第に大なる迫害大なる威圧を基督教の上に加え、必ず之を根絶せずんば止まざる覚悟を以て臨むに至った。

日本人が基督教を信仰したのは、イギリス人・ドイツ人が初めて之に帰依した時と、全く事情を異にしている。ヨーロッパに於ける基督教の伝播は北狄西蛮《ほくてきせいばん》の間に伝道されたので、精神的に無人の地を進めるものであった。しかるに日本にありては天主教渡来以前に、すでに神道あり、儒教あり、而して仏教があった。就中仏教の如きは、禅宗・真宗・日蓮宗などの出現によって、国民的に醇化せられ、大乗仏教至高の発達を吾国に於て遂げていた。しかるに当時伝えられたる基督教は、果たして如何なる信仰を国民に教えたか。試みに当時の口調を用うれば大略下の如きものであった。

「天地の主デウスが、ヒイヤツアレという一声を発すると共に、天地万物、その言葉の下にふつと出現した。次にデウスは、タマセイナの土を取って先ず男子を作り、之をアダン（アダム）と名づけ、アダンを三時間ばかり眠らせて右の肋骨を一本抜き取り、之を土台にして女子を作り、之をエワ（イヴ）と名づけて両人を夫婦となし、地上の極楽世界に住まわしめ、諸木諸草の実を食っても、マサン（りんご）という果実を食うなと戒めた。しかるにここにアンジヨ（天使）というものがある。人間の前に造られ、常にデウスの左右に侍しているものであるが、その首長ルシヘルは、万徳を具えて自在なることとデウスと同じであったので、己れの徳を誇って、デウスの代りに我を拝せよと勧め、アンジヨの三分の一は彼に従った。そこでデウスはルシヘルをインヘルノ（地獄）に堕し、ルシヘルに従ったアンジヨは、その罪によってチヤボ（天狗）になった。このルシヘルが、人間の女の祖先エワを誘惑したので、エワはデウスの戒を破ってマサンの実を食い、夫にも勧めて食わしめたので、デウスの怒りに触れて極楽世界を追い出され、子孫は病苦死苦を受けるようになった。元来天地の間には、三つのアニマ（精）がある。草木の精は、この世に生じてこの世に枯れ、生死あって感覚なきもの、禽獣《きんじゅう》の精は、感覚あれども現在の生死を限りとして散じ亡ぶものである。しかるに人間の精は、色身《しきしん》（肉体）と共に滅びず、後世に生き残りて、現世の業に従って永劫の苦楽を受ける。善人の行く所をハライソ（天国）と言い、悪人の行く所をインヘルノと言う。他にフルカトリヤ（煉獄《れんごく》）という所があって、基督教に帰依しても修行満足せざるものは、先ずフルカトリヤに行き、軽微なる苦痛を受け、劫数《こうしゅ》（時間）を経てその業因《ごういん》を尽くしたる後に、初めてハライソに生れるのである。人間の祖は、ルシヘルの為に欺かれて子孫に病苦死苦あり、いずれも地獄へ落ちることになったので、大慈大悲のデウスはヨセフを父とし、サンタ・マリアを母として人体を受け給うたのが、即ちゼズ・キリストで、この世に出現して、人間の科《とが》送り（罪の償い）を成就されたのである」

かくの如き教理は、当時の日本人にとりても、極めて浅薄に見えた。従って儒者・仏者の中には、之を以て取るに足らぬ迷信と冷笑した者も少くなかった。さりながら基督教は、たとえその教理は浅薄であっても、信者の熱誠は燃ゆる如くであった。而してこの熱誠は、時を経ると共に排他的となった。基督教が吾国に於て先ず人々の注意を喚起したのは、その教理よりも、寧ろ宗教に対する熱心であった。もっとも当初は彼らと雖もなるべく異を立てぬよう、耳目を聳動《しょうどう》させぬようにしたけれど、すでに確実なる根を国民の間に下ろしてからは、その本来の排他的精神を盛んに発揮し仏教の教理に向って激しき非難を加えたるのみならず、頻りに神社仏閣の破毀《はき》を奨励し始めた。

ここに吾らが本来の排他的精神と言うのは、必ずしも基督教そのものが偏狭であると言うのではない。排他的と言うは直接にはスペイン及びポルトガルに於ける天主教心理を指すのである。史家曰く、スペインの歴史は十字軍の歴史であると。実にスペイン・ポルトガルの両国は、ほとんど八百年の久しき、異教徒に対して死活の戦闘を続け、一切艱難辛苦《かんなんしんく》をその間に嘗めて来た。故に異教徒に対する反感敵意は、吾らの到底想像だも及ばぬほど激烈であった。しかるに当初吾国に基督教を伝えた者は、スペイン及びポルトガルの宣教師であった。而して異教徒を悪魔視する感情が、彼らによって日本の信者にも鼓吹された。

足利の末世より信長の世を終るまで、日本の政治家はいわゆる宗門一揆のために苦しめられた。彼らは信仰の災が、よく無智愚直なる百姓をだに、武士も叶わぬ勇者たらしめ、期せずして百千の衆を、必死の武力団体に駆ることを知っていた。家康自身も、かつて三河の一向宗徒に苦しめられて、甚だ苦き経験を嘗めている。しかるに基督教徒の凝り方は到底一向宗・法華宗の比でない。大友宗麟も、小西行長も、皆な領内の神社仏閣を破壊し、経典を焼き棄て、臣下に迫って強いて洗礼を受けさせている。高山右近の如きも、同じく領内の寺社を破毀し、神主僧侶に甚だしき迫害を加えている。長崎では菅公（菅原道真）の祠《ほこら》を建てんとした時、基督教徒が日夜瓦石《がせき》を投じて、ついに建立を不可能ならしめたこともある。かくの如き排他的狂熱は、一国の為政者を喜ばしむる所以でなかった。しかも不幸にして歴史はスペイン・ポルトガルの基督教伝道が、概ね土地の侵掠《しんりゃく》を伴えることを物語る。徳川氏が基督教に対して警戒したのも、無理ならぬ次第であった。而してこの消極的警戒は、慶長十五年オランダ国王の書を得るに及んで、ついに積極的禁制となり、基督教徒は翌慶長十六年より、峻烈なる迫害を受くるに至った。

オランダ国王の徳川幕府に与えたる書は、日本に対する好意から出たというよりは、寧ろ旧教に対する反抗憎悪の心と貿易上の利害の打算とから出たもので、大略下の意味を述べている。曰く「オランダはシナと貿易を営まんとして、ポルトガル人のために妨げられた。彼らはさらにオランダと日本との通商をも妨ぐるであろう。而してポルトガル人が日蘭の交通を欲せざる理由は、もとポルトガル人は全世界を挙げて自己の領土とする禍心を抱き、伝道師は日本国民を挙げて天主教に帰依せしめ、次いで国を奪わんことを念じているために、オランダの如き新教国が、日本と親善なる関係を結ぶことを欲しないのである」と。而してこのオランダの国書は、徳川幕府の態度を決せしめた。幕府は基督教を以て、必ず将来国の禍をなすべきものと断定した。故に如何なる手段を用いても、之を滅尽《めつじん》せずんば止まざる決心を定めた。

さて当時の政治家が基督教を以て二葉《ふたば》にして切らずんば、斧を用うるの恐れありとして、非常手段を採ったことは之を政治的見地より判断すれば、たとえ決して賢明なる政策でなかったにしても、なおかつ許すべきものであった。さりながら之を基督教徒の側から見れば、これほど無理な話はない。何となれば当時の外国宣教師中には、日本に対して禍心を抱ける者ありしとはいえ、吾が国民にして基督教に帰依せる者の間には、未だかつて特別なる非愛国的行動がなかったのみならず、当時の信者と雖も、決して国民的自尊心を失って外国人の言行を盲目的に崇拝することを為さなかった。彼らは基督教に帰依したが、外国宣教師に対して不遜なる態度を憤慨し、または彼らの品行を議する（批判する）者さえあった。されば彼らは、他国人に盲従して吾国を売ろうというような考えを、毛頭もっていなかった。少くともその証拠がなかった。しかるに徳川幕府は単なる推論または想像によって、彼らの信仰を棄てよと命令したのである。かくの如くにして国家の威力と良心の自由とは、ここに激しき衝突を見るに至った。

匹夫匹婦もその志を奪うことが出来ぬ。国家の威力と雖も、一平民の良心を抑圧することが出来ぬ。日本の基督教徒は、幕府の迫害に対して死を以て争うた。多くの外国宣教師・日本人伝道者は、幕府に捕えられて、磔刑《たつけい》あるいは火刑に処せられた。されどすでに信仰を得たる基督教徒にとりて、これらの悲壮なる殉教者の最後は、いよいよ彼らの精神を感憤せしむるだけであった。十字架上の死は、彼らを畏怖せしむるに足らなかった。火刑の残酷も、なお彼らを畏怖せしむるに足らなかった。ここに於て長崎奉行の如きは、ついに熱湯の惨刑を敢てするに至った。即ち寛永三年より九年にわたりて、島原の中央に聳ゆる温泉嶽の山中に於て、この世からなる地獄の酷刑が行われた。温泉嶽は人も知る如く、山中所々に熱湯湧き、硫黄の気、人の鼻を衝く。熱湯の沸き上るや、高さ四尺五寸に及び、物凄き響をなす。彼らはこの山中に連れ来られて、沸き返る熱湯を注がれ、皮肉やけ爛《ただ》れても、なおその信仰を棄てずして無惨の死を遂げ、屍は熱湯の底に沈められた。ある者は手足を縛り、裸体にせられ、首に大石をくくりつけ、背に硫黄の熱湯を注ぎかけられて絶命した。妙齢《みようれい》の女子も、老い頽《すた》れたる百姓も、かくの如き迫害を甘受して、頑として改宗の命令に服さなかった。長崎奉行の威嚇は、ついに無益の残酷を敢てせるに止まって、何らの効果をも挙げ得なかった。

彼らは堅く死後の世界を信じていた。彼らはインヘルノの苦痛、フルカトリアの呵責《かしやく》に戦慄《せんりつ》した。而して教えの為に身を殺して天主の愛民となることを、至高の幸福と信じたりしが故に、如何なる酷刑も彼らを脅すに足らなかった。彼らはマルチリ（殉教者）たる功徳によって、一切の罪悪を許され、フルカトリアの呵責を受けずに、直ちにハライソに生れ得べしとの教えを信じ、好んで刑死に就いた。されば人々は、進んでマルチリとなったのみでなく、マルチリの遺物までが、霊能あるものとして尊ばれ、マルチリの磔刑に処せられたる柱を削って護符《ごふ》となし、後に価を定めて之を売る者さえあった。

けれども一方に於て徳川幕府の決心はいよいよ堅く、飽くまでも天主教を勦絶《そうぜつ》せずんば止まざらんとし、寛永十二年に至って国内に令して全く海外渡航を禁じ、三本の帆柱を用いることさえ禁じ、同時に例の寺証文や踏絵の法を立て、日本国の如何なる所をも、基督教徒の住み難きようにしてしまった。而してかくの如き幕府の迫害と、信者の反抗とは、ついに島原の乱に於てその極点に達した。

島原の乱は、色々な点に於て日本に於ける戦乱中、最も興味ある研究の対象の一つである。それは決して西洋歴史に多く見る如き純然たる宗教戦争ではない。されど宗教がこの戦乱に於て偉大なる要素となっていることも言うまでもない。

島原の乱の原因の一つは、領主松倉氏の悪政である。松倉氏の誅求は甚だしきものであった。年貢の他に色々な名目を付け、煙草一本《ひともと》につき冥加として葉一枚を取り、茄子一本につき実一つを収め、牛一頭に何程、家屋一軒につき何程と運上を定め、之を出さぬ者は水責《みずぜめ》の苛刑に遇い、また単に納税を怠れる故を以て、四肢を縛して之に蓑《みの》を着せ火を放ちてその苦悶する様を蓑踊りと名づけて興ずる有様であった。

天草四郎

しかるに島原の人民には、基督教徒が頗る多かった。彼らは精神的には幕府の為に虐《しいた》げられ、物質的には領主の為に虐げられ、次第に不平の気を高めて来た。かかる時に当りて、端《はし》なくも時の将軍家が奇病に罹《かか》ったという風説が伝わった。こはもとより根も葉もなき流言であったが、彼らが目して以て聖教の敵となし、涜神《とくしん》者の巨魁《きょかい》となせる将軍が天刑の悪病に罹ったという風説は、彼らに向って非常なる力を与えた。加うるにこの頃より、最後審判の日が目前に迫れりという信仰が、基督教徒の間に湧いて来た。寛永十四年には、先ず肥前・肥後に耶蘇再来、最後審判が始まるべく来年には九州全部、三年の後には日本全国悉く最後の審判を受くるであろう。神はこの事を貝殻に記して、天草大矢野に下したということが、彼らの堅き信仰となった。

而して島原の乱をしてさらに戯曲的ならしめたる最後の機縁は、実に美少年益田四郎時貞その人である。けだし寛永年間は男色の最も盛んなりし時代にして、従って少年の身体美が、ほとんど完全に達したる時であった。時貞の父は小西行長の祐筆であったが、基督教に帰依して、小西家滅亡後は島原長崎辺りを巡回伝道していた。時貞は幼より神童の名ありて、五歳の時に書きたる書を、幅物《ふくもの》に仕立てて珍重する人があったくらいであった。寛永十四年には年十六歳、美貌世に類なく、挙止《きよし》典雅を極め、非常に信者の心を惹いた。而して誰言うとなく、「いまより二十五年前、天草上津浦《こうつうら》のバテレンがこの島を放逐される時、いまより二十六年後にこの地に一人の神童が生れる、之は天の使《つかい》である」と言い置いたが、益田四郎こそは、バテレンの予言した少年であろうということになった。

かくの如くにして島原の乱は、寛永十四年十月十五日、夜中に有馬村にて一揆の起りしより始まり、翌十五年二月二十八日、一揆の立て籠れる原城の全く落城するまで五ヶ月百三十余日にわたった。彼らは半島の険要と聞こえたる原城を修築し、村々の飯米を取り入れ、城中に百姓住家の建築を終え、五百挺の銃砲と、七箱の弾丸と、二十五箱の火薬とを用意し、戦闘に堪えうる壮丁二万三千、老幼婦女合せて三万、天下の兵を引き受けて、潔く天主の為に戦った。彼らは五ヶ月にわたる長籠城にも二心を生ずる者なく、糧食尽きて草を食い、草尽きて人の屍体を食い、弾薬尽きて木石を投じ、一身赤裸に至るまで健闘を続けた。されどこの悲壮なる健闘も、ついに十余万の包囲に遭い、力全く尽きて落城の止むなきに至り、梟首《きょうしゅ》せられたる者二万百五十に及び、ここに耶蘇宗門一揆は全滅した。

而してその後幕府の厳酷なる切支丹禁制は、ついに少くとも日本国の表面からは、基督教の跡を絶たしむるに至った。殉教者の血を流した者も決して二十七、八万を下らぬ。武士はその君主より、改宗と死との一を択べと強いられて、甘んじて死に就いた。百姓はその信仰に忠ならんとして、悦んで十字架にかかった。処女は一切の誘惑に打ち克ちて、教祖のために花の如き命を棄てた。彼らは唯だ天に生るるを望む以外に、何ら濁れる心をもっていなかった。されば日本の基督教は、外面的に亡びたけれど、精神的に生命を得た。実に彼らの堅信と誠実と献身とは、その熱烈と純潔とに於て、世界の基督教史上に比類少きものであった。

さて徳川幕府は、単に基督教に対してのみならず、一切の西洋文明に対して堅く日本の門戸を閉じた。かくして吾らは、四海環海の国に住みながら、航海術が異常に発達したる近世の初頭から、ほとんど全く海外との交通を絶ち、世界の歴史と交渉なき孤島的生活に入った。まことに不可思議の運命である。

第二十二章　徳川時代の社会及び国家

吾らはここに徳川時代の日本の社会について、簡単に説明を試みようと思う。そは独り日本と言わず、世界に於てほとんど類例を見ざる特殊のものにして、研究の対象として極めて興味あるのみならず、その本質を理解し置くことは、現代日本を正しく知る上に欠くべからざる準備となる。

吾らは先ず徳川時代に於ける皇室の地位から述べる。足利時代に於て、日本国民の尊皇心が甚だしく衰えたこと、並びに戦国時代の末期から尊皇心が復興し始めたこと、而して信長及び秀吉の両雄が、心を皇室に傾けたことは、すでに述べたる通りである。徳川家康は、国民が再び皇室の神聖を意識し始めたるに対し、もとより之を抑止し、または之に背馳《はいち》する如き愚を敢てしなかった。彼は足利将軍が皇室を無視せるに反し、努めて皇室に尊敬の念を示そうとした。彼は皇室の収入を増し、宮廷を修理し、朝廷の儀式を復興し、只管《ひたすら》その尊厳を加えることに心を用いた。

けれども家康の皇室に加えんとしたる尊厳は、宗教的尊厳であって断じて政治的尊厳ではなかった。日本の天皇は「天神にして皇帝」たることは、すでに繰り返し之を述べた。即ち天皇は国民の宗教的対象であると同時に、国家の統治者である。しかるに家康は、天皇の宗教的尊厳を高めることによって、新たに台頭し来れたる国民の尊皇心に満足を与えつつ他面一切の政権を皇室より自家の掌裡《しょうり》に収め、天皇を以て「皇帝」にはあらで単なる「天神」たらしめた。彼は皇居を守護するという美名の下に、最も信頼するに足る軍隊を京都に駐屯せしめ、厳に天皇の行動を監視せしめた。彼は皇族の一人を上野輪王寺《うえのりんのうじ》の座主として江戸に招じ奉り、之を以て京都朝廷の人質とした。而して如何なる大名も、徳川氏の許可なくして宮廷に奉伺《ほうし》することを厳禁した。かくして天皇は、九重《ここのえ》の雲深く閉ざされたる、神秘にして高貴なるものとせられ、皇居は文字通りに「禁裏《きんり》」となった。

天皇の周囲には「公家」と呼ばれたる宮廷貴族の一階級があった。彼らは皇室に密接なる関係を有する故を以て、日本国民中に於て最高の社会的地位を与えられ、徳川氏はたとえ豊かではなかったとしても、少くとも彼らの生活を保証し、戦国末期に甚だしき窮乏から彼らを救い上げたので、彼らの多くは徳川氏を徳とした。さりながら、徳川氏は全然政治的権力を彼らから取り去った。彼らはもともと平安朝時代に日本の政治を行える貴族の後裔であり、かつ京都宮廷には、唐代の制度を学べる官制が、そのままに名目だけは残って居り、宮廷貴族は相変らずそれらの官職に任命せられて、あるいは大臣となり、あるいは納言ともなったのであるが、それらの諸官は、徳川時代の実際政治と全く没交渉なる空名《くうめい》に過ぎなかった。

彼らは平安朝時代の官制のみならず、その文化をも継承しようと努めた。世は徳川時代となっても、彼らは唐代文明を基調とせる数世紀以前の平安朝文明、その芸術、その詩歌、その服装、その礼儀を保守した。シナの硯学辜鴻銘《ここうめい》翁は「人もし唐代文明の如何なるものなるかを知らんと欲すれば宜しく日本に来るべし。そはシナに於て失われて、却って日本に於て護持せられたり」と言っているが、唐代文明を長く日本に護持し得たのは、これらの京都貴族ありしが故である。

社会的には公家の下にあるけれど、政治的に最高の勢力を揮ったのは、言うまでもなく武士である。徳川将軍は武士の最高位に居り、大名がその次に位し、その他の武士は、あるいは将軍に直属し、あるいは大名に分属していた。大名の総数は二百六十余にして、自己の領土内に於ては一個の専制君主であり、かつ領土の大小を問わず皆な独立対等なりしが故に、日本はあたかも天皇の認知の下に、徳川氏を盟主と仰げる二百六十余国より成る連邦の観があった。さなきだに大ならざる日本を、二百六十余に分割したのであるから、当時の大名の領土なるものは、約二十の大諸侯を除けば、大は数郡、小は半郡にも及ばない。故に大名は一面に於て王者としての権力を有していたが、他面に於ては一個の大地主たるに過ぎなかった。彼らは徳川家康の制定せる武家諸法度により私に婚姻を通ずること、新たに城郭を構えること、命を待たずして兵を隣国に出だすことを禁ぜられた。彼らはその妻子を江戸に置き、一年は領地に居り、一年は江戸に居るように定められた。彼らのうち、苟くも幕府の法度に触れた者は、容赦なく削封または転封を命ぜられ、嗣子《しし》なき時は、その家は断たれた。彼らの領土は、最も巧みに配置せられ、互に他を控制するように仕組まれていた。かくして徳川氏は、見事に諸侯を抑制したので、二百五十年の久しき、一諸侯の叛する者さえなかった。

さて幕府は如何なる政治組織によって天下を治めたか。先ず中央官制を述ぶれば幕府大政の出づる所を「用部屋」と名づけ、大老・老中・若年寄がここに会して政務を執った。之に次いで寺社・町・勘定の三奉行がある。寺社奉行は、主として寺社に関する一切の事務を取り締り、かつ関八州（関東地方・徳川領）以外に於ける私領の事件で、領主の添書ある訴訟を受理裁断する。町奉行は、専ら江戸市内の行政・司法・警察などの事務を司り、武家を除き、江戸市民の全体を管する。勘定奉行は、勝手方及び公事方《くじかた》の二部に分れ、勝手方は主として財政事務を取り扱い、公事方は公領即ち幕府の直轄地及び関八州に於ける私領の事件にして、奉行・領主らの添書ある訴訟を受理裁断する。

而して奉行相合《あいがつ》して「評定所」を組織し、交渉事件及び重大なる訴訟を取り扱う。その他に、大目付及び目付がある。大目付は老中の耳目となって、大名及び老中以下の諸役人を監察し、目付は若年寄の耳目となって、旗本及び武士を監察する。以上の諸職中、用部屋の三職及び寺社奉行は譜代大名、その他は概ね旗本が之に任ぜられ、各職に皆な部下の官吏ありて、中央政府を組織したのである。但し大老はその人を得なければ之を闕《か》くこと、あたかも平安朝時代の太政大臣の如くであった。

幕府は強者の権を以て天下を取りしものなるが故に、何時にても天下の逆矛を揚げて襲い来るものを待ち設けねばならぬ。されば、幕府は戦陣の間に生れて、休戦の中に終始せるものである。故に政庁は、武人によって組織せられ、一朝有事の日には悉く兵となるのである。而して将軍は全軍の将となり、老中・若年寄は大名、旗本の兵を督し、大目付・目付は監軍の職に従った。また平時には五番方《ごばんかた》と呼べる大番・書院番・小姓組番・新番・小十人組ありて、将軍の親衛として江戸城を警護し、かつ書院番は駿府、大番は二条・大阪などの在番をも務めた。

地方官制には、京都に所司代及び二条城在番あり、大阪・駿府に城代あり、甲府には勤番支配ありて、警護に任じ、兼ねて政務を執った。また京都・大阪には、江戸と同じく町奉行あり、伏見・堺・奈良・山田・長崎・日光・佐渡・浦賀・下田などの枢要なる地にも、それぞれ奉行を置き、その他の直轄地には郡代・代官などを置いて地方の民政に当らしめた。

徳川時代の封建制度は、地方開発の上に至大の貢献をなした。けだし当時の大名は、吾らが述ぶるが如き種々なる理由によって、富国の策に腐心せざるを得なかった。大名は、領地の民を奨励し、鼓舞し、指揮し、命令して、物産の繁殖を図った。けれどもかくの如き干渉は、行政官として人民の産業に干渉せるにあらで、実は大地主として小作人を指揮したのである。それ今日の政府の如く、唯だ法律と官権とによって民業を発達せしめんとせるにあらず、往々自ら資本家となってその事業に従った。これ彼らの事業が概して成功せる所以である。而して諸侯をしてかくの如く国利民福を図るに至らしめたる原因は、一は儒教精神の勃興、他は経済的事情である。

鎌倉時代は、仏教が政治と密接せる時代であったとすれば、徳川時代は実に儒教と政治との最も密接せる時代であった。幕府の政治は、儒教主義を以てその根本とせるもので、孔孟の真精神が、初めて美事《みごと》に実現せられたのは、実に日本に於ける徳川治下の封建時代に於てであった。即ち君主は民の父母なりという思想は、初めて大名の信仰となり、大名たるものは、民の衣食をして足らざることなからしめ、孝悌忠信（孝行と真心）の道を教うべきものであるという思想が行われて、有為なる大名は皆なこの主義を実行せんとした。而して一番に明君賢相起って国政を改革し、立派な治績を挙ぐれば、他藩もまた之と治績を競わんとするに至り、一個の善良なる藩制は、諸藩の模範となって天下に弘まった。

この精神的原因と相並んで、さらに物質上の原因がある。それは大名の財政が困難なりしことである。大名の経済を難儀ならしめたる第一の原因は、参勤交代の制度である。今日の如き交通の便利なる時代とは違い、遠隔の地より多くの供揃《ともぞろえ》を整えて、江戸に隔年に出て来るということは、あたかも隔年の小規模の戦陣に出征するようなもので、経済上の打撃は言うまでもない。かつ諸大名が江戸に屋敷を三つも四つももっていて、そこに多勢の家来が何ら生産的の仕事をせずに住んでいるということは、あたかも大名が数百人または数千人の家来を抱えて、江戸の旅館に逗留《とうりゅう》している有様であるから、費用の嵩むのは当然である。而して他方に於ては、大名同士の交際に綺羅《きら》を競い、他家より立派なる饗応に預れば、己が邸にても之に応酬し、太平の進むと共に奢侈も進み、稀器《きき》珍宝を買い入れ、日常の生活を贅沢にして、夥しく国財を費耗するので、よほど財政を整理するに非ずんば、到底一藩を維持することが困難であった。加うるに泰平すでに久しと雖も、戦国の余勢を受けて割拠の勢いなお依然たるものがあり、各藩の立国の方針は徹底せる軍国主義なりしが故に、一切の必需品を自己の領内に於て生産せんとする自給自足の策を採っていた。これが領内の産業を発展せしむる上に於て非常なる力があったのである。

かくの如くにして当時の有為なる大名は、消極的には屡々その臣民の生活に干渉して、勤倹貯蓄《きんけん》を励行せしめた。而して積極的には植林によって水源を涵養《かんよう》し、並木を作りて飛砂《ひさ》を防ぎ、橋梁を架し道路を改築して交通を便にし、堤防を作り、水路を開き、溜池を作りて灌漑《かんがい》運輸を便にし、あるいは他国の物産を移植し、国産の改良を奨励するなど、汲々《きゅうきゅう》として富国の策に努めた。

徳川時代の政治に於て注意すべき他の一面は、町村に於ける自治体の発達である。徳川時代を通じて平民の保障となり、武断政治の間にありて平民の肩を安めたるものは、実にこの自治体の制度であった。即ち町には町年寄・名主などあり、村には名主または庄屋・組頭・百姓代などありて、奉行・代官の支配の下に、町村一切の事務を処理した。これらの町村役人は、官吏よりも人民に近きを以て、事ある時は概ね人民の味方となった。彼らは世々同一町村に住めるを以て、町村に対する同情が厚かった。彼らは嫉妬競争の少なき地位にありしを以て、功を喜ぶが如き風なかった。而して彼らは地方の長老として道徳的に尊敬されたが、官吏風を帯びざる故に、親しみ易きものがあった。

また五人組という制度があった。それは町では家並数軒、村では最寄数軒を以て一小団を形成し、組合員互に相《あい》保護し、相検察し、公私の事件に関しては連帯責任を負うことになっていた。而してそのうち一人を選んで組頭となし、之を組合の長としたのである。この五人組は、その由来頗る遠く、大宝令の中にすでに五条の制ありて、五家相頼り相保ちて、一には治安を図り、一には風俗を厚くすることに努めた。この制度は後代に至りてあるいは全く廃絶し、あるいはその形を変じて持続せる地方もあったが、徳川時代に入りて復興せられ、公領と私領との別なくほぼその趣を一にして、ほとんど全国的に行われた。

かくて徳川時代の前半に於ける一般良民は、百姓町人の名の下に、社会的には最下層に置かれ、政治的には何らの発言権をも与えられなかったに拘らず、その生活の安全だけは、前代未聞に保証された。

徳川時代に於ける日本の社会生活は、保守主義を以てその基調としていた。京都貴族が、平安朝時代の文明を大切に守ろうとしていたことは、すでに述べた通りであるが、武士もまた鎌倉時代及び室町時代の理想をそのままに奉じようと努めた。総て新奇なるものを斥け、何事も先祖の遺風に違背しまいというのが、正しい武士の心懸けと思われていた。

この保守的傾向は、一つは徳川幕府の奨励によるが、また一つは海外との交通を絶たれた為である。日本国民は外来文明に対して甚だ敏感なるが故に、新しき文物思想に接触する毎に、次から次へと之を取り入れようとする。ゆっくり考えて取捨選択せずに、一応は何も彼も採用してみる傾向がある。もし徳川幕府が鎖国政策を採らなかったならば、日本国民は必ずや西洋文明を片っ端から採用したことであろう。しかるに海外との交通が厳禁された結果、新しい思想や文明の伝来が止まったので、国民は落ち着いて従来から在ったものを咀嚼《そしやく》し玩味《がんみ》するようになった。儒教及びシナ文明が、真に吾が国民に玩味されたのも徳川時代のことである。そは儒教の伝統を尚ぶ精神、並びに忠孝を力説するその教義が、当時の如き主従関係によって組織されたる社会制度をいつまでも維持して行く上に、最も適当なものと考えられたので、徳川幕府が盛んに之を奨励したからである。儒教及びシナ文明が、真個に日本国民に咀嚼されるようになったのは、徳川幕府の鎖国政策に負えるものとも言い得るであろう。

第二十三章　徳川初期の文化

安土桃山時代に於て、日本六十余州の、隅から隅まで充実磅礴《ほうはく》せる国民の元気は、関ヶ原の一戦、天下の形勢を定めて、覇権徳川氏の掌裡に収められ、久しきにわたれる戦雲漸く晴れて、封建制度の基礎、もはや動かし難くなった後に於ても、なおその旺《さか》んなる飛躍を止めなかった。さりながらこの元気はいまや之を戦陣の間に発揮することが出来ない。もし徳川氏が世界に向って国を鎖《とざ》すことなく、豊太閤の精神を以て積極的政策を樹立遂行したならば、国民の気力は恐らく海外に向って旺向邁往《おうこうまいおう》したであろう。されど徳川氏は、種々なる理由の下に消極的方針を採れる為に、国民衝天《しょうてん》の意気は、一面に於て日本国内に於ける平和的事業の発展に伸び、他面に於ては一種変則なる豪侠・伝奇・冒険の気風となって現われた。

この気風は、国民のある者を動かして、国禁を破る密商たらしめた。――船を出しやらば夜深《よぶか》に出しやれ、帆影見るさえ気にかかる――かく歌いつつ、これら大胆冒険なる船乗りは、大きくもあらぬ船に乗り、南方に向って航路を進めた。彼らは時として南シナの沿岸を襲う海賊となり、時としては南洋に寄港して貿易商となり、巨富を掴んで密かに故郷の港に帰った。

彼らのある者は、江戸市中を横行し、旗本国侍を睥睨《へいげい》して平民の為に万丈の気焔を吐ける男達《おとこだて》と

なり、弱きに与し、強きを挫《くじ》く豪侠の精神を誇示した。彼らの一人（山中源左衛門）歌って曰く、

わんざくれ、踏ん張るべいか、今日ばかり
　明日は鴉《からす》が、かっ囓《か》じるべい

と。彼らの意気は一世を呑み、彼らの眼中には王侯がない。総じて彼らは、一旦の憤怒に身を殺し、睚眦《がいさい》の怨《うらみ》も必ず報いずば止まぬ命知らずの輩であった。

仇討並びに刺客の流行も、また抑えられたる元気の止み難き迸《ほとばし》りである。世は早朝の伊賀越に、魚貫《ぎよかん》（行列）して来れる敵人を待ち受けて、見事に仕留めたる壮士（荒木又右衛門）の胆を讃美した。子は父の仇を、妻は夫の仇を追うて、一切の伝奇的なる艱難と戦いつつ、生涯をこの為に捧げるを厭わなかった。さりながら之を以て簡単に孝行または貞節の行為と見るは、その全真相を明らかにする所以でない。そはもとより孝心貞節の発現ではあるが、彼らの孝行貞節をして、かくの如き形式を取らしめたるものは、実に刀刃に火花を散らしたる鋭気の余勢である。

平和の間に忠義を尽くすには、余りに覇気争気に満ちたる武士は、忠義の大切なるは百も弁えながら、而して主君の為に常に身命を抛《なげう》つべき機会を求めて居りながら、時としては主君の処置が気に喰わぬとて、雀の餌ほどの禄貰って何するものぞと、直ちに袂の塵を払って去った。而して何事よりも忠義を尚べる世人が、之を見てさらに異とせざりしのみならず、却ってその富貴を物ともせぬ無計算の心事に共鳴を感じた。ある者はまた一夕《いつせき》の情の為に、その禄を棄て、その体面を棄て、而して生命そのものを棄てて、屡々いわゆる心中沙汰に及んだ。而してかくの如き所行すら、一般世人から、武士にあるまじき恥辱として非難せらるるよりは、寧ろその伝奇的一面を美しきものと謳われた。彼らの心――元亀天正《げんきてんしよう》（戦国時代と安土桃山時代）以来極度に緊張し来れる冒険敢為

の精神を承け継げる彼らの心は、無為に生き、無為に死するに堪えなかった。市に養えば狼もついに狗《いぬ》となる。が、狗となるまでには年月を要する。実に徳川氏の初期数十年は、未だ狗となり了せざる狼が、その野生を発揮せる時代であった。

しからば他の一面は如何。国民の意気は如何なる方向に向って順調に伸びたか。

戦国の混沌が、善かれ悪かれ徳川氏の政治的巨腕に統一せられて、ここに新しき太平を現じたる以上、この新しき世帯の切り盛りは、当然総ての階級の者が希望を以て努力すべき好事業であった。政治家はその心を新しき経綸に用い、商人はその心を新しき営利に用い、学者はその心を新しき研究に用いた。それは総て希望に満ちたる時代、物皆な新奇なる時代であった。多くの偉人は、かつて戦争に用いた気力を、いまや平和なる事業の為に用いた。

京都の商人角倉了以は、早くすでに慶長年間に於て、大堰《おおい》川を開削して保津《ほづ》・嵯峨間の水路を通じ、富士川・天竜川を開いて甲・駿・信三国の運漕を通じた。永田茂右衛門は正保慶安《しょうほう》年間に、水戸侯の為に常陸辰の口の堰を作った。河村瑞軒は貞享《じょうきょう》元禄年間に、奥羽の米穀を江戸に輸漕する大設計を画策し、また安倍川を改修して大阪の水害を収めた。同じく元禄年間に、筑前の宮崎文太夫は、『農業全書』十巻を著わして、農業改良の急務を知らしめた。駿東郡の名主大庭源之丞は、元禄十一年、箱根湖水を駿河国駿東郡に疏するの工事を成就した。

独占と秘密とを尚べる封建時代に於て、他国の産業を看破するため、あたかも敵地に忍び入りし間者の危険を犯す商人もあった。例えば豊後七島筵《しちとうむしろ》の如き、大分の一商人が、寛文年間に於て三百里の海上を越えて琉球より輸入したものである。彼は暴風怒濤の険を冒して琉球に赴いたが、土民は種苗《しゆびよう》を分つことを拒んだので、密かに竹竿の内に藺苗《いびよう》を隠して持ち帰った。しかるにその苗は栽培に熟せざりし為に空しく枯れた。彼は再び琉球に航した。而してついにその志を遂げた。七島筵はこの大胆冒険なる商人によって豊後の名産となるに至った。

光る虫のみ夜飛び出すものでない。彼らの他、その名こそ青史に残らざれ、忍耐・勤勉・勇敢なりし多くの無名の偉人が、その英気を、同様の事業に用いたのも決して少くないに相違ない。ある者は海岸に植林して飛砂を防ぎ、之が為に荒涼の沙漠《さばく》を万頃《ばんけい》の美田と化した。ある者は神竜棲《す》むと恐れられたる池沼に魚を放ちて、一村一郷の為に図った。何々新田という名称は、総てこれら村里の英雄の残せる事蹟を物語るものである。

また国民の気力は、知識界に於て現われた。槍先を以て功名を取る時代が終局を告げると共に、最も著しく人心を刺激したものは学問の功名であった。第一に儒学がこの気運に励まされて俄然として興起した。織田信長が足利義昭を奉じて京都に上り、三好・松永の徒を倒した時に、文学に志ある者は申し出でよと榜《たてふだ》を立てた頃までは、学問はほとんど貴族僧侶の閑事業であり、特志なる武士の戦陣の合間々々に於ける修養に過ぎなかった。天文年間に、江村専斎は京都に於て、山科殿より辛うじて四書の素読を学び、非常なる手柄として嘆喜していた。しかるに徳川時代に入りて、儒学の驚くべき勃興は、まさに九十の春光、百花の爛漫たらしむるの姿となった。実に江戸時代に於て、最も気魄あり、創意あり、自信ある儒学者は、戦国武士の気力、なお未だ銷磨し去らざる前百年の間に出現した。而して之と共に最も注意すべき新現象は、学問が公家と僧侶との手より解放せらるるに至ったことである。もと日本の学問は、当初は貴族階級の手にあり、中世以後は僧侶の手に入り、久しくこれら両階級の独占するところとなっていたが、戦国革新の元気、一切の階級を震撼し、ここに初めて僧侶にして仏教を非とする惺窩《せいか》先生の如きを生じ、博士の職にあらずして経書を講ぜる羅山先生の如きを出し、ここに貴族と僧侶とは、久しく握れる文権を維持し難きに至ったのである。

独り儒学のみでない。人心は、知識の一切の方面に向って、駟馬《しば》の馳せるが如く馳せた。国学者吉川惟足《きっかわこれたる》は、神道を以て初めて組織的神学たらしめた。関孝和は、その関流算法の創唱によって、日本の文明に偉大なる貢献をなした。幕府の天文方渋川春海は、新しき星数十を発見した。平民詩たる俳句はまた幾多の偉材によって発展せしめられた。近松の院本《いんぽん》（浄瑠璃本）・西鶴の小説は、日本文学史上に比類なき作品を寄与した。人心に潜める総ての要素は、悉くこの時代に於て盛んなる活動を始めた。

加うるに明朝の滅亡は、この新時代の人心に、偉大なる刺戟を与えた。満人が漢人を駆逐したる結果は、多数の漢人即ち明朝の遺民を吾国に帰化せしめて、精神的並びに物質的方面に少からぬ影響を及ぼした。新時代の国民は、新しき経営に要する資料を、不思議にも亡びたる隣邦より提供された。

かくの如く徳川初期の百年は、実に気力ある時代であった。国民の知性が覚醒せる時代であった。一切の方面に於て新しき試みが行われし新興の時代であった。さりながら、そは今日のアメリカがしかる如く、主として表面外形の整頓・発展・拡張に忙しき時代であった。表面の華やかなるに似ず、内面の貧寒なる時代であった。一言にして尽くせば現世的欲望の極めて旺盛溌剌たりしに似ず、未来に関し、永遠に関し、人生に関する宗教的信仰を欠ける時代であった。

戦国末期より徳川初期にわたりて、天主教が燎原の火の如き勢いを以て国内に拡まったのは、旧き仏教によってその信仰を満足せられざりし人心に、大なる刺戟を与えたことが、その根本の原因となっている。しかるに徳川氏は、政治的理由の下に天主教を厳禁し、かつ仏教を以て一個の政治的方便となした。之と共にさなきだに微力なりし仏教は、さらにその精神的感化を減じ、さなきだに甚だしかりし腐敗は、さらに激しきを加うるに至った。上は門閥と富とに傲れる高僧より、下は田舎寺の坊主に至るまで、宗教家の生命たる伝道の精神を失った。宏大なる寺院の中に、花の如き恋童《れんどう》が蓄えられ、怪しむべき女子が、住持《じゅうじ》の母親分または物縫いの名の下に、到る所の寺中に蓄えられた。帰化僧隠元《いんげん》らによって一時勢いを得たりし禅学の如きも、不幸にして大勢を如何ともし難かった。極端なる唯心論に立脚せるこの信仰は、ややもすれば徒らに天地を笑倒して、人生を塵芥《じんかい》視する晋人清談の流《りゅう》に堕し去るが故に、当時の如き時代にふさわしき宗教ではなかった。要するに仏教は、徳川氏の保護の下に悲しむべき堕落を遂げた。

しかるに国民は仏教に代るべき如何なる宗教をも有していなかった。神道は、その本質に於て高貴なる信仰を教ゆるものであるが、当時に於ては畢竟一個の習慣または風習となり、その本来の至深なる意義が発揮されなかった。儒教は、宗教的一面を具えてはいたがその高調されたのは主として実践道徳の方面で、事天の一面は閑却されていた。少くともこの一面を高調して、国民の宗教的要求を満足せしめんと努めたる宗教的儒者を出ださなかった。かくの如くにして当時の国民には宗教がなかった。

宗教なき民が、目前の快楽を以て人生の目的とすることは、最も平凡なる事実である。為すべき偉大なる事業を有し、働かすべき充実せる気力を有する間は、宗教なくしてもなおその生活を有益ならしめるに難くない。時代の物質的進歩は、多くこの種の人才によって成就されるを常とする。徳川初期に於ては、到る所にこの種の人才を有せしが故に、一面に於て吾らが前に述べたる如き進歩を遂げた。けれども総ての国民が悉く英雄ではない。太平は宗教なき国民を腐敗堕落の路に導いた。

而して最も多く逸楽の誘惑を受けたるは、身に一定の職業なく、しかも世禄《せいろく》（世襲の家禄）に飽きたる武士であった。彼らの多くは早くも市に養われて狗となれる狼であった。就中高等なる階級は、全く勇武なる気象を失いて、惰弱無能なる木偶《でく》となった。もと徳川氏は、北条氏の源氏に於けるに懲り、また三管領の足利氏に於けるに懲り、権臣専横の弊を防がんが為に老中月番の法を定め、一人をして長く枢要の地に居らしめざるの制度を採ったが、一利一害は何事にも免れ難く、この制度は成程《なるほど》権臣専横の弊を矯《た》めることは出来たろうが、之が為に老中らは一時を苟且《かりそめ》して互に責任を避け、鋭意政務に当る者少なき悪風を生ずるに至った。加うるに老中・若年寄となれる大名は、旗本を用いて己れの属官となすことが出来ないので、各々その親臣を用いて政治を執った為に、旗本の地位は非常に妙なものとなり、君家の政治は他人に取り扱われ、己れは之に関せざるが如き姿となり、ために政治的訓練を経るの機会を失いて、経綸の方面に於て無能力者となった。而して京都の公家は、太平の進むに連れ、その政治上に失える勢力を、幾分か社交の上に恢復し、優柔なる風儀を以て武士を感化するようになり、斬取《きりと》り強盗を物の数とも思わざりし武士の子孫が、いまや公家の風に倣って、廻り遠き礼式を尚ぶに至った。

創業の将軍を助けて天下の経営に与《あずか》りし英雄の子孫が、いまや僅かに坊主の助けを藉りて殿中に彷徨する馬鹿殿様たらんとし、主君をして大胆なる冒険を四海に賭せしめんと謀れる策士の子孫が、いまや彼方此方《あちこち》に奔走して、些細なる礼式を聞き合わするを以て大事の仕事と心得る属吏となった。前髪の美少年は君側《くんそく》に寵せられ、参勤交代の武士は宿場宿場の赤前垂《あかまえだれ》（遊女）に戯れ、旗本の武士が風呂湯女《ゆな》に魂を奪われ、堂々たる国主が山谷（遊郭）通いに浮名を流し、金銀を鏤《ちりば》めたる美事の

花魁（おいらん）

腰の物も、中味は秋霜烈日の業物《わざもの》にあらで、帯びて軽い鯨骨と代えられるに至った。

　国民の信仰を指導すべき僧侶は、その祖師の遺戒を破って無惨の生活を営み、社会の最上級を占むる武士は、獣欲の子となれる時代に於て、その他の人民が独り高潔なる生活を送り得る道理が無い。商人は家蔵を白壁にし、絹布の不断着《ふだんぎ》を纏《まと》い、多くの者に諂《へつら》われて無為豪奢の生活を営んだ。而して遊郭と劇場とは、人民の情欲に油を注ぎ、平民の婦女は芝居の女形を学び、その髪を娼妓《しょうぎ》に倣って結んだ。而してかくの如き風尚は、驚くべき勢いを以て進んで行った。西鶴述べて曰く「古代は縁付（結婚）の首途には、親里の別れを悲しみ、泪に袖を浸しけるに、今時の娘さかしくなりて、仲人をもどかしがり……これ四十年あとまでは、女子十八、九までは竹馬に乗りて門に遊び、男の子も定って廿五にて元服せしにかくもせわしく変る世や」と。しかり、四十年の間に世はせわしく変った。

　要するに徳川初期は、元気と希望とに充ちたる時代であった。されど国民的生活の根底となるべき雄大深遠なる思想信仰を欠きたる時代であった。之が為に当代の文化は、光明と暗黒と相並び、而して暗黒が次第に光明を征服せんとする傾向を示していた。吾らはこの点に於て、仏教を根本信仰とせる鎌倉時代と江戸時代との間に、大なる相違を認むるものである。

第二十四章　徳川時代の思想界に於ける新精神

日本文学史または思想史を討究して吾らが第一に気付くことは、吾国のいわゆる「学問」が、甚だしく伝襲的性質を帯びたりし一事である。上代に於て学問並びに芸術が初めて伝来せられたる当時の日本の社会制度は、学問芸術を以て一個の世襲的職業たらしめたが、この傾向は氏族制度廃せられたる後に於ても、不思議に吾国の思想界を支配し、鎌倉以後に於てさらに甚だしきを加えた。例えば之を儒学について見よ。菅原・清原・大江の諸家が、中古以来相継いで世襲の家学となし、鎌倉以降、仏教と融化せる宋学が伝来するに及んで、五山《ござん》の僧侶がさらに之を自家の専業の如く取り扱って来た。または之を和歌・国文について見よ。いわゆる堂上《とうしょう》歌学の伝統が、俊成《しゅんぜい》・定家以来確立せられ、二条・冷泉《れいぜい》両家の相承《そうしょう》争いとなり、口授《くじゅ》秘伝と言うが如き妄誕《ぼうたん》なる伝承が、不当に尊ばれるようになった。而してその結果として、師範家を離れて学問なき状態を生じ、学問と言えば即ち貴族と僧侶の特権なるが如くなった。

しかるに戦国の際に及んで、革新の元気は総ての階級を震撼し、社会の圧制は社会の構造と共に破れ、学問に於けるこの伝襲的性質も、また打破せらるるに至った。而してかくの如き改革の機運を促した原因のうち、最も重要なりしは、実に武人の好学そのものであった。

鎌倉以降、武人は実に日本精神の相続者・護持者であった。彼らは宮廷貴族に代りて、皇国本来の魂を長養した。彼らは死生の間に出入して、真剣にその人格を鍛え上げた。而してその厳粛なる人生の経験を基礎として築きたる武士道は、摯実深刻なる宗教であり道徳であった。もとより武士の精神も時代によって消長強弱があった。しかれども戦国兵乱に及んで、彼らの剣が研がれると共に、彼らの心もまた光を求めて来た。而して心の光を増すために、真率《しんそつ》なる態度を以て学問を始めた。あたかもこの時に当り、五山衰頽《すいたい》して僧侶の生活に窮する者多かりしを以て、好学の武士はこれら僧侶を自己の領内に聘《へい》し、五山僧房の裡に枯槁《ここう》せんとする学問を新たなる土壌に移植して、再び若々しい芽を吹き出させた。げに当時の諸侯にして大志ある者は今川・毛利・後北条・武田・上杉の諸氏をはじめとし、皆な学僧に就いて儒学を学んだ。而してその学ぶや、従来の貴族や僧侶の遊戯的・商売的なるに似ず、実に自己の生命の為に学び、内心至深の要求から学んだ。

而してかくの如き機運は、徳川家康が惺窩・羅山の両儒を顧問として、儒教中心の文教的政治を立つるに及んで大成された。この事実——学問を階級と伝襲とより解放せる事実は、特筆すべき文明史上の重大事件である。

この事実は種々なる方面に影響を及ぼしたがここに極めて吾人の注意を惹く一事は、徳川幕府に於ける政治家は、真実の政治家たる資格として、必ず哲学並びに史学を修めねばならぬと考えていたことである。吾人は之を吾国今日の政治家と対比して、その甚だしき懸隔《けんかく》に驚く。今日に於て哲学・史学は、ほとんど政治家の顧眄《こべん》だもせざるところ、時としては嘲笑の的とさえするところである。しかるに徳川時代にありては、一国政務の局に当る程の者は、必ず儒教によって確乎たる世界観及び人生観を学び、史学を修めて治乱興亡の跡を諳《そらん》じたる人であった。儒教哲学が果して国家の生命を進展向上せしむるに至適の思想なりや否やは、ここに吾らの論ぜんとするところでない。唯だ徳川時代の政治家が、経史の二学、之を今日の言葉で言えば哲学と史学とを修め、以て政治に最も必要なる社会現象に対する総合的判断を下すに足るの素養を作らんとせることは、最も勝れたる心懸けと言うを憚らぬ。プラトンは二千年の昔に於て、政治家は哲学者ならざるべからずと道破した。而してこの言は徳川時代の政治家によって多少実現されていた。

いまや社会現象は異常に複雑を極めつつある。判断の材料は余りに多きを加えた。部分的の批評家は、到底之に対して正当なる判断を下すに堪えぬ。よくこれら一切の現象を総合して、誤らざる判断を下し得る者は、実に哲学者でなければならぬ。故に今日の政治家は、もし真に国家の生命を正しく発展せしめんとすれば、同時に哲学者でなければならぬ。吾人はこの点に関し、今日の吾国の政治家に対して満腔《まんこう》の不満と不服とを抱くものである。

如上の影響は、学問解放の実践的方面に及ぼせるものであるが、学問そのものは之によって如何なる影響を受けたか。曰く、思想界に於ける自由討究の精神が喚起せられたこと、これその最も根本的なる影響である。

この自由討究の結果として、儒教の各派が競い起った。藤原惺窩がひとたび朱子派の旗を挙げてより、和して之に応ずる者に林羅山・吉田素庵・石川丈山・堀杏庵《きょうあん》・松永尺五《せきご》・那波活所《なわかつしょ》らがある。次いで中江藤樹が近江に起り、熊沢蕃山の大才之を輔《たす》け、王陽明の説を唱えた。山崎闇斎は土佐に起り、最も極端なる朱子学を唱え、佐藤直方・浅見絅斎《けいさい》らが之に和した。かくの如きはまさに文教盛運の春、百花繚乱の美観ではあるが、之よりもさらに重大なる学問界の一現象は、実に吾国に於て新たなる学問が初めて起ったことである。ここに新たなる学問と言うは、決して研究の対象及び範囲が新しいのではない。対象並びに範囲は旧学問と同一であるけれど、新しき精神、換言すれば日本国民の独立せる精神を以て、新しき研究が始まったのである。新学問とは何ぞ、曰く古学である。而してこの新学問たる古学は、儒教及び国文学の両方面に起った。吾らは先ず儒教の方面より之を述べよう。

儒教に於ける古学の創唱者、もしくは代表者は、伊藤仁斎である。彼の前に山鹿素行がすでに彼と同一精神を以て儒教を研究し、ほとんど彼と同一の思想を発表したが、時代的に古学を代表せる者は実に仁斎その人である。

彼は当時の官学として道学（道徳を説く学問、すなわち儒学）の正統を以て居れる朱子学に反抗し、同時に江西の学（中江藤樹の学問）として漸く士人の間に勢力を有し来れる王学（陽明学）に反抗した。彼は仏老（シャカと老子）の影響を受けて哲学的・主理的に傾き、自己中心の工夫、持敬良知《じけいりょうち》の徳を重んじたる朱学並びに王学を以て孔孟本来の精神を伝うるものに非ずとし主意的・実行的なる儒教の真面目を発揮せんとした。彼は論語孟子の二書に拠って、道徳の根本は仁義であることを力説し、仁義は宋学に説かるる如き性の名――即ち理の属性として吾らの理性の対象たるもの――に非ずして、生活の上に実現せらるべき徳の名であると主張した。彼は朱学・王学がややもすれば寂静《じゃくじょう》主義・独善主義の弊に陥らんとするを以て、仏老の余弊を受けたるものとなし、これ実に孔孟の精神に反いて、活きたる道徳を死物化するものと難じ、真の道徳の理想は溌剌たる仁義の実行に他ならずと説いた。而してかくの如き道徳的理想の帰趨として、宋学の理気二元論に反対し、宇宙の本体を活動的なる気の一元を以て説いた。即ち前者の形而上学の主理的なるに対して、彼の形而上学は明白に主意的である。而して彼のいわゆる気とは、宇宙の根本生命たる「生きたるエーテル Ether Vivant」とも名づくべきものにして、宇宙の一切の現象は、この一気の永遠不滅の活動であり、その活動が即ち道徳の実現であり、その実現が即ち善であると説いた。まことに彼の思想は、その活動的・積極的なる点に於て、元禄時代の進取的精神を代表している。彼の学風は、当時の儒者中に於て最も独創的なるものであった。

　而して仁斎によって開かれたるこの新機運を継ぎ、さらに一生面を開いたのが荻生徂徠である。彼は同じ儒学の流れに出でたが仁斎の学風の純道学的なりしに対して、文学的なるをその特質とした。彼の古学の根本思想は、古語明らかならずば古書明らかならずという一句に尽きている。彼に従えば、シナ最古の古典たる五経は、文学的には文辞の根源にして古文辞の最も純なるもの、道学的には儒学の淵源にして孔孟の思想の基づくところである。道徳とは五経に現われたる先王の道である。そは先王が天下を治める道、即ち礼楽《れいがく》・刑制そのものである。道徳を以て自然の道となし専ら個人の心に帰するは、決して儒教の本義でない。道徳は自然の道ではなく、国家を治め、文化を高めんが為に、先王が作為せるものである。故に、この点から言えば、政治を外にして道徳はない。後代の学者、総じて道徳を誤解するは、真に五経を領会し得ないからである。而して五経を真に領会する為には、古語・古文辞を領会しなければならぬ。而して彼はこの主義よりして、吾国に於てかつて有せざりしシナ文献学の道を拓いた。

　徂徠及び仁斎の学風は、次第に勢力を加え、彼らの没後も、長く東西の学風を風靡し、ほとんど天下の学を一新せんとする勢いがあった。しかるに寛政元年、松平楽翁（定信）が異学の禁を発するに及び、儒学は全く朱子派官学の掌中に帰し、古学の生命たりし自由研究の精神は全く衰えてしまった。さりながらこれは必ずしも寛政異学の禁が惹起した災厄《さいやく》ではない。実は仁斎及び徂徠には多数の門弟ありしに拘らず、師の没後には、両派ともその思想学説に於て、何ら新生面を開けるものなく、概ね継承祖述を事とした。故に近世儒学史の大局より見れば、惺窩・羅山の朱学に勃興し、藤樹・蕃山の王学によってさらにその勢いを加えたる儒教発達の殿《しんがり》となったのが、仁斎・徂徠の古学であって、之を名残として儒教に於ける新運動は跡を絶ったのである。

純然たる儒学者にも非ず、また吾らが次に述べんとする国学者にも非ざれど、徳川時代の思想界に於て、決して看過すべからざる一個の偉大なる頭脳は、新井白石その人である。

新井白石は初め詩才を以て鳴り、次いで六代将軍家宣《いえのぶ》に知られて政治家として現われた。彼は李空同の再生なりと呼ばれ、五山の詩風を一変して盛唐の門を開ける先達《せんだつ》なりと言われた。彼は実に「シナ人の詩」らしき漢詩を作ることに於て、当時の日本に比肩する者なき技量を有していた。さりながら彼の性格は決して詩人ではなかった。而して彼の志もまた詩賦《しふ》に存しなかった。彼は巧妙なる造花匠が、花を造りて真花に彷彿せしむる如く、漢詩を詠じて漢人の詩に酷似《こくじ》せしめたるに過ぎぬ。もとよりその才能の非凡なるを示してはいるが、彼の性格は真実の詩人の生命たるべき情熱を有しなかった。

彼は自ら経綸の才を以て任じ、国家に益するを期していた。而して幸いに家宣の信頼を受けて、短き期間ではあるが、その才を実地に用いることが出来た。彼は政治上の総ての方面に注意を払い、何事に対しても一家の意見を有し、事《つか》うる所に忠実、謀る所は時弊に適していた。彼はその勤勉・迅速・而して精密なる点に於て、日本歴史に於て稀に見る偉大なる官吏であった。即ち彼の為せるところは、乾燥なる立法的の事業にして、政治家と言わんよりも寧ろ優秀なる事務家であった。

白石の真の偉大は、詩人としてに非ず、政治家としてに非ず、実に一個の学者としてである。しかり一個の史学者としてである。彼は恐らくは日本が初めて生みたる科学的歴史家である。彼は史学的天才として、徳川時代の第一者である。彼は日本在来の史家が、未だかつてその使用する資料に対して疑問を抱かざりしに反して、先ずその史的研究を資料の真偽を確むることから始めた。例えば水戸派の史家を見よ。彼らは唯だ六国史によって日本上代の歴史を編せんとし、その中に記されたる記事は、互に矛盾せざる限り之を事実として信受している。しかるに白石は、国史の資料の確否を質《ただ》すために、シナの書に現われたる日本の記事を参照し、之によって上代史の真面目を知らんとした。彼はさらに言語の研究が歴史の研究に欠くべからざるを思い、一々日本語の来歴を研究した。彼はまたさらに上代の遺物の研究の必要を認めて、之が為に精力を用いた。まことに彼は比較歴史学と、言語学と、而して考古学とを基礎として、その上に歴史的研究を試みたるものにして、その雋鋭《せんえい》なる批評的精神は、今日の史学者と雖も之に過ぐることが出来ぬ。彼は徳川時代思想史に於て、特殊の地位を占むる偉大なる学者である。

さて、国文学の方面に於て新学の機運を代表せる者は契沖《けいちゅう》である。彼は儒学に於ける新学の代表者たる伊藤仁斎に後るること十四年に生れ、仁斎に先だつこと四年、荻生徂徠三十六歳の時に死んだ。

契沖の学は日本古典の言語学的研究である。彼の研究の結果は、主著『万葉代匠記』をはじめ、古今集・伊勢物語・百人一首などの註釈、及び『和字正濫鈔《わじしょうらんしょう》』の著作となって現われた。彼は『万葉集』の研究を、その全学問の中心とした。従来の歌学者は、万葉を以て和歌の神秘なる聖典と考え、その研究の如きは末代後学の企及《ききゅう》すべからざるところとしていた。しかるに契沖は、古語の真相、古書の真意義を闡明せんとする、自由にして根本的なる知識的要求から、万葉に向って最初の言語学的研究を試み、以て古書・古語の根本の意義を明らかにせんとした。

契沖の学は、その帰納的なる点に於て、従ってその科学的なる点に於て、徳川思想界に於て特殊の意義を有するものである。試みに之を伊藤仁斎の学と比較せよ。仁斎が孔孟の本源を溯って儒教の本義を明らかにしようとした精神は、当時の儒教界にありて稀有の独創的なものであったけれど、その事実として現われた結果より判断すれば、彼の学問は、在るがままの孔孟の本義を闡明するよりは、寧ろ彼自身が研究し、思索し、感得せる観念または理想を、論孟（論語と孟子）の古書によって主張したるものである。故にその学問は主観的・演繹《えんえき》的・道学的・哲学的である。しかるに契沖の学は、専ら事実の精細なる研究を根底として、その裡に潜む根本義を知るにあった。この客観的・帰納的なる点に於て、契沖の学問は、その主題とするところが最も古きものなりしに拘らず、真個の意味に於て新学であった。

儒学に於ける新運動は、徂徠の古文辞学を殿として、早くもその発展を止めたことは、すでに述べたる如くである。之に反して契沖に起れる国文学上の新運動は、先ず荷田春満《かだのあずままろ》によって最初の継承者を得た。

けれども純科学的なりし古学は、春満に至って、俄然として国家的色彩を伴って来た。彼の学問の本領は、日本上代の文明を明《あき》らめ、日本国家の学を建設せんとするに存し、之が為に書を時の将軍徳川吉宗に上《たてまつ》って、国学校の創立を請うた。彼は儒仏思想の浸潤によって、神皇の教え、陵夷《りょうい》廃壊したりと嘆き、

　ふみわけよ大和にはあらぬ唐鳥の
　　跡を見るのみ人の道かは

と詠じて、徂徠らのシナ崇拝に反抗した。彼はいわゆる古道を闡明するを以て国学の本旨となし、

之が為に古語及び古書を研究するの必要を説いた。彼は契沖によって国語研究の思想を鼓吹せられ、シナ古文明を高調せる徂徠学の影響を受けて、日本古文明の発揮を力説し、その強大なる国家的自覚によってこれら両観念を結び、ここに国学の概念を定めたのである。

而して彼によってその基礎を置かれたる国学は、彼の弟子賀茂真淵《かものまぶち》によって、具体的の建設を見た。真淵は一面に於ては、契沖に始まり、春満によって発展せしめられたる万葉研究を大成した。彼はただに万葉を研究せるのみならず、万葉歌人の如く感じ、万葉歌人の如く歌わんと努めた。彼は「古えの心を知るには、自ら古えの歌文を作りて、古えの心を心とせざるべからず」となし、もし古えを己が心・言葉に習わし得る時は「身こそ後の世にあれ、心・言葉は上《かみ》つ代にかえらざらめや」と言い、「古えの歌をもて古えの心・言葉を知り、それを推して古えの世の有様を知るべし」とした。即ち彼は他面に於て、古書を通じて古文明を知るという春満の精神を発展せしめ、『万葉集』によって古道を明らかにすることに努めた。彼はかくの如くにして、簡易自然なる上代の人情風俗を見、質実剛健なる上代の精神を見た。而して上代日本に対する熱心なる嘆美と崇敬とを抱き始めた。この国民的自尊は、必然儒者の中華至上主義に対する反抗となり、ひいては熱烈なる排仏排儒となって現われた。

かくの如き古学的運動の機運を受け、之を集大成せるものは実に本居宣長である。宣長は、ただに国文学の文学的並びに語学的研究に於て、契沖以来の国学者の事業を補充したるのみならず、その古道説に於て、実に吾国の神道に新しき道を拓けるものである。吾人は彼の夥しき著作のうち、殊に重大なる価値のある『古事記伝』を主とし、その他二、三の著書によりて、古道の根本思想を下に紹介しよう。

宣長に従えば、古道とは天地万国を一貫せる真個の道である。この道は、思索作為の結果に成れる道理や道徳でなく、吾国の古典に伝えられし上代の「事実」に他ならぬ。それは吾国にのみ正しく伝わり、外国ではすでに之を失っている。それは『古事記』と『日本書紀』の二書、就中『古事記』によって正しく伝えられし自然の道である。この自然の道、さながらの事実ということが、古道と儒仏の教えとの根本的相異である。不幸にして従来古道は、仏教や儒教の道理に曲解せられ附会せられ、利用せられ、その真面目を蔽われて来た。故に真に古道を知らんと欲せば、先ず「第一に漢意儒意を清く濯《そそ》ぎ去りて、大和魂を堅くする」ことが肝要である。

宣長曰く「天地は一枚なれば、皇国も漢国も天竺も、その余の国々も、皆な同一天地の内にして、皇国の天地、漢国の天地、天竺の天地と別々にあるものでない。さればその天地の始まりは、万国の天地の始まりである。しかれば、古事記・日本紀に記されたる天地の始まりのさまは、万国の天地の始まりのさまである。しかればその時になり出給える天之御中主神《あめのみなかぬしのかみ》以下の神たちは万国の神たち、日神は万国を照し給う日神に他ならぬ。しかるにもしこの神たちを、唯だ日本のみの神とする時は、天地の始まりもまた日本のみの天地の始まり、日神も日本のみの日神にして、異国の天地日月は別のものとなって来る。されど、天地日月が国によって異なる如きことは有り得べき道理でない」と。

高天原を支配し、今日に至るまで宇宙万物に無限の恩恵を与えている天照大神の皇孫が「宝祚《ほうそ》の隆なること、当《まさ》に天壌と共に窮まり無かるべし」との神勅を受けて君臨し給えるところ、即ち日本国である。故に日本が万国の元本大宗たる国である。これ神代の伝説が、この国のみに正しく伝えられし所以、皇統の一系連綿たる所以、外国の凌辱《りょうじょく》を受けざる所以である。しかるを近世の儒者などが、只管唐土《ひたすらもろこし》をほめ尊んで、何事も彼国をのみ勝れたように言い、却って吾国を見下すが如きは、非常なる心得違いの沙汰である。

契沖に始まれる国文学上の復古運動は、かくの如くにして、熱誠かつ極端なる忠君愛国の思想を生んだ。この思想がついに種々なる政治上の因縁と相結んで、将軍政治の没落、王政復古を実現する動機となれることは言うまでもない。されどかくの如き尊皇愛国の思想は、必ずしも国学者だけの所有ではなかった。就中尊皇思想に至っては、朱子学派の儒者の主張が、最も大なる感化を国民に及ぼした。

けだし朱子学には二つの傾向がある。一は学問は須らく堅苦すべしという致知格物《ちちかくぶつ》を専らとする傾向、他は大義名分を明らかにするという傾向で、前者は『朱子文集』に現われたる精神、後者は『通鑑綱目《つがんこうもく》』に現われたる精神である。この大義名分論が、吾国に於て尊皇思想を明らかにしたということは、極めて自然の結果である。而してその最も代表的なりしはいわゆる垂加派である。同派の一人竹内式部の如きは、宝暦七年、門人の公卿に送った奉公心得書に於て、実に下の言をなしている。

「夫れ大君は、上古伊弉諾尊《いざなぎのみこと》天日を請受け、天照大神を生み給ひ、此国の君とし給ひしより、天地海山より治まりて、民の衣食住不足なく、人の人たる道も明らかになれり。譬へば今床の下に物の生ぜざるにて見れば、天日の光り及ばぬ処には、一向草木さへ生ぜぬ。然れば凡そ万物天日の御蔭を蒙らざるものなければ、その御子孫の大君は君なり、父なり、天なり、地なれば、此国に生きとし生けるもの、人間は勿論、鳥獣草木に至るまで、みな此君を敬ひ尊とび、各品物《ひんぶつ》の才能を尽くして御用に立て、二心なく奉公し奉ることとなり」

これらの思想は、一方外国との接触によりて喚起せられたる国民的自覚と相結び、ここに尊皇攘夷の政治的運動として現われ、ついに大化革新・武門政治の創立と相並ぶべき、偉大なる改革を生むに至った。

第二十五章　徳川時代に於ける泰西文明の摂取

「支那は宇内《うだい》最大の邦たり。而も其の驕矜《きょうきょう》なるはまことに之れ大疵《たいし》なり。其の外国を痛斥して歯《よわい》して人と為さざること、本邦の政俗を評して其の驕誣《きょうし》を極むるに観て灼然たり。本邦風習の懿《い》なる、支那に度越す。惟だ中古以還支那と交通するが故に、驕の一失未だ少しく汚染する所たるを改めず。痛悛《つうしゅん》せざる可からざるなり」——これ実に天保年間に於て、日本の先覚古賀侗庵《とうあん》が、その著『海防臆測』の中に述べたるところである。日本本来の精神は、決して他国文明を蔑視し、自ら固陋《ころう》に甘んずるが如きものでない。日本はその歴史の始めより、他国の長を採りて之を用いざるを得ざる地位にあった。吾らの祖先には謙遜にしてしかも偉大なる精神を以て、海外の学問・海外の文明を自己の生命に摂取せんと努めて来た。しかるに寛永年間、徳川家光が鎖国を以て国家の政策として以来、日本の輿論は漸く矜高自負に傾かんとした。井底の蛙《かわず》が大海を知らざる如く、門戸を外国に閉ざせる国民が自ら高傲排他の傾向を生ずるは異とするに足らぬ。されば識見一代に卓絶せる新井白石の如きすら、なおかつ吾国は万事に於て自給自足し、毫も供給を他国に仰ぐの要なしと信じていた。かくの如きは、古賀侗庵の言の如く、シナの感化も多少はあったろうが、最も由来するところは、実に徳川氏の鎖国政策そのものに存する。

さりながら、柳はついに緑（自然の理）ならざるを得ぬ。シナ文明の精華たる儒教を摂取せる精神、インド文明の精華たる仏教を摂取せる精神は、まさに世界を支配せんとする泰西《たいせい》（西洋）の新しき文明に対しても、また決して風する馬牛ではなかった。見よ寛永鎖国以前に於て、西洋文明と接触してより僅々半世紀の間に、吾らの祖先は早くすでに造船術を学び、土工を学び、鉄砲の製作を学び、城郭の建築を学び、木綿を植え、煙草を吸い、割烹を学び、衣服の縫方《ぬいかた》を学んでいる。彼らは屏風に世界地図を描かしめ、葱南蛮・鴨南蛮、天麩羅などの西洋料理を賞味し、天主教の僧服に倣って雨合羽を着用し、ローマ字の印をさえ作っている。徳川氏の政策は、国民をしてこの文明と隔絶せしめんとした。されど一切の新しきもの、一切の事実、一切の不可思議を知了せんとする日本精神に対して、滔々として入り来る文明の潮流を、人為の堤防を以て防止するが如きは、到底不可能の事に属する。鎖国三百年の間に於て、九州の一角長崎は、霊犀《れいさい》一点（互いの心が通じあうことのたとえ）、脈々たる文明の潮流が、吾国に通ずる関門となった。医学も天文学も理化学も兵法も、この狭き関門より吾国に流れ込んだ。嗚呼、吾らの祖先は頭に異様の髷《まげ》を結びながら、面小手を着けて剣術に心身を鍛えながら、沢庵と梅干と麦飯とに満足しながら、かつてヨーロッパ人と面接したることとさえなく、もとより足は一歩も外国の地を踏むことなくして、けれどもよくニュートンの思うところを思い、トレミー（天動説を唱えたプトレマイオス）の心を解し、ガリレオの知識を吾がものとしたのである。

明治維新に際して、聖帝畏くも天地神明に誓わせ給う、広く知識を世界に求むべしと。さりながらこれ決して一時の御発奮に出でさせ給えるものでない。そは大和民族本来の精神が、多年の不自然なる束縛を破却して、炳乎として如実の面目を発揮せるものに他ならぬ。いま吾らは、大和民族の精神的偉大を明瞭ならしめんが為に、他国の文明に対する日本の態度と、之に対する隣邦シナの態度とを比較する。

　シナが仏教によりて代表せらるるインド文明と接したるは、記録に存するところによれば東漢（後漢）明帝の時である。而して漢人の中に真の仏教信者を出だしたるは渡来以後二世紀を経たる晋代であり、全く漢人を風靡したのはさらに二、三世紀を経たる唐代であった。けれども仏教は、ついにその真実の根を漢人種に下ろすことなかりしが故に、今日に於ては、真に仏教の名に値する仏教の跡を絶つに至った。あるいは魏晋より唐代にわたる大小乗仏典の漢訳を見て、漢人のインド文明を領会すること十分なりしを主張するかも知れぬ。さりながら世界文学史上の一驚異なるシナに於ける仏典翻訳の事業は、功を漢人に帰すべきものに非ずして、多くはシナに渡来せるインド人またはインド文明をシナに将来せる西域人の手に成れることを知らねばならぬ。翻って之を吾国の歴史に見よ。吾らが初めて仏教と接触せるは、同じく史籍に載するところによれば欽明帝第十三年である。而して爾後僅々半世紀にして、早くすでに仏教の生命を体得し、仏典の註釈をさえ著わしたる聖徳太子を出だした。さらに一世紀ならずして国家の元首自ら三宝の奴を以て称し、国費を以て仏寺を全国に建立し、純乎たる大和民族の間より幾多の名僧知識を出だし、鎌倉時代に於ては完全に日本仏教を建立し、仏教に包容せられたる異種の思想信仰をして、その至醇の発展を遂げしめた。

　次に之を西洋の文明について見よ。吾らがまさに述べんとする如く、大和民族の精神は鎖国の時代に於てさえ、その眼をこの新来の文明に閉ずることをしなかった。しかるにシナに於ては、実に元代に於て早くも西洋文明と接触し、その後東西の往来必ずしも繁《しげ》からずと雖も、一断一続、ついに全く絶つに至らずして今日に及び、殊に十六世紀初頭以来、不断に之と接触しながら、けれどもついに之を採用摂取するに至らなかった。けだし近代欧州文明が、初めてシナに入りたるは、明の武宗正徳年間（西暦一五〇六―一五二一年）に、ポルトガル人が初めてシナに来り、舟山《しゅうざん》・寧波・泉州などに貿易したる時、並びにオランダ人がマラッカに拠り、使臣を明朝に遣わして方物を献じたる時にして、ポルトガル人が日本の南島（種子島）を訪《と》いしより二十年以前のことに属する。爾来ヨーロッパ人のシナに来航する者、年々その数を加え、澳門（マカオ）・香港・上海には多数の白人が居を構え、新旧基督教の宣教師は十八省到る所に伝道を試みた。しかるに現前これら白人の生活を目睹《もくと》しながら、シナ人は之によって何らの感激を受くることなく、何らの刺戟を蒙ることなく、頑然として自国の風習を固守し、軒を並べて住む白人より、ほとんど何ものをも学ぶところなかった。

明の万暦九年（西暦一五八一年）イタリア人利瑪竇（マテオ・リッチ）、天主教伝道師としていまの広東省の地に来り、同二十年、初めて京師に到って士大夫と交わるに及んで、明人は漸く天文地理の学に注意し、次いでスペイン人艾儒略（ジウリオ・アレニ）、『職方外記』を著わすに及んで、その眼を世界の形勢に開かれ、ポルトガル人の手によりて暦法を改正するに至った。而して清朝に及んでも、康熙《こうき》・乾隆《けんりゅう》の諸帝は宣教師を優遇して、天文・地理・科学に関する著作に従事せしめ、あるいは欧人をして大砲を鋳《い》させ、あるいは之に就きて兵術を学ばしめた。かくの如く漢人は、五百年来欧人と接触し、その文明を用いたりしに拘らず、不思議にも漢人自ら西洋文明を理解し、之を民族の生命に摂取することをしなかった。シナには西洋の事情を知るべき多くの著書がある。また歴史・伝記・科学・宗教に関する多数の訳書がある。けれどもそれらほとんど全部は、インド仏典の場合と同じく、実にシナ人自身の努力にならずして、欧米人の手になれるものである。

欧米の基督教宣教師は、初めより最も心をシナの欧化に労して来た。彼らは之が為に驚嘆すべき努力を続けて来た。けれども西洋文明がシナの門戸を叩くこと、かくの如く切なるものありしに拘らず、シナはついに西洋文明をその心の底に徹せしむること出来なかった。

而して他国の文化に対して驚くべき遅鈍なるシナも、阿片戦争（西暦一八三九―一八四二年）によりて英国の為に撃破せられ、さらに英仏を敵として同じく大敗し（西暦一八五六―一八六〇年のアロー号事件）、かつ長髪賊（太平天国）の征討に際し、洋式訓練を自国の軍隊に施していわゆる常勝軍（清人と西洋人の混成部隊）を形成し得たるを見ては、さすがに西洋文明に対して従来の如く無頓着なるを改めざるを得なくなった。之に於て「夷の長技を師として夷を制すべし」と考える者も現われ、曽国藩《そうこくはん》・李鴻章《りこうしよう》の如き明敏なる政治家が、盛んに西学振興を主唱するに至った。かくして西暦一八六三年、李鴻章の奏議によりて上海の同文館（現在の北京大学）の設立を見、シナ人が初めて外国の言語文章を学ぶようになり、一八七二年には留学生を海外に派遣し、さらに欧米の工芸を興し、欧米の制度研究に着手するに至った。さりながら満州朝廷（清朝）の大多数は、度々の実物教訓を見せつけられてさえなおかつ頑然として西洋文明を蔑視し、李鴻章らの進歩主義は、不断に彼らの妨害を受けざるを得なかった。されば折角の文明政策も、畢竟皮相なる欧米の模倣に止まり、日清戦争によって遺憾なくその弱点を暴露した。満州朝廷の保守党は、自国の敗北を憂うるよりは、寧ろ密かに李鴻章の文明政治の失敗を喜んだ。彼らは之を以て欧米に倣うことの無益なるを唱えた。彼らは自己の保守主義によりて李鴻章の政策を不具ならしめながら、その不具の為に李鴻章の事業の失敗に帰せるを見て、却って激しき非難を李鴻章に加えた。吾らは唯だその度し難き頑愚《がんぐ》に驚くのみである。されば一九〇〇年、山東の拳匪《けんぴ》が「扶清《ふしん》」「滅洋」「仇教《きゆうきよう》」の三標語を掲げ、世界の大勢に抗して攘夷の断行を試みんとせる時に於て、無謀にも満州朝廷は公然拳匪即ち義和団の忠義を称揚し、事実に於て世界の列強に宣戦せる形となり、もし吾国が国家存立の根本要件としてシナ保全主義を確持し、かつこの主義の為に戦うに足る有力精鋭なる陸海の軍備なかりせば、シナはついに白人の為に分割の悲運を免れなかったことと信ずる。

不断に新たなる対立を摂取し統一していくところに生命の発展がある。耳に逆う諫言を摂取するところに、君主としての生命の向上がある。新来の文化と戦って之を克服し、之を統一するところに、一国文明の登高がある。漢人種は、大和民族が東海の島嶼になお未だ原始的生活を営みつつありし時に於て、すでに今日の中華民国をして顔色なからしむる哲学・文学を有し、今日なおかつ甘美を加うること能わざる宮室・衣服を有していた。しかるに彼らは、余りに早く完全なる自己の文明を有したりしが故に、異種の文明と接触して之を統一し、之を克服し、之を摂取することに努めなかった。故にシナ文明は、生命発展の原則に従って、ついに停滞退化を免れなかった。而してシナ文明の真精神は、却ってその弟子たりし大和民族の生命に於て、最も美しく護持されて来た。吾らの祖先は、旧を捨つることなくして新を抱擁する偉大なる精神によりて、シナ及びインドを自己の生命に摂取し、ここにアジア文明を表現する日本文明を建設した。而して三百年以前に至って、全く在来の文化とその面目を異にせる西洋文明と接触した。而して一切の不便・一切の困難と戦いつつ、この新来の文明を吾がものにせんと肝胆を砕いた。徳川時代に於ける日本西学史は、実に吾が国民が、如何に真理を思慕すること篤きか、異邦文明の摂取に於て、如何に卓越せる天賦《てんぷ》を具えているかを物語る。この天賦は、之をシナの国民性と比較する時に、最も明らかに知り得るが故に、吾らはいま、漢人種の西洋文明に対する態度を叙述した。吾らは進んで吾らの祖先の戦える真理の為の戦いを述べねばならぬ。この戦いの跡を顧みる時、吾らは大和民族が、かつてシナ並びにインド文明を完全に統一せる如く、早晩西欧文明を摂取して、之を国民的生命の繊維となし、世界文明を表現すべき大日本文明が、必ず成就せらるべしとの自信と歓喜とに勇み立つものである。

従来異邦文明が吾国に渡来せる時は、朝廷または政府先ず之を採用し、在上（天皇）の権威・貴族の勢力を以て、之を一般国民に勧奨し普及せしむるを例とした。シナ文明の場合に於て左様であり、インド文明の場合に於て左様であった。しかるに欧州文明の初めて吾国に伝来せられし時には、全く前両者の場合とその事情を異にし、僅少なる民間の識者が、鹿の渓水を慕うが如き知識欲より、甚だしき困難と戦いつつ之が摂取に努めたので、政府即ち徳川幕府は、ただに之を奨励せざるのみならず、堅くその講書を禁じ、後にその禁を緩うせる時に於ても、厳にそれら洋学者を監視していた。されど欧州の知識が、有為なる学者によって、次第に応用せられ、その利益少なからざるを見るに至って、幕府もついに公然と之に許可せざるを得なくなった。即ち欧州文明は、下民間より上政府を覚醒して、之を国民的生活に摂取せしめたものである。

西洋文明・西洋学術が、明治維新以来、吾国に於て、驚嘆すべき速度と手際とを以て採用せられたのは、偉大なる歴史によって薫育《くんいく》せられたる国民精神の力によることは勿論であるが、その手近き素地としては、徳川幕府の中葉以来、僅少なれど不屈不撓《ふくつふとう》なる新学研究者が、苦心惨憺《さんたん》して新文化の研鑽に努め来りし事実を挙げねばならぬ。

さて天主教の剿絶《そうぜつ》に急なりし徳川幕府は、三代将軍家光の時、寛永年間に至りて、天主教を奉ずる一切の西洋諸国と交通を絶ち、加うるに、一切の洋書原本並びに漢訳洋書の輸入までも厳禁し、宝永七年に禁輪書籍を列記せる、いわゆる「御禁書」を発布するに至った。この間にありて独りオランダのみは、渡海御免という除外例の下に、長崎に於て交通貿易を許され、その有力者即ち甲比丹（カピタン、オランダ商館長の称）は、毎春江戸に上り、将軍に拝謁して産物を献上するを恒例とし、之を「公方様阿蘭陀御覧」と呼んだ。而して西洋文明の光は、僅かにこの間隙より、縷《る》の如く微かに吾国に入り込んだ。即ち蘭船が長崎に入港する時は、幕吏が之を取り調べねばならぬ。従って通訳官としていわゆる通事なる者を置いた。この通事も、蘭書を読むことは禁じられていたけれど、一応蘭語を解しかつ常に蘭人と接触している以上、多かれ少なかれ西洋の事情に通じていたに相違ない。あるいは密かに洋書を繙いた者もあったであろう。而して四代将軍の寛文十二年には、蘭人が世界地図を将軍に献上し、天和三年には水戸宰相が地球儀を伊勢神宮に奉献し、元禄四年には安井算哲が自製の天地儀・地球儀を同じく伊勢神宮に奉献したという事実がある。長崎のオランダ通事西川如見《じょけん》は元禄年間に『華夷通商考』及び『四十二国人物図説』の二書を著わし、朧気《おぼろげ》ながら世界の大勢や各国の風俗を叙説している。また六代将軍の宝永五年、薩摩の屋久島にシドッチというローマ人が、日本宣教の目的を以て渡来したので、これを江戸に送致し、小石川の切支丹屋敷に禁錮した。このシドッチ糺問《きゅうもん》の任に当ったのが新井白石であって、白石はこのシドッチに就きて聞き得たる事柄を書き取りて、『西洋紀聞《せいようきぶん》』及び『采覧異言《さいらんいげん》』を著わした。

シドッチ将来の聖母像

かくの如く西洋の事情並びに知識は、寛永鎖国以来細々ながら伝えられていたが、八代将軍吉宗に至って、非常なる英断を以て洋書の禁を緩にした。吉宗が将軍になったのは享保元年であるが、その翌年長崎から来たカピタンに命じて、西洋の音楽を奏せしめた。従来はいわゆる公方様阿蘭陀御覧と唱えて、あたかも見世物の取り扱いであったが、吉宗はただに音楽を聴いたのみならず、時々西洋の事情を報告すべきことを命じた。吉宗はまたペルシア産の馬を蘭人に託して前後二十七頭も取り寄せ、そのうち若干は種馬として奥州南部に下し、蘭人ケーズルリングを江戸に召して馬術を教習せしめた。また西洋の薬草を取り寄せて、小石川の薬園即ち現在の植物園に植え付けたり、房州（安房）嶺岡に白牛（インド産）を飼って、牛酪《ぎゅうらく》（バター）を製造させたり、硝子《ガラス》の製造や、更紗《さらさ》の染め方を研究させたりした。

吉宗が禁書を解くに至りし動機は、天文学即ち暦学の研究にあったということは、学者の異存なきところである。けだし吉宗は、農は立国の基であると信じていた。従って春夏秋冬、種蒔より稲刈に至るまで、民に授くるに時《さだ》を以てするは、政府の責任であって、もし間違いがあっては天下に対して済まぬことと考えた。しかるに従来の暦は、この点に於て不精確なるを免れないので、吉宗は之が改正に心懸け、旗本建部彦次郎賢弘の推挙により、中根丈右衛門元圭《げんけい》を召してこの事を図らせた。元圭は、本邦暦学の不精確なる所以を述べ、是非とも西洋暦学を参考にする必要あることを論じ、之が為には洋書の禁を緩にせねばならぬと建言したので、吉宗も、しからば切支丹宗門以外の書籍を解禁するということになった。これは享保五年のことで、寛永禁制（鎖国）以後九十年を経ている。

しかるにこの頃江戸八丁堀に、青木文蔵、名は敦書《あつぶみ》、号は昆陽《こんよう》という学者がいた。日本橋魚河岸の魚問屋の子と生れながら天性《てんせい》学を好んで、京都に上って名高き伊藤東涯の堀川塾に学び、最も心を政治経済の学に注ぎ、江戸に帰りて塾を開いて生徒を教えていたが、時の名奉行大岡越前守忠相《ただすけ》に知られ、その推挙によりて幕府の役人となった。この時青木は大岡の手を経て甘藷《かんしょ》の培養法を述べたる『蕃藷考《ばんしょこう》』一篇を吉宗に上《たてまつ》った。吉宗は大いに青木の意見に推服し、直ちに薩摩より甘藷を取り寄せて、之を小石川薬園に培養し、かつ官費を以て『蕃藷考』を出版せしむるに至った。爾来甘藷の栽培は、日本全国に急激に広まり、所としてこれなきは無きに至り、江戸の人皆な青木を称して「いも先生」と呼ぶようになった。かかる次第で青木は大いに大岡に愛せられ、その周旋で将軍家の御書物蔵の書籍を読むことを許されたが、蔵書の中に蘭書を発見して、如何にもして之を読みたいものだということを、常に人に話していた。しかるに一方吉宗は暦学研究の為に蘭人に命じて取り寄せたオランダの天文書を見て、その図の精密微細なるに驚き、もし之を読み得たならば、必ずや啓発するところ多かろうと言っていた。そこで左右の者が青木のことを申し上げると、しからば文蔵に命じて蘭語を読ませよという御沙汰になった。これ実に享保元年のことである。

青木は将軍の命を蒙り、先ず年々長崎より上府するカピタンの宿所に赴き、通事を介して蘭人から蘭語を習い始めた。されどカピタンの江戸滞在日数が短いので、さらに長崎に赴いて、漸く五、六百の単語を覚えて帰った。青木の長崎に赴くや、オランダ通事は、青木に向って「自分らは代々通事の役を勤めているが、文字を読むことを禁ぜられ、唯だ暗記の言葉のみで通弁するだけであるから、蘭人に欺かるることありても之を糺明することが出来ぬ。もし自分らにも蘭書を読むことを許されるならば以来万事につけて事情明白となり、御用弁よろしかるべきこと疑いなければ、この事について宜しく周旋を頼む」という話であったので、青木が帰ってから将軍に申し上げ、長崎の通事もまた蘭書を読むこと許された。

青木は非常なる刻苦を以て蘭学を始め、先ず『和蘭貨幣考』を著わした。こは経済学者としてさもあるべきことである。青木はその他『和蘭文字略考』『和蘭文訳』『和蘭桜木一角説』などの教書を著わした。彼の蘭学は、真に乾坤独闢《けんこんどくびやく》で、少くも当時の江戸に於ては、彼以外に一人の蘭語を学ぶ者が無かった。されば折角彼によって土台を置かれた蘭学も、彼一人にして絶滅すべき運命であったが、偶然か天意か、明和六年七十二歳の時に至り、初めて中津藩奥平侯の藩医前野良沢《りようたく》、名は熹《よみす》、号は楽山が、伝手《つて》を求めて入門したので、青木は悉く己れの学ぶところを前野に伝え、その年十月ついに世を逝った。而してこの時前野は実に四十七歳の初老であった。

前野は入門の年に師を失い、独学を以て蘭学を研究したが、思うように進歩せぬので、二度まで長崎に赴き、蘭書数部を得て江戸に帰り、熱心に研究を続けていた。しかるにこの頃、小浜《おばま》藩酒井侯の藩医杉田玄白という外科医がいて、カピタンの宿所で屡々前野と相会し、相識の間柄となった。杉田は藩主に請うて蘭人から一冊の解剖書を購《か》ったが、之によって見ると、漢方医の書に載せてある内臓図譜とは、位置形状に於て著しく相違するので、その真偽を思い惑うていた。

この頃南千住小塚原の刑場に於て、時々医者が斬罪に処せられた罪人の腹を解剖させて見ることがあって、之を「腑分《ふわけ》」と呼んでいた。ところが明和八年三月四日、小塚原に於て腑分があると聴いた杉田は、之こそ西洋解剖書の真偽を糺《ただ》すべき好機会なりとて、前野及び他の一人を誘いて之を見に行った。杉田は途中で待合わせた前野に、持参の解剖書を示して、今日は之を実際に合わして見たいつもりだと話すと、前野も懐中から同じ書物を出して、自分もその通りと言ったので、互に手を拍《う》って感じ合ったという。総てこれらの事情は、杉田玄白が老後に著わした『蘭学事始《らんがくことはじめ》』の中に、感慨に充ちたる筆致を以て委細に述べられている。

かくて三人は小塚原に赴き、段々腑分して行くのを西洋の解剖図と照合するに、一として違うところのないのには、唯々感嘆するのみであった。従来幕府の官医も、幾度か腑分を実見したことがあるので、古来伝えられたシナの解剖図とは、非常な相違あることは知っていたが、何故にかく相違するかということを究めずに、唯だ「華夷《かい》人相違ありや」――即ちシナ人と日本人とは腹の中が違うのか知らん――などと不思議がるくらいであった。しかるにいまや、前野・杉田らは、オランダの解剖図が、寸分も実物と相違せざるを見て、ここに蘭学の価値を確認し、非常なる発奮を以てその研究に従事するに至ったのである。

オランダ解剖図の精確なるに驚嘆せる前野・杉田らは、小塚原より帰る途々互に語り合った。

「さてさて今日の実験一々驚き入り、かつこれまで心付かざるは恥ずべきことなり。苟くも医の業《なりわい》を以て互に主君に仕うる身にして、その術の基本とする吾人の形体の真形をも知らず、いままで一日々々とその業を勤め来りしは、面目もなき次第なり。何とぞこの実験に基づき、おおよそにても身体の真理を弁えて医をなさば、この業を以て天地間の身を立てる申訳もあるべし」

と。

而して、ここに前野良沢の主唱により、該解剖図譜の翻訳に着手した。さりながら前野の蘭学の知識は、真に零砕至極（極めてわずか）のものであった。けれども彼らはこの零砕なる知識を基礎として、自ら蘭学を築かんとした。彼らは自己の心を師とする他、何ものをも師とするところなく、唯だその心の松明《たいまつ》を掲げて、驀地《まっしぐら》に西学の暗黒界に躍り入った。杉田玄白、当時の感慨を叙して曰く「先ずターヘル・アナトミアの書にうち向いしに、誠に櫓舵《ろかじ》なき船の大海に来りしが如く、茫洋として寄るべきなく、唯だあきれにあきれて居りたる迄なり」と。されば当初は短かき一行の文章さえ、長き春の日の日暮れまで考え詰めて、なおかつ解し兼ねる有様であったが、一年余も苦学するうち、漸く一日十行前後も解し得るようになり、四年間の刻苦奮闘によって、安永三年、即ちいまを距る約百四十年以前、ついに全部の翻訳を完了した。之が即ち杉田玄白訳として出版された名高き『解体新書』であって、邦人の手に成れる最初の蘭書翻訳である。元来この書は前野の名で公にせらるべき筈のものであったが、前野はかつて筑前太宰府の天満宮に詣でて、蘭学を始めるについて天満天神の冥助《みようじよ》を祈り、かつ蘭学に志すのは、決して名聞利益の為にあらで、偏えに蘭学の実を知らんと欲するが為なることを誓ったので、自分の名を出すことを辞したのであった。前野・杉田を中心とせる一群の好学者が、不屈不撓の精神を以て、この偉業を成就するに至れる苦心惨憺の跡は、杉田の『蘭学事始』の中に委細に述べられ、百歳《ももとせ》の下、なお之を読む者に凛々たる意気を鼓吹するに足りている。

さて前野・杉田は、大槻玄沢《げんたく》に於て勝れたる蘭学の後継者を得た。大槻は初め杉田に就きて、後に前野に就きて蘭学を修め、天明八年『蘭学階梯』を出版し、オランダ文法の大意を述べた多大の便宜を後学者へ与えたるをはじめとし、その蘭学によりて得たる知識によって日本の国防を論じたる『還海異聞』、及び露国の事情を叙述したる『北辺探事』などを著わし、かつ文化八年、幕府が洋学研究の必要に迫られて蕃書和解《わげ》御用を設くるに及び、最初に挙げられてその役に任ぜられた。

大槻の門下には多くの秀才があった。鳥取藩医稲村三伯は、初めて蘭和対訳辞書を編した。土浦藩士山村才助は、世界地理の研究を畢生の志とし、大阪にて傘の紋書きを職とせる橋本宗吉は、江戸に学んで帰来関西蘭学の基礎を置いた。作州津山藩医宇田川玄随は、当時の蘭医が専ら外科のみなりし故、当時の漢方医が「日本にてオランダ流と称する者は皆な膏薬《こうやく》油薬の類ばかりにて、腫物一通りの療治のみすること不思議なり、長崎奉行に随い行く槍持の八蔵・挟箱《はさみばこ》の六助も、一ヶ年彼地にいて帰れば外科になりて、八庵・六斎などと名を付け、オランダ真伝など称するは、心得難きことなり」と嘲笑愚弄せるに慨して刻苦十年、ついにヨハネス・デ・ゴルテルの内科書を翻訳せる『内科撰要』十巻を完成した。

宇田川玄随の家を継げる宇田川玄真の門下にも、また多くの人物を出した。坪井信道・箕作阮甫《みつくりげんぽ》・佐藤信淵《のぶひろ》・飯沼慾斎《よくさい》らは、鉄中の錚々たるものであるが、その坪井信道の門からは、緒方洪庵・杉田成卿《せいけい》・黒川良庵・広瀬元恭《げんきょう》らの高材を出だした。佐久間象山の如きも、黒川良庵の門に蘭学を学んだ。而して緒方洪庵の門からは、福沢諭吉・橋本左内・大村益次郎・佐野常民・大鳥圭介・寺島宗則らを出だした。

八代将軍吉宗の天文学研究にその緒を発し、医学者の努力によりて進路を開拓された蘭学は、多くの方面に於て人心に新たなる智識欲を鼓吹した。青地林宗は文政十年に『気海観瀾《きかいかんらん》』を著わして、日本に於ける最初の物理学書を出版した。宇田川榕庵は化学を研究して『舎密開宗《せいみかいそう》』を著わした。而して文政年間シーボルトの来朝と共に、植物学の研究もまた盛んになり、天保四年宇田川榕庵の『植学啓原《しょくがくけいげん》』三巻先ず現われ、次いで安政二年飯沼慾斎の『草木《そうもく》図説』二十巻が現われて、日本植物学の建設を見るに至った。

平賀源内

一方かくの如く純知的方面に於ける進歩を促すと共に、蘭学は他方実際的方面に対する刺戟ともなった。即ち平賀源内の如きは、杉田玄白らと同時代の本草《ほんぞう》学者であったが、当時輸入せられたるオランダ品を見て、製造工業に深甚なる興味を覚え、あるいは石綿を利用して耐火布を作らんとし、あるいは陶器・砂糖などの製造を試み、かつ舶来の電気器械を見て之が模造をさえ試みた。杉田玄白の如きも「毎々平賀源内と出会いし時に語り合いしに、逐々《おいおい》見聞するところ、オランダ窮理のことと共に、驚き入りしことばかりなり、もし直ちに彼国の書を和解《わげ》し見るならば、格別の利益を見ることは必せり」と述べている。

また十一代将軍の時に至りては、長崎の富豪の子高島秋帆《しゅうはん》が、オランダの退職士官がカピタンとして来れるに就きて（師事して）、西洋の兵学を学ぶこと五年、長崎奉行に向って、小銃の改良・大砲の購入・銃隊編成・大砲小銃実射演習の必要を建言したが、奉行所は殊更に之を採用しないので、巨額の私費を投じて多くの銃砲をオランダに注文し、一方通事に嘱《しょく》して西洋の兵書を翻訳せしめ、門戸を開いて新しき兵学砲術を一般に教授し、その門に江川太郎左衛門・佐久間象山・川路聖謨《としあきら》・大槻磐溪《ばんけい》らの俊傑を出したので、西洋砲術はとみに盛大に赴いた。

外国との接触は、必然の結果として国民的自覚を強くする。蘭学によって西洋文明と接触し、朧気ながら国際間の事情を知るに及んで、日本国民は漸く世界に於ける立場を考えざるを得なくなった。かくの如くにして日本の独立を防衛すべき国防問題が早くすでに憂国の士によって研究せられ始めた。而して最も明確にその意見を発表せる者は、前野良沢に師事した林子平である。彼は元文三年に江戸に生れ、三十七歳の時初めて長崎に赴いて以来、同地に遊ぶこと前後三回、蘭人に就きて世界の大勢を聞知し、国難を未到に防ぐの志を以て、名高き『海国兵談』を著わし、「細かに思えば江戸の日本橋より、唐オランダまで境なしの水路なり」と喝破し、国防の急務を絶叫した。而して天明年間には、仙台の工藤周庵（平助）が『赤蝦夷風説考』を著わして、露国の北海道侵略に備うるの急務を説き、かつ吾国は宜しく蝦夷を開拓して貿易場となし、之を長崎と競争せしむべし、さすれば必ず莫大なる経済的利益を収め得べしと主張した。

林子平の国防論は、工藤平助の開国論に至って一進展を見た。而して開国論はさらに一進展して、積極的進取論となった。土生熊五郎《つちお》の如きは、すでに寛政年間に於て、露国と交通して蝦夷樺太を開拓し、その間に大名を配置して、武威をカムチャッカに及ぼし、ただに露国の侵略を防ぐのみならず、進んで之を征服するの策を講じ、次第にアジア・ヨーロッパを併合すべしと説いた。本多利明はその著『西域物語』に於て、蝦夷を根拠として満州一帯を経略し、同時に南洋諸島をも征服し、国都は之をカムチャッカに移してこの地に日本の名を与え、日本本土は之を古日本と呼ぶべしと唱えた。而して宇田川玄真の門弟にして、その学術の該博《がいはく》深遠と、識見の雄大高遠とに於て、真に日本史上に類稀なる佐藤信淵は、その著『宇内混同秘策』の中に、国家存立の根本義より論じて開国の必要を述べ、一方西比利亜（シベリア）・沿海州を攻略して露国の南下を防ぎ、他方南洋諸島を占領して清国及び英国の北上に備え、以て十分に日本の国基を固めねばならぬと論じ、かつ日本は「すめらみこと」の国、即ち万国の根源なるが故に、日本が見事にその国家としての本質を発揮し、国体の精華を発揮するに於ては、万邦悉く日本の分国となり、万邦の君主、等しく日本に臣服して、以て宇内の統一を実現し得べきことを主張している。

嗚呼、読者は如上の雄渾なる進取的政策が、蘭学者の精神に於て煥発せるものなることを記憶せねばならぬ。彼らは西洋諸国の富強を窺い知った。その文化の燦然たるを学んだ。而してその学術の精密なるを知った。故に最も謙遜にしてかつ勤勉なる弟子となり、一切の困難と戦って、西洋文明の摂取に刻苦した。日本に来航せる蘭人は、常に日本人の提出する問題が、必ず世界文明の鍵を得んとするものなるに驚異した。夙《つと》に寛政年間に於て、和泉貝塚（大阪府）の一人物は、オランダ製に劣らざる望遠鏡を製作した。文化年間に於ては、長崎出島の蘭人も、蘭人の傭《やと》い来れる米国船長も、引き揚げに術《すべ》なかりし沈没船が、名もなき日本の一平民の巧妙なる設計によりて見事に浮き揚がった。天保の末年にはナポレオン法典の翻訳さえも試みられんとした。彼らの研究はほとんど知識の一切の系統に及び、研究を進むるに従って西洋の尋常ならざる文明に驚嘆した。されど彼らは、之が為に精神的に西洋の奴隷となることはなかった。彼らの中には偉大なる日本精神が、昔ながらの力強さを以て動いていた。一切の西洋文明は、唯だこの日本精神を長養し成全することに於てのみ、意義あるものであった。彼らは世界地図の上に於て、日本が占むる地位の、有るか無きかに、小さきを知っていた。彼らの抱負を以て、鳥なき里の蝙蝠《こうもり》の驕矜《きょうきょう》自負となすことなかれ。ペリー提督が、その艦内に日本官吏を招待したる時、その最も意外に感じたる一事は、東洋隠者国の代表者らが世界の形勢に関して、ほとんど誤らざる知識を有したりしことであった。彼らは地理的日本の小なるを知った。されど彼らは同時に精神的日本の偉大さに対する信念を強くかつ大にした。吾らは「宇内混同」（海外進出）の秘策が、儒者または国学者または神道家または仏教徒の精神に生れずして、実に蘭学者の精神に生れたことを考うる時、深刻なる暗示と甚大なる感激とを受くるものである。

第二十六章　幕末日本の国難

バスコ・ダ・ガマのインド航路発見以来、ヨーロッパの東洋侵略は、常勝不敗の歩みを続けて来たが、その圧力が吾国にまで加わって来たのは実に十八世紀の末葉、徳川十一代将軍家斉《いえなり》の初世、寛政初年の交《かい》である。いま、内に当時国内の状態を顧みれば、幕府並びに諸藩の財政窮乏し、武備解弛《かいし》せるの時、士流の疲弊甚だしくて、名は武士といいながら、その実庶民に劣ること数等なる生活を送れる時、また松平楽翁をして「居る所は膝を容《い》るるに足らず、妻妾の奉を欲すれども不幸にして終身妻を得ざる者あり、また之を得るも納租に窮しては之を鬻《ひさ》ぐ、かつ食は糴飯《てきはん》腹に満たず服は弊衣《へいい》肌を掩《おお》わず」と嘆ぜしめたるまでに農民凋衰《ちょうすい》せるの時、また無名の諷刺家をして「金さえ遣えばこっち（町人）が旦那と金の轡《くつわ》で馬にも乗ったり、能や鷹野と大名気取りで奢って居れども、御武家は元よりすってんてれつく、口惜しい紛れに用金なんぞで、敵《かたき》は取れども」などと謡《うた》わしめたるまでに町人の跋扈せる時、而して外に海外の形勢を望めば、英・露・仏・米の新興諸国、最も無遠慮に東侵南下の政策を強行し、西力の東漸《とうぜん》（西洋の侵略）、日に激烈を極めたる時である。

露国がウラルを越え、シベリアを横ぎりて、ついに黒竜江岸の侵略を始めたのは、慶安二年（一六四九年）のことであったが、元禄二年（一六八九年）のネルチンスク条約、享保十二年（一七二七年）の恰克図（キャフタ）条約によりて勢力をシナの北疆《ほくきょう》（外蒙古）に確立した。また之より先、宝永四年（一七〇七年）に至り、千島列島によって吾が北境と相連《あいつら》なるカムチャッカを獲得した。而してシナの南疆を以て目せられし安南（ベトナム）に於ては、天明七年（一七八七年）内乱の際、国王はその信頼せる一フランス宣教師の言に従い、使《つかい》を仏王ルイ十六世に遣わして援兵を求めたるが故に、その境土の一部を仏国に割くに至り、同年ヴェルサイユに於て調印せられたる両国の条約によりてついに亡国の禍根を植えてしまった。さらに仏陀の生国として、吾国と最も親密なる精神的関係を有する天竺（インド）に於ては、英国東印度会社の勢力、早くすでに確立せられて、五千年の旧国も、あわれ英人の「金庫」となり了した。かくの如くにして貪婪《どんらん》飽くことを知らざる欧米列強の爪牙《そうが》は、当然シナ及び日本に向って研《と》がれ始めた。今日にして日本当時の国際的地位を顧みれば、国家の存亡累卵《るいらん》の危きよりも危く、真に冷膚《れいひ》をして沸然《ふつぜん》たらしむるものがある。けれども幸いにして非常の国難を免れ、まさに三千年の社稷を失わんとせる逆境を脱出して、却って新日本の建設を成就せしことを思えば、真に歓天喜地して皇国の幸運を祝せざるを得ない。日本に天佑ありとすれば、その明らかにかつ豊かに下されしこと、実に幕末の時に於けるが如きはない。

宝永四年カムチャッカの露領となりてより千島列島は直ちに露国南下の衝《しょう》（要所）に当った。すでに正徳三年（一七一三年）に於て、露国はその勢力を国後島に展べ、爾来次第に南下して、得撫（ウルップ）以北の千島諸島は、ほとんど露国の占奪するに委せていたが、寛政四年（一七九二年）ラックスマンが、露国政府の命を奉じて根室に到り、公然通商貿易を求むるに及んで、甚だしく国民の耳目を聳動せしめた。

徳川幕府は、露使蝦夷に来るとの報を得て、直ちに使節を松前に派し、ラックスマンを同地に招き、書を与えて国法を説き、速かに帰り去って、再び長崎以外の海港に来るなからんことを求めたので、ラックスマンはその志達せずして、一旦シベリアに引き上げた。さりながら露国は決して之によってその侵略の歩みを止めるものでない。寛政七年には六十余人の露民、船に乗じてカムチャッカよりウルップ島に来り、ワニナウに上陸して永住の計をなし、努めて土人を懐柔したので、択捉及び厚岸などの酋長にして往《ゆ》いて露人の下に投じ、冠帽衣服を彼に倣い、姓名をさえ露国風に改める者が続々として現われた。今日に於ても千島アイヌの姓名は多く露国風である。かくして露国吾が北境を侵すとの警報は、頻々《ひんぴん》として国内に伝わり、ここに海防の急を説く者次第に多く、国民また漸く国難の迫れるを感じた。

すでにして享和《きょうわ》三年（一八〇三年）露国政府は再び特使レザノフを派して長崎に向わしむるに決した。レザノフはこの年八月、クルーゼンステルンの指揮せる一軍艦に乗じて大西洋を横ぎり、南米の南端を回航して太平洋に出で、一旦カムチャッカに達して同地の総督と会し、さらに日本海を航して翌文化元年九月、ついに長崎に入港した。

レザノフもまた使命を全うすることが出来なかった。露国の異図に対して恐怖と敵意とを抱ける幕府は、断然レザノフの要求を拒絶した。之に於てレザノフは、長崎に在ること半年の後、得るところ無くして帰途に就いたが、その日本海を航するに当りて、行く行く北境の形勢を探り、宗谷湾及び樺太アニワ湾などに入泊し、この辺りの防備極めて薄弱なるを看破して、カムチャッカに帰着した。高橋作左衛門・青地林宗の共訳に成れる『奉使日本紀行』は、当時の艦長クルーゼンステルンの著わすところにして、実に露国来航の真意を知るに余りある。いま試みにその一節を下に引く。

「アニワ（樺太）を取て之に拠らん事は、少しも難き事ある可からず。此処の日本人は兵器の用意もなく、防守の慮もなしと見えたればなり。又此処を人に奪はれたりとも、日本政治家之を取返す手配は用意に仕難《しがた》かる可し。何とならば、彼れ之を取返すに、必勝の計を施し難き事あり。若し却つて戦ひ負くる時は、其の国の威光を堕とし、其の国民に危惧の心を生じ、管内の騒動を起こすべければ、政治家に於ては仮令《たとえ》全く蝦夷を失ふよりも大なる危難を此の一挙に生ずるあるべし。若し又必ず之を取返さんとして大事を起さんも、軍艦の備なく、砲熕《ほうこう》なく、海軍の備なきなれば、仮令防備の法なきアイヌなりとも之を拒《ふせ》げば、其の一寸の地をも彼れに取得べきに非ず。若し十六口の砲を備ふるコツテルス船二隻に兵卒六十を載せ、風に乗じて之を撃たしめば、日本大船許多《あまた》に一万の兵を備へたりとも、一旦にして打崩す可きなり」

而してこの事ありて後、樺太及び南千島に対する露国の侵略は、極めて露骨となり、樺太に於ては邦人の漁場を襲いその財産を奪い、火を番所に放って去るの暴挙を敢てし、択捉を襲うて吾が防禦設備を砲火の下に破砕し、甚だしきは千島諸島は本来露領なりと称し、吾国の択捉経営を以て、却って露領劫掠《きょうりゃく》なりと豪語するに至った。

一方露国が叙上の如く頻りに北辺を脅かせる時に当りて、他方英国はすでにインドを掌裡に収めさらにその毒手を東方に展べつつあったが、寛政八・九年（一七九六・七年）の交に及んで、その測量船は、来りて吾が太平洋沿岸の地形を探り、恣《ほしいまま》に海底の深浅を測り、遠州灘より陸奥に至る洋上に出没するに至った。その後享和三年（一八〇三年）商船フレデリック号、インドのカルカッタより貨物を搭載して来航したが、オランダ人の言によりて「最も大胆なる海賊、最も譎詐《きっさ》に富める猾虜《かつりよ》、後年天下の患を成さんものは必ず暗厄利亜《アングリア》なり」と信じたる吾が官民は、厳にその入港を拒んだので、空しくシナに向って去った。されど文化五年（一八〇八年）には、提督ドルーリ麾下《きか》の一艦フェートン号はオランダ国旗を掲げて長崎港に現われ、蘭船なりと信じて来船せる二名の蘭人を捕え、カピタンのドゥーフを脅し、その尽力によりて存分に薪水《しんすい》を得、長崎奉行がその暴行を憤りて焼打ちを企てつつありし間に、順風に乗じて悠々港外に去り、之が為に奉行松平康英《やすひで》は、国体を傷つけたるの責を引いて、見事に割腹して相果てた。

この事ありて六年、ジャワに於ける英国総督サー・スタンフォード・ラッフルズは、オランダ本国がナポレオンの為に仏国に合併せられたるを好機とし、長崎出島のオランダ商館並びにその商権を英国の手に収めんとの非望を抱き、文化十年（一八一三年）この目的を以て二隻の商船を派遣するに至った。もし彼の計画成りて、出島ひとたび英国の掌中に帰したりしならんには抜くべからざる禍根を植えたりしに相違ない。幸いに之を免れたのは、実に天運によれるものである。

ラッフルズが派遣せる二隻の商船は、例によってオランダ国旗を掲げて長崎に来着し、うまく港内に入りて投錨した。カピタンのドゥーフは、その蘭船なるを疑わなかったが、その実は英船にしてしかも英国総督よりドゥーフに対して、出島引渡しを要求せる命令書を齎らせるを知るに及んで、事の甚だしく意外なるに驚いた。されど豪胆機敏なるドゥーフは、出島はジャワの属領に非ずとの理由を以て断然その命令を拒み、かつ日本国民がフェートン号事件以来、激しき敵意を英国に抱くが故に、もし日本官憲にして事実の真相を感知せば、武装なき二隻の商船に対して、必ず報復手段を採るべしと威嚇し、全く邦人未知の間に一切の交渉を了《お》えて帰航の途に就かしめ、日本官憲に対しては、両船を以てオランダ人に傭われたる米船なりと告げ、彼自身の為に難局を救うと共に、日本の為にも好都合に事件を終結せしめた。けだしもし官憲がこれらの船の英船なるを知りたらんには、ドゥーフが威嚇せる如く、必ず之を撃ってその乗組員を鏖殺《おうさつ》するの挙に出で、英国に向って難を吾国に構うべき無上の口実を与えるに至ったことであろう。而して翌年英国は、さらに一商船を長崎に派して出島を手に入れんとしたが、ドゥーフの頑として応ぜざりしにより、再び志を達せずして帰った。実に出島が日本の「香港」たることを免れたのは、快漢ドゥーフに負うところ多いと言わねばならぬ。

されど英船は、その後も屡々太平洋に出没して邦人を驚かし、文政七年（一八二四年）薩摩宝島に来りし捕鯨船の如き、上陸して妄《みだ》りに牛を銃殺し、之を拒める島民との間に争闘を起し、互に死傷を出だすに至った。下りて弘化二年（一八四五年）に至り、英国軍艦サラマング号、沿海測量の目的を以て長崎に至り、嘉永二年（一八四九年）には測量船マリナー号、浦賀に到り、官憲の抗議を馬耳東風に聴き流して、沿海の実測を終え、さらに下田湾に入りて測量に従事すること五日、実に傍若無人の振舞を極めて、悠々帰航の途に就いた。

ヘンドリック・ドゥーフ

琉球諸島が、帝国国防の上に至大の意義を有することは、ひとたび地図を披見すれば瞭然として明らかである。而して琉球諸島が幸いにして英国の毒牙を免れたるは、当時仏国が東亜に於て英国と対抗し、互に雄を争いし為に他ならぬ。

天保十三年（一八四二年）阿片戦争の結果、シナ五港の開放せらるるに及び、東亜の海面に来往する欧米の船舶とみにその数を加うるに至った。而して当時吾国はなお固く鎖国政策を執り、厳重に外船の来航を拒否していた為に、列強の注意は当然琉球諸島並びに小笠原諸島に集まり、これら二諸島を掌裡に収めて、東亜に於ける拠点となそうとするに至った。

かくてシナ開港条約の翌年（一八四三年）には、早くも一隻の英国軍艦、琉球八重山島に来り、琉球人が極力上陸を拒みたるに関せず、暴力を以てあまねく島内及び付近諸島を測量し、碇泊五十日にして漸く出港した。而して幾許もなく別に一隻の英艦宮古島に来り、同じく同島の測量を遂げ、半月の後に出帆した。

翌弘化元年（一八四四年）三月、さらに一隻の仏国軍艦、琉球の首都那覇に到り、政府の命令と称して和親通商を結ばんことを求めた。琉球人は島内物産少く、かつ外国との交通は、シナまたは日本政府と商議の上ならでは応じ難しとの故を以て、之を拒んだけれど、仏人は近くインドシナ艦隊司令官が当地に来着する筈なれば、その時改めて交渉すべしと主張し、かつ出帆に臨んで、司令官来着の際に通弁たらしめん為なりと称し、仏人一名、清人一名を那覇に残して去った。而して該仏人は、実に天主教の宣教師にして、伝道の目的を以て残留せるものであった。而して彼は琉球人に向って、英国は久しく琉球に垂涎《すいぜん》し、近く軍艦を派してその野心を遂げんと企てつつあるが故に、その呑噬《どんぜい》を免るるが為には、早く仏国と通交するに如かざることを説いた。

すでにして翌弘化二年（一八四五年）、英船一隻また八重山島に来り、翌三年さらに一隻那覇に来港し、一名の医師、その妻子及び清人の従者一名を上陸せしめ、本国の命令によって琉球に永住し、島民の病を治癒せしむるものなりと声言した。しかるに英船来着に後るること一日、フランスのインドシナ艦隊三隻、司令官セシルに率いられて、相前後して那覇に到り、琉球王の代理者を艦隊に招き、西洋諸国の形勢を語り、仏国と修交するの利益を説いた。されど琉球人は、容易に通商条約締結を肯《がえ》んぜざりしを以て、セシルは本国政府の旨を請い、さらに来航すべしと告げ、先年残したる仏人を伴い帰り、さらに二名の仏人を留めて琉球語を学ばしめた。

英仏軍艦琉球に渡来して通商を強要すとの報、島津氏を経て幕府に達するや幕府は甚だしく之が処置に苦しんだ。けだし英仏がその国人を琉球に居住せしめたる行動は明らかに国法を蹂躙せるものであるが、さりとて武力を以て之と力争することは到底不可能である。加うるに琉球は、一面に於てシナに隷属し、清の正朔《せいさく》を奉じ（政令に服従し）、その封爵《ほうしゃく》（領地と官位）を受けていた為に、たとえ幕府が琉球人に命じて英仏と抗争せしめんとするも、もし英仏が予め清国の許可を得て琉球に臨むに於ては、幕府に於て如何ともし難き事情あり、為にいよいよ問題の解決を困難ならしめた。

この時に当りて最も興味あるものは島津氏の態度である。即ち時の世子《せいし》島津斉彬《なりあきら》は、一面に於て世界の大勢、長く鎖国攘夷の政策を持し難きを知り、他面に於ては国内の事情、なお未だ開国を許さざるを見、私《ひそ》かに海外貿易によって自藩の富強を図らんとし、幕府が琉球の事を以て、求めて国患を醸《かも》すが如き処置に出づる能わざる弱点を捉え、琉球の仏人と交易するを許さんことを幕府に請うた。けだし斉彬の真意は、薩藩内の産物を以て英仏人と貿易を営み、之によって利益を得んと企てたのである。而して幕府に於てはほとんど持て余していた問題であったから、ついにその請を許した。されど仏人は、英国勢力と対峙する以外、多く琉球に求むるところなかりしが故に、セシル提督帰航の後、再び通交を迫ることとなかった。

かくの如き間に、日本の対外交渉がさらに一転期を画すべき時が日に日に迫った。即ち太平洋の彼岸に横たわるアングロ・サクソンの新共和国に於て、日本の開国を要求し、能うべくんば日本征服を庶幾《しょき》する世論が、次第に高まって来た。

十八・十九世紀にわたって、捕鯨は米露両国の最も重要なる産業の一つであった。殊に一八二四年米露の間に条約成り、両国互にその領海に入漁し得るに至り、米船の吾が沿岸に接近するものとみにその数を加え、一八四〇年代に於てすでに千二百艘を算するに至った。かくして米国は、風濤または難破の際に、捕鯨船の救護所または避難所を吾国に於て必要とした。次いで一八四四年カリフォルニア州に於ける金鉱の発見は、俄然として太平洋沿岸地方の発達を促し、就中シナ労働者の米国に渡航する者急に多く、かつ米国品の対支輸出も次第に盛況に赴きたるを以て、従来の如く大西洋・喜望峰・インド洋を経てシナに到る迂路《うろ》を捨て、太平洋を横ぎりて米支直航の航路を開くの必要に迫られ、之が為に中間の貯炭補給地として吾国に着目した。加うるに本邦の富は、マルコ・ポーロのひとたび誤り伝えて以来、長く西洋諸国の人口に膾炙《かいしゃ》し、コロンブスの遠洋航海の如きも、実はジパング即ち日本国の富を掌裡に収めんとするにありしほどなれば、営利に敏なる米国人が、日本の富を開発せんとの欲を熾《さか》んならしめ、止むなくんば暴力を以てしても開国を日本に強要せんとするに至れるは、極めて当然のことであった。

これより先、米国捕鯨船は、屢々吾が近海に於て難破し、乗員の身を以て（体ひとつで）吾が海岸に上陸するや、政府は之を捕えて獄に投ずるを常とした。かかる出来事は、最も米人の自尊心を損じ、対日政策は日に緊張の度を加え、A・H・パーマーの如きは、①難破米人に対して加えたる日本の暴行に対し、存分に賠償を要求すること、②一切の天変によって日本沿岸に到る米人に対し、好意を以て之を補助すること、③港湾の開放及び領事館設置の件を強請すること、④日本の沿岸に貯炭所を設け、かつ近海に於て自由に捕鯨するの特権を要求することを主張し、もし幕府にして之を拒まば、迅速にかつ峻厳に江戸湾を封鎖すべし、と唱えた。かくて日本遠征の機は次第に熟し、ついに一八五〇年議会の決議するところとなり、ペリー提督の派遣となった。

ペリー提督は、①日本近海に難破し、また風波を日本の海港に避くる米人の生命財産を保護する為に、永久的なる和親条約を結ぶこと、②米船が薪水食糧の供給を得、または難破して修理の為に入泊し得る海港を選定すること、③通商貿易の為二、三の海港を開くこと、而して如上の使命は平和的に之を達すべきも、日本に向って適当なる武威を示すことはただに不可ならざるのみならず、大いに之を必要とす、という米国政府の訓令を受けて、嘉永五年（一八五二年）十一月米国を発し、大西洋を横ぎり、喜望峰を迂回し、インド洋よりシナ海を経て嘉永六年（一八五三年）六月三日、四隻の艦隊を率いて相州（相模）城ヶ島沖に達し、悠々として浦賀湾内に投錨した。

ペリー提督は、投錨に先立ちて四艦に戦闘準備を命じ、もし日本にして敵対行為に出づるに於ては、直ちに之に応戦すべく、砲口は開かれ、弾薬を装填せられ、士卒各々その部署に就いた。この時に当りてもし吾国が一歩を誤らば、如何なる事変が出来《しゅったい》したか、想うだに冷膚を沸然たらしめる。

浦賀奉行は、この「泰然自若と罷在《まかりあ》る」船、櫓棹《ろざお》を用いず、風力に逆うて快走する「異船」は、実に「容易ならざる」米国の軍艦にして、その目的は国書を呈して通商互市《ごし》を求むるにあるを知った。よって国禁を説いて、浦賀に於ては国書を受け取り難きが故に、直ちに長崎に赴くべしと告げたけれど、ペリーはもとより耳を藉さず、武力に訴えても目的を達せんと威嚇し、かつ米兵は思うままに港内を測量し、国法に違《たが》うの故を以て之を拒めるに対しては、日本国法は吾が知るところに非ず、吾はアメリカ国法の命を奉ずるのみと豪語して、真に傍若無人を極めた。

浦賀奉行の急報に接せる幕府の驚愕狼狽は、目も当てられたものでなかった。飽くまでも国法を固守するならば、戦機直ちに破れ、江戸湾は封鎖せられ、当時鉄道なき吾国に於て、江戸に対する物資輸入の唯一の通路たりし海上交通の杜絶となり、幾十万の生霊は、日ならずして飢餓に陥るべく、さなきだに動揺を来たせる徳川幕府の基礎は、益々危殆に瀕すべく、仮に幕府の興廃を度外に置くも、米国と戦端を開くことは、日本の為に非常なる禍根を植えるものなることは、当時の幕吏と雖も之を熟知していたので、ついに仮館を久里浜に建て、井戸石見守弘道らをしてペリーを引見せしめ、その国書方物を受け、明年確答を与うべき旨を告げて、一旦ペリーを解纜《かいらん》（船出）せしめた。

ペリーは同月十二日浦賀を発し、二十日琉球那覇に着し、琉球人を威圧して貯炭所の設定・市場の自由売買を承認せしめた。彼は琉球人に向って、もし己れの要求を容れずば、直ちに王城を占領すべしと脅迫して、その要求に従わしめたのである。而して他方に於ては、船を小笠原島に派し、米国政府の名を以て公然之を占領した。けだしペリーはもし幕府にして米国の提議に応ぜざるに於ては、その報復並びに脅威の為に少くも琉球諸島並びに小笠原島を強奪せんと企てたるものである。

米国遠征の報道、ヨーロッパに達するや、列強は種々なる意味に於てこの行動に注意した。而して之に対して積極的政策を企図したのは実に露国である。即ち露国政府は、ペリーの米国出発とほとんど時を同じうして、プチャーチン少将をして二隻の軍艦を率いて東洋に急航せしめ、次いでさらに二隻を東航せしめた。けだし当時ヨーロッパの世論は、日本は到底武力を以てするに非ざればその国を開かざるべしというにあった。故に露国は米国の日本遠征を以て、東洋に活躍すべき好機なりとし、その軍艦を太平洋に急派して、米国の行動を監視せしめ、もし戦機破るるが如きことあらば、直ちに進んで日本を助け、米国の勢力を摧《くだ》きて恩を施し、地歩を日本国土に占むるの基礎を築かんと企てた。かくてプチャーチンは、ペリーの浦賀を去れる後僅かに月余にして長崎に来着し、同じく通商交易を開かんことを請い、かつもし他国が日本に向って暴力を加うるが如きことあらば、隣邦の誼を重んじて、力を吾に仮すべきことを提言した。

之より先幕府は、辛うじて一旦ペリーを解纜せしめたる後、従来内治外交共に独断専行せる例を破って、之を朝廷に奏上し、また諸侯に諮詢《しじゅん》し、かつ急に砲台を品川湾に築き、軍艦兵器をオランダより購入し、頻りに兵備を修めつつあったが、いまプチャーチンの来るに会し、前門僅かに虎を卻《しりぞ》けて、後門また狼を迎うるの感をなし、筒井政憲《まさのり》・川路聖謨を長崎に派してプチャーチンと交渉せしめ、確答を後年に期して、翌年正月漸く之を去らしめた。

しかるにプチャーチン去りて後数日、ペリーは約束の如く再び浦賀に来り、進んで神奈川湾に投錨し、幕府の確答を求めた。ここに於いて幕府は、止むなく井戸覚弘《さとひろ》・伊沢政義らを委員に任じ、横浜に於てペリーと応接せしめ、ついに長崎の他下田・函館の二港を開くことを約し、次いで英・露・蘭三国とも開港の条約を結んだ。

すでにして安政三年（一八五六年）七月二十一日、米国軍艦サン・ジャシント号は、総領事タウンゼント・ハリスを乗せて、下田港に来着した。彼は上陸に先立ちて艦上より一書を下田奉行に送り、今後アメリカ合衆国総領事として、恒常に在留すべきことを告げ、之と共に本国の信任状及び自己の書翰を差し出し、之を老中に送付せんことを求めた。それらの書中には、皆な在留の決心を力説し、かつ総領事たる官職に適当なる待遇を要求している。而して幕府は、その要求の到底拒み難きを見て、ハリスの駐在を許可するに決した。

ハリス下田に居留するに及び、幕府は特に井上信濃守清直《きよなお》・岡田備後守忠養《ただやす》を下田奉行に命じ、その立合として目付岩瀬肥後守を派遣して談判に当らしめたが、ハリスは大統領の国書は直ちに将軍に奉呈すべきこと、並びに国命によりて日本政府に忠告すべき重大なる要件、及び要求すべき箇条は、将軍の外国事務宰相と直接面談を必要とすることを主張し、頑然として幕府の希望を斥《しりぞ》けた。

彼が九月二十七日、下田奉行に託して老中に送れる書中には、江戸出府の許可を要請し、もし許可なきに於ては、米国軍艦の渡来を待ち、之に搭乗して直ちに江戸に乗り込まんとの凄味《すごみ》を並べ、かつ英国総領事バウリングより聞知せる英国の重大なる対日本計画をも、江戸に赴きて仔細に打ち明くべしと認《したた》め、当時締結せるシャムと米国との条約の蘭訳をも送った。バウリングの日本に対する異図については、幕府は先年すでにオランダ人からも聴いて大いに痛心していたので、いままたハリスより之を告げらるるに及び、頻《しき》りにその内容を知りたく思った。

されど時の閣老阿部伊勢守は、深く国内の世論を慮《おもんぱか》り、如何にもしてハリスを出府せしめずして外交を取り扱おうと努め、ハリスの請求に対して決答を躊躇することほとんど一年に及んだが、兎角《とかく》するうち伊勢守は病を以て卒し、堀田備中守が代って幕閣の首班となった。之に於いてハリスは、もはや決答の遷延を承知せず、許否の如何によっては、国旗を巻いて帰国する、余が帰国は、日本が米国を侮辱せる証拠なれば、米国は兵力を以て日本の罪を問うべしと脅迫するに至った。彼は「国書を携えて渡来せる外国全権を、辺鄙《へんぴ》の地に置くこと十九ヶ月の長きにわたり、その国の宰相さえ未だ一度も面会せぬということは、あるべき筈のことか。この無礼不敬、以て国際上の罪過たるに余りある」と憤慨している。

一方に於てはハリスの剣幕かくの如く甚だしく、他方に於ては新閣老堀田備中守が比較的世界の大勢に通じて、所詮開国の止むなきを知悉《ちしつ》していたので、幕議はついにハリスの出府許可に決した。而して備中守の幕僚中、最も徹底せる開国論者は岩瀬肥後守であった。彼は米国官吏の渡来を好機とし、幕府従来の固陋因循《ころういんじゅん》なる鎖国政策を打破して一大革新の政治を行うべきことを主張し、極力ハリス出府拝謁の必要なるを説いた。けだし彼は早くより蘭書を読みて外情に通じ、かつ卓抜なる見識を具えて開国のただに不可なきのみならず、大いに必要なるを認め、殊に下田に於てハリスと折衝するに及んで、益々その開国説を主説し、日本が今後も鎖国主義を固守せば、ついに世界に孤立して国運を危くする所以を切言したのである。堀田備中守をして、水戸老公（斉昭）をはじめとし、大名旗本の間に異論多かりしを顧みず、ハリスの上府を許可せしめたるは岩瀬の力、最も多きにある。

かくてハリスは、安政四年（一八五七年）十月十六日を以て江戸に着し、九段坂下の蕃書調所《ばんしょしらべしょ》を旅館に充てられ、二十一日登城拝謁して国書捧呈《ほうてい》の礼を終り、二十六日堀田備中守をその自邸に訪問し、盛んに開国貿易の利を説き、世界の大勢を論じて鎖国の不可なるを切言した。備中守はその懸河《けんが》縦横の弁に驚嘆し、明白なる事理に動かされて、心に開国の方針を一定し、井上信濃守及び岩瀬肥後守に幕府の全権を与え、ハリスと蕃書調所に会して、和親貿易条約の草案を稿せしめた。これ即ち安政五年（一八五八年）の江戸条約と称せられるもので、翌安政六年（一八五九年）より明治三十一年（一八九八年）に至るまで実施せられたる条約である。その後英・仏・露・蘭の諸国の条約は、皆な之を標準として締結せられた。

而して主としてこの条約の衝に当れるものは、岩瀬肥後守であった。彼はハリスと交渉していよいよ条約の各款《かくかん》を議するに当り、ハリスに向って「自分は和親貿易の何たるを知らぬ、自分のみならず有司一人として之を知る者が無い。しかるに貴下は国命を奉じて吾国の為に莫大の利益あることを説き、吾国の為に誠心誠意を以て事を議すべきを言明した。吾ら日本の条約全権委員は、十分に貴下の誠意を信じ、条約草案の起稿を貴下に委託するが故に、希《こいねがわ》くは日本に利益なる草案を稿して、貴下の言明に偽りなきを示して貰いたい」と持ち込み、その草案をハリスに起稿せしめた。ハリスは岩瀬の態度に感嘆し、一面に米国の利益を図ると共に、他面には及ぶ限り、日本の利益を図りて条約草案を作成し、之を議題として一々その条項を議することとなった。岩瀬らは、ハリスの説明を聴きながら、各項について剴切《がいせつ》深刻なる質問を発し、ハリスをしてただに答弁に苦しめたるのみならず、岩瀬に論破せられてその説を改めた条款も多かったとのことである。

さてかくして成立せる日米条約は、京都の勅許を得て調印すべきことに閣議一決した。けだし当時漸く天下を風靡せんとしつつありし尊皇思想は、必然幕府反抗の勢いを昂め、一つには世界の形勢に無智なりし故と、また一つには幕府反対の方便の為に、外国との交通を批難し、盛んに攘夷を高唱する者多く、殊に水戸老公をはじめ、日米条約を非とする諸大名は、朝廷の権威を藉りて幕府の開国方針を挫折せしめんと謀る者ありしより、幕府は国内の非条約論を鎮圧する為に、京都に上奏してその勅許を請うに決したのである。

堀田備中守は、条約勅許を請うべく林大学頭・津田半三郎の両人を京都に派遣した。もし備中守がいま少しく京都の事情を精確に認識していたなら、彼は決して林・津田の如き凡庸無能の人物を派遣することなく、不意に自ら上洛して奏請すべき筈であった。けだし当時の京都は、尊皇思想の中心点にして、倒幕攘夷の気勢、日に熾んなる時であったから、林・津田の両人は、却って公卿の為に論破せられ、かつ国家の安危に関わる一大事を、かかる小吏を以て勅許を請わしめたるは、朝廷を軽んじ奉る不敬の所為なりとて、徒らに京都の怒りを激成せるのみであった。備中守はこの失敗に驚き、安政五年の春、岩瀬・川路を随行せしめて自ら上洛し、極力運動に努めたけれど、この時すでに京都側では、備中守が上洛すると聞き、之に対する方策を定めていたので、ついに勅許を得る能わずして空しく東帰するに至った。

之より先ハリスは、早くも上京して備中守の東帰を待ち受け、頻りに調印の事を促した。之に於て備中守は、ハリスを引見して京都の事情を告げ、条約調印延期のことを希望し、かつ安政五年五月二日付閣老連署の書簡を以て、条約の箇条は日米両国全権の談判で定めたところを変更せぬけれど、日本の安危に関する重大なる事情なるにより、調印は七月二十七日まで延期せんことを望む旨を達したので、ハリスはこの書簡を握って下田に帰った。

日英条約交渉中の岩瀬肥後守忠震（後列左）

しかるに一方に重大なる外交問題を控えたる幕府は、他方に於て将軍儲君《ちょくん》（世継ぎ）の件について色々の紛糾があった。即ち一橋刑部卿（慶喜）を儲君たらしむべしとの一派と、紀州宰相（家茂）を戴かんとする一派とが、互に盛んに運動した。堀田備中守は一橋派であったが、紀州派は、彼が勅許奏請のために上洛せる留守に乗じてその勢力を張るに努め、彼と対抗せしめる為に、井伊掃部頭直弼《いいかもんのかみなおすけ》を大老に任ずる策を巡らし、備中守東帰後三日、即ち四月二十三日を以て、井伊は大老に任ぜられその後二ヶ月にして堀田は閣老を罷《や》めるに至った。

かかる間に、条約調印の期限は次第に迫って来た。而して一方には英国のエルジン卿、仏国のグルー男が、各々全権を帯び、海軍を率いて条約締盟の為に来航すべしとの報告あり、他方露国のプチャーチン提督もまた下田に来り、ハリスと相携えて神奈川に至り、岩瀬肥後守・井上信濃守に面会して事の急なるを告げ、早く米国との条約に調印して先例を確立するの利益なるを説いたので、調印問題はいよいよ幕府の大問題となり、議論二つに分れて、あるいは勅許を得たる後ならでは行うべからずと唱え、あるいは勅許は到底得べからざるが故に、期限に至りて勅許なくとも調印を断行すべしと主張した。

而して後者の最も堂々たる主張者は岩瀬肥後守であった。井伊大老も初めは大いに躊躇したけれど、ついに岩瀬らの主張に動かされて、条約調印を断行するに至った。かくして日本は、米国その他と無謀なる戦争を開き、之が為に恐るべき禍根を植えること無くして、先ず第一の国難を踏切ることが出来た。

第二十七章　崩壊すべかりし封建制度

頼朝以来七百年にわたる日本の封建政治は、制度として幾多の欠点あるにせよ、国家発展の上に偉大なる貢献ありしは拒むべからざる事実、而して覇府《はふ》（幕府）の建設者たる諸英雄も、決して一己の栄誉を目的として天下の権を握ったものではない。頼朝のことは前に引証せる北畠親房の『正統記』の文に明らかであるから之を繰り返さぬ。近代封建制度の建設者たる秀吉並びに家康の心事については之を見よ。

それ秀吉は世に聞こえたる孝子である。その遺文を読む者は、彼がその母を念う濃《こま》やかな至情に動かされずに居られぬ。けれども秀吉は、天下の英雄は己れと家康なるが故に家康と握手すれば天下の統一が可能であると考えた。而して之が為にその妹を彼に与え、さらにその母を人質にやった。彼は奉行らの反対に答えて「日本国の太平と母親一人を代えることは出来ぬ」と言っている。英雄の心事、英雄之を知る。家康もまた秀吉の赤心に動き、家臣の頻りに止むるを退けて「たとえ己れは秀吉に殺されても、応仁以来久しく兵革に苦しめる人民が、弓矢の苦労から免れることが出来るならば己れに於て憾《うら》むところない。もし秀吉の招致を拒むならば、これ一己の了簡《りょうけん》を以て天下の乱を延ばすものである」と言って、ついに秀吉と握手し、之によって天下平かなることを得た。

加うるに彼によりて完成せられたる吾国の封建制度は、日本国に森厳なる精神的訓練を与えた点に於て、これまた吾らの感謝に値するものである。徳川幕府は、皇室より委任せられたる兵馬の権を以て、征夷大将軍として日本全国に軍隊政治を布いた。諸侯の領地は一つの軍管区にして、徳川氏の命令の下に、いずれも軍隊を以て之を統治した。換言すればいわゆる武門政治とは、恒常的に戒厳令を布きつつ、攻城野戦の精神を以て人民を治めるものにしてその官庁は即ち「城」であり、その官吏は悉く「武家」であった。町奉行・勘定奉行の如きも、之を今日の警察官・財務官に比すべきものに非ずして、寧ろ憲兵司令官・主計《しゅけい》・乃至軍吏に相当するものである。而して当時の武家は、各々その藩主に分属し、藩主の為に「戦うこと」を以て最後の義務とせしが故に、公の為に生死すべき生命を有して、私の為に生死すべき生命を有しない。されば家康の好敵手にして最後まで彼と戦える石田三成は常に「武士は君主より受くる物を残してはならぬ。残す者は盗《ぬすびと》である。遣い過ごして借銭するは愚者である」と言い、原則に於て武士は君公の倉庫を有して自己の倉庫を有すべきに非ざるを力説している。げに武士の生活は、武士全体の社会と関連して、相分つべからざる関係を有し、一藩の武士は悉くその利己放縦《ほうじゅう》の私を棄て、秩序峻厳の公に帰一し、その統一組織の力を以て外は他藩に抗し、内は人民を統治したのである。而してこの統一的共同生活が、吾が国民に寄与したる訓練の価値は、実に非常なるものである。武士に愛藩の念盛んなりしは、彼らが全体を尊び統一を重んずるの精神を示せるものにして、他日彼らが日本国の位置を知ると共に、この精神を日本全島に拡充し、その藩を愛するの心を以て国を愛し、君公に棄つるの命を国家に献げた。もし吾国に藩なるものなく、藩の共同生活なく、武士的訓練なかりしならば、あるいは今日の如く公戦に勇にして、愛国の情に盛んなる日本国民を見ることが出来なかったろう。

次に三代将軍が鎖国の政策を採ったことは、根本に於て吾国本来の精神と背馳するものなることは、改めて呶々《くどくど》するまでもない。開国進取は明治時代の首唱でない。それは往昔《おうじやく》よりの不文の国是にして、吾ら日本国民がよく一切の思想文明を歓迎し、之を統一して国民的生命を豊富充実せしめ、旧を失うことなくして新を抱擁する驚嘆すべき精神の所有者なることは、歴史の証明するところ最も瞭然である。しかるに徳川氏が鎖国を以て国是とせるは、真に非常の失策にして、之が為に日本の蒙れる損害は極めて大なるものであった。さりながら単に之を国内の経済的発展という点から見れば、鎖国は必ずしも徹頭徹尾無意義とのみは言い難い。例えばケンペルの如き、その見聞を記せる名高き日本歴史の中に、鎖国政治の論評を加えて、日本国内到る所の山、到る所の原、ほとんど耕作を見ざるなく、その農産の発達は欧州諸国にもその比を見ない。これ鎖国政治が自給自足の必要を生み、国民がその生活に必要なるものを悉く国内に於て生産するようになった為だと論じている。まことに彼の言の如く、諸侯分立、貿易禁止の国情が、日本全国を隅から隅まで開拓する原因となったことは、拒み得ぬ事実である。されば徳川氏の政治は、少くもその原則に於て、決して飽くまで之を非とすべきものでない。

しからば明治維新は何故に起ったか。即ち徳川末期の日本は、公武合体というが如き最も穏健らしい革新を以ては、もはや追い付かぬほど腐敗するに至るまで、如何なる理由に基づき、かつ如何なる経路を辿ったのか。換言すれば幕府の制度そのものが、如何にして徹底的革新を必要とするほど崩壊していったか。これは明治維新の本質を闡明せんと欲する者の、必ず先ず研究すべき問題である。

農業がほとんど唯一の産業なりし時代、従って土地がほとんど唯一の財産なりし時代に於て、鎌倉幕府創立以来、地主たる地位、従って富者たるの地位を独占し来れるものは、実に武士階級であった。而して鎌倉室町時代に於ける武士は、原則として地方に土着し、譜代の家子郎党を養い、小作人たる農民を率いて、自ら田園に耕作せる名実両全の地主であった。しかるに徳川時代に至りて、武士階級は悉く土地を離れて大名の城下に住し、単に定額の禄米を受けて生活するの制度となり、理論の上にてはなお地主たりしと雖も、全然地主としての実《じつ》を失うに至った。加うるに徳川時代の泰平は、自然の結果として商業の発達を促し、之と相伴うて都会の繁栄を招き、農業を以て唯一の産業とせる時代が過ぎ去れる為に、ここに武士階級は、彼らの意識せざる間に、頗る不利なる経済的地位に陥った。而してこの経済的不利は、徳川末期に至るに従っていよいよ顕著となりついに封建制度の破壊・武士階級の顛覆を早むる重大なる原因となった。

徳川時代に於ける約三百の大名は、幕府に対しては臣下であったが、自己の領土に於ては一個の専制君主であり、かつ領土の大小を問わず各大名は皆な独立対等であった。大名の領土は、いわゆる「石高」を以て表わされていた。例えば一万石の大名というは、一万石の米を産する土地の君主の意味であって、その収穫のうち、三斗五升または四斗一升として一万俵、即ち三千五百石または四千石が、いわゆる「御蔵入《おくらいり》」として君主の収入に帰するのが普通であった。但し石高には表高と内高とあり、名義上一万石（表高）でも実際は数万石の収穫（内高）が上がる土地もあった。表高は一に軍役高《ぐんえきだか》とも言い、百石につき三人の兵を養い、一旦の緩急に備うる掟があって、一万石の大名は三百人、十万石の大名は三千人の兵数並びにその兵器武具を平日より準備しておかねばならぬことになっていた。独り大名に限らず、旗本たると家中（大名に仕える武士）たるとを問わず、いわゆる石取は百石につき三人の兵を養うというのが原則となっていた。但し徳川末期に於ては、千石取の武士が僅かに若党中間一両人を抱えるに過ぎず、之が為に当時の識者をして常に「武備の怠り」を慨嘆《がいたん》せしめていた。

さて徳川時代に於ける日本全国の総石高は、幕府創立当時には千八百万石、元禄時代には二千六百万石、天保時代には三千万石と称せられている。而して以上のうち徳川氏の所領は、もとより精確には知り難いが、天正の初期に於ては約四百万石即ち全国の四分の一強、その末期にはあるいは大名の領地を没収せるあり、あるいは新たに土地を開拓せるありて、約八百万石即ち全国の三分の一弱を占めていた。この徳川氏の直轄地即ち天領は、日本全国にわたりて最も膏腴《こうゆ》なる土地を抱轄し、商工業の中心たる大都会をほとんど余さずその領内に抱容し、唯一の外国貿易港を占有し、奉行代官を派して地方の政治を統轄していたので、同じく封建制度というも、之を鎌倉室町時代に於ける割拠的状態に比すれば、著しく統一的にして、日本全国が不完全ながらも政治的全体を形成していた。

独り政治的のみならず、徳川時代は之を経済的生活の上より見るも、すでに国民的となりつつあった。即ち純乎たる封建制度に於ては、各藩が経済的生活の全範囲にして、自給自足を以てその主義としていた。各藩は一旦事あれば封疆《ほうきょう》（国境）を閉じて、自国の産物を以て自国の民に給し得ることを以て理想とし、之が為に種々なる産業を奨励した。さりながらすでに政治が国民的統一に向いつつありし時に於て、経済が孤立隔離の状態を持続することは、到底不可能なりしは言うまでもない。而してかくの如き国民的経済組織の発展を助長せし原因のうち、特に吾らの注意すべきは参勤交代の制度である。

参勤交代の制度は、交通不便を極むる当時に於て、大名をして多数の武士を率いて江戸に往復せしめたのであるが、国を出でてより国に帰るまでの需要品を、悉く領内より携帯するが如きは、考えもつかぬ話である。従って大名はその必要なる品々を、商人より買わねばならぬ。而して之を買う為には、土地の収入たる米穀を売って金に換えねばならぬ。而してかくの如きは、売らず買わずして自給自足せんとする国内自営の経済組織を打破すると共に、商業の発達を促し、財貨の集散地としての都会を発達せしむる原因となった。かくして当初は各藩を以て生産機関の最大単位たらしめんとしたるに拘らず、次第に日本全島を以て一個の生産機関とするに及び、日本の国富は俄然として大を加えたが、けれどもこの新しき富の大部分は実に「町人」の手に帰し、大名並びに武士は、この経済組織の変化の為に、却って極めて不利なる地位に陥った。

大名の収入は主として米穀である。農業の改善・土地の開拓などによりて、大名は若干その収入を増加するの途ありと雖も、領内の人口もまた次第に増加するが故に、支出も従って多からざるを得ない。之が為に日本全国の富が発達しても、大名の富はほとんど固定的であった。殊に頼山陽をして、年々数十万人、数百万人の軍を興すが如しとて、その費用の莫大なるを慨嘆せしめたる参勤交代の制度が、諸藩の財源を枯渇せしめたことは非常なもので、大名はこの江戸往復の為に少くもその収入の半ばを無益に費していた。故に徳川の中葉以後に於て、ほとんど全国の諸藩、皆な財政に苦しんだ。帆足万里《ほあしばんり》の如きも「当今三百六十余の諸侯、貧を憂えざるなし」と言っている。また『続三王外記』には「大阪は天下の大都会にして、大商富豪の輻輳《ふくそう》する所なり、諸藩用ありて足らざれば即ち計吏を遣はして称貸《しょうたい》す、近日償はざる者多し、富豪之に懲りて貸さず、之に於て財滞りて流通せず、諸侯愈々窮す」とある。甚だしきに至りては、七万石の大名にして僅か三百両の金を得るに途なく、表面は養子という名目の下に富豪の子に家督を伝え、家財封禄より家士に至るまで、三千両を以て売り渡し、己れは壮年にして外邸に潜み居る者さえあった。または領内の経済を挙げて富豪の手に委ね、己れは年々若干の手当を受けて、僅かに公私の体面を保てる者もあった。または六万石の大名が、負債山積して公訴となり、裁判の結果元利合わせて百八十万両の巨額と判明し、六万石全部を償却の途に充てても、五十年以上も渡し切り（明け渡し）にしなければ、返済し切れぬというような者もあった。

諸侯の窮乏すでにかくの如くなれば、藩士の困窮せることは言うまでもない。徳川時代の武士は、すでに述べたる如く原則に於ては地主であるけれども、事実に於ては俸給によりて衣食する官吏の如きものであった。けれども彼らの受くる俸禄は、先祖代々固定して、ほとんど増給ということがない。否ただに増給なきのみに非ず、諸侯窮乏の結果として、その家禄の全部を受くることすら能わずして、あるいは半額、あるいは三分の一を給せらるるに過ぎなかった。もしそれ武士階級が、鎌倉室町時代に於けるが如く、土地を離れざる名実両全の地主なりしなら、彼らはその生産力の方法を改善し、以て収入を増すの途を講ずることも出来たであろう。しかれどもいまや武士階級は、悉くその領地を離れて城下に集まり、主君に従って江戸に参勤することとなってみれば、その領土を経済的に利用して、大勢に順応するが如きことは、到底不可能となってしまった。

加うるに一般富力の増進は、必然国民の生活程度を高めた。徳川時代に於て経済を論ずる者にして、奢侈《しゃし》の増長を慨嘆せざるはほとんどない。されどこれ富の増加に伴う自然の現象に他ならぬ。富の増加に伴う物質的の進歩に対しては武士もまたその愛用者たらざるを得ぬ。町人が甘き羊羹《ようかん》を味わう時に、武士のみ薯《いも》を喰らって満足することは出来ない。朝夕の飯米を一粒選り《ひとつぶよ》（極上米）にして食う町人の出でたる時に、武士のみ玄米《げんまい》を味わっていることは出来ない。かくて武士はその収入を増加するの途なくして、けれどもその支出は次第に多きを加えてきた。

次に武士はまたその階級の人口増加に苦しまざるを得なかった。横井小楠遺稿に曰く「士たるもの、弟次男の如きは、年頃となりても妻を迎へざるは、天下一同武家の制なれば、誰人《たれびと》も怪しとせざれども、壮より老に至るまで、夫婦父子の大倫を廃《はい》して知ることを得ざる故、是がため不行跡に至る者も亦多し」と。げに武士の生計困難は、嫡子以外は婚期に達しても妻帯すら出来兼ねたほど、甚だしくなってきたのである。かくの如くして、江戸幕府の初期までは、国富の大部分は武家の手にありしも、後には次第に農商の手に帰するようになり、武士の多くは内職によりて辛うじて生計を繋ぐが如き状態に陥った。

経済組織が変化しても、武士階級は之に順応する能力なく、藤田東湖が『常陸帯《ひたちおび》』に論じたる如く「藩国の重臣算術を知らざる」時に於て、天下の富が最も多く商人の手に帰するは、極めて当然の経路である。西鶴の『町人鑑』には、七千貫目の有り金（現金）を有する町人が、当時三十六人を数えたことを記している。七千貫は之を当時の米に換算すれば約十五万石に当るが故に、三十六人を合すれば実に五百四十万石に達するのである。荻生徂徠の『政談』に、当時の富豪の状態を述べて曰く「上に事《つか》ふる君もなければ、恐ろしき者もなし、役儀もなければ、心遣ひも更に無し。武家の作法義理と云ふこともなく、衣服より食事家居《いえい》まで、其奢り大名に等し。附従ひ、出入する者、己が機嫌をば取る者ばかりなり。日々遊山放埒《ゆさんほうらつ》に、傾城《けいせい》町・女郎町を心の侭《まま》にあるけども、誰れ咎むる人もなく、今の世に南面王《なんめんおう》の楽しみと云ふは此輩《このやから》の事なり」と。

かくの如き富豪が、窮乏せる諸侯乃至武士に対して、債権者となることは、これまた当然の成行きである。徳川氏すらも彼らに負債して、一時の急を救わねばならぬ状態であった。況んや諸侯が彼らの財を借りたことは言うまでもない。従って彼らは次第に政治的勢力を得るようになった。而して当時の識者は「商賈《しょうこ》、財穀の権を握り、王公を股掌《こしょう》に弄《もてあそ》び、民命を掌握す」と慷慨《こうがい》した。さりながら之実に当時の政治組織・経済組織が生みたる必然の現象に他ならなかった。故に吾らは言う、「徳川幕府または武士階級の経済組織は、到底維持すべからざる欠陥を生じていた」と。

武士階級は、すでに物質的富力に於て、自余の国民の上に優越せる地位を失ってしまった。しからば彼らはなお精神的優越を保ち得た乎《か》。曰く、否。

八代将軍吉宗は、実に徳川中興の主であり、そのいわゆる有徳院（吉宗の諡号《しごう》）政治は後世の史家をして嘆賞措かざらしむところである。けれどもその死後僅かに三年、墳墓の土なお未だ乾かざるに当って、題して『世間御旗本容気《せけんおはたもとかたぎ》』という一巻の小説を出だせる者があった。而してこの一巻は、いわゆる「世直し将軍」の努力も、ついに武士の堕落を如何ともすべからざりしことを有力に物語っている。吾らはこの小説家が、一々実在の人物について描写を試みたとはもとより言わぬ。されど篇中の旗本の生活は、実に当時の武士階級の精神的堕落の偽らず包まざる画図《えず》である。試みに之を繙くに、ある旗本は放蕩の結果貧困に陥り、本所深川辺りで強盗を働いている。ある旗本は専ら賭博に耽っている。ある旗本は婚礼養子の媒妁に奔走し、その謝礼によって生計を立てている。ある旗本は人を欺きて不廉《ふれん》（高値）に骨董を売り付けその利の多きを誇っている。あるいは金魚小鳥を内職に飼う者もある。あるいは他人の子を実子と詐《いつわ》りて、知行を金と換えた者もある。而して之の如

徳川吉宗

きは後代の人々がその健全を謳歌せる、いわゆる「享保《きょうほう》の士風」であった。

かくて剛健を以て世に誇りし三河武士の子孫が、腰物は軽いが肝要とあって鮫鞘《さめざや》を選び、化粧道具を紙入れに収めて懐中し、豊後節（浄瑠璃の一派）の太夫号を取りて朋輩に誇り、ついに一個不良の遊民と化した。士流すでにかくの如し、一般社会の道徳的腐敗は、さらに甚だしきものがあった。吾らはここに一々の事実を挙げる遑がない。また之を筆にするを恥ずるが如き淫猥《いんわい》の風俗が多い。誠に『江戸繁昌記』一巻を繙くも、実に当時の日本、少くも江戸は、一切の亡国的要素を遺憾なく具えている。

しからば当時の宗教界は如何。武士は正しき信仰の所有者なりし乎。曰く、否。

鎌倉時代に於て真に民族化せられたる新仏教、即ち法然・親鸞・乃至日蓮の信仰は徳川幕府が耶蘇教禁制の為に仏教保護政策を採ると共に、次第にその生命を失い、武士の宗教と呼ばれし禅の如きも、極めて稀なる例外を除けば一般に堕落して了《しま》った。武士は儒教の道徳を以て至高のものとし、宗教は之を百姓町人の事として顧みなかった。而して愚夫愚婦の信仰は、本来の意義を失いて専ら消極的となれる他力往生の真宗であった。

政治・経済・道徳・宗教悉く腐敗し去りて、なおかつ国家が現状を維持し得るか。明治維新は、たとえ米国の来襲なく、英露の東漸なくとも、日本精神が未だ亡びざる限り必ず起るべき革新であった。

第二十八章　尊皇と攘夷と倒幕

明治維新は「尊皇攘夷」の標語が、最も明瞭に表示する如く、勤皇精神の勃興、その思想上の因となり、外国勢力の圧迫、その遂行の縁となれるものである。徳川幕府が、治世の必要上、盛んに奨励し普及せしめたる漢学が、却って明治維新の根底となれることは、世人の等しく知るところである。君臣主従の関係を以て組織せられたる徳川時代の社会制度に於て、忠孝を信条とする漢学の教義は、最も秩序を維持するに適せるものであった。けれども馬上によりて天下を得たる徳川氏が、その馬上の威力衰えて之を顛覆すべき各種の政治的・経済的原因の醸成せらるるや、漢学は戈を逆にして王覇の弁（王を尊び覇者を卑しむ）となり、王たるべき皇室の為に覇府を倒すべき理論を供給した。関ヶ原合戦以後漸く六、七十年、世間は「御世《みよ》万々歳」と幕府を謳歌せる四代将軍の時に於て、すでに熊沢蕃山の如きは公武各別論を唱えて権威代謝の説を述べ、頼朝以来如何にして日本が公武各別の政体となりしかを明白に説明し、徳川氏の武断政治が、国本たる人民を土芥《どかい》視することを難じ、徳川氏の権威が、早晩代謝を免れぬことを論じている。而して国史の研究・神道の隆興、次第に日本国家に於ける皇室の地位を明らかにし、国民をして忠義の最も大なるは、徳川氏に尽くすに非ずして、皇室を尊ぶにあることを知らしめた。けだし徳川氏が自家の利益のために極力鼓吹せる忠義の精神は、日本歴史の明らかなるに従いて、その君（将軍）に向って発せずして、君の君（天皇）に発するに至ったのである。而してこの革新的思想の鼓吹者として、フランス革命に於けるボルテールの如く、またイタリア建国に於けるマジーニの如く、最も重要なる役割を勤めた者は、往年の年少改革家伊藤博文が、洋行の笈中《きゆうちゆう》にも携帯せしという『日本政記』の著者頼山陽その人である。漢学の改革的原理によりて日本歴史を批判せる彼は、不忠不臣なる徳川氏を反対語に尊皇忠臣と称揚し、而してその端を拓ける鎌倉幕府を乱臣賊子と筆誅《ひつちゆう》する。それらによりて、倒幕改革を暗示せる彼の『日本外史』は、実に海内《かいだい》一般に勤皇の意義を知らしめ、志士をして靡然《びぜん》之に向うの気を発揮せしめたる点に於て、真に絶群の改革文学であった。

さりながらこの時に当りて、いわゆる勤皇の気は、未だ徳川政府を顛覆するほど有力なるものでなかった。俄然として維新運動の気運を激成せるものは、実に米国の黒船が太平洋を越えて浦賀に着し、通商貿易を強要せる非常事件である。これより先、三代将軍が鎖国政策を確立して以来、海内一般ほとんど日本の外に国あるを知らず、唯だその名を聞けるものはシナ朝鮮の諸国のみで、インドの如きは、天竺という名称そのままに、天空の外に在るかに想像していた。もとよりすでにこの時より五十年前以来、外船屢々吾が近海に往来したけれど、皆な僻陬《へきすう》の地に上陸せるに過ぎない。故に若干先覚者は、夙に鬱勃《うつぼつ》たる憂国の心を抱きたりしも、一般国民はほとんど夙する馬牛であった。しかるに米国軍艦の吾に到るや、その碇を泊せる所は吾国の玄関であり、その求むる所は通商条約の締結なるが故に、露艦が蝦夷の一角に上陸せるとは、その人心に与うる影響、到底同日の論ではない（比較できない）。しかもその之を要求するや、明白に強要威圧の態度を以てし、もし之を許さずば直ちに兵力を用うべきことを宣言した。試みに吾らをして米艦来朝に際して幕府に差し出せる文書を引かしめよ。文に曰く「先年以来各国より通商願これあるところ、国法を以て違背に及ぶ、もとより天理に背くの次第莫大なり。しかれば蘭船より申達し候通り、諸方の通商、是非々々希い候、不承知に候わば、干戈を以て天地に背くの罪を正し候につき、その方も国法を立て防戦致すべし。左候わば防戦の時に必勝は吾らに有之、その方敵対成り兼ね申すべく、もしその節に至り和睦を請度《こいた》くば、このたび送り置き候ところの白旗を押し樹つべし。しからば此方の砲を止め、船を退いて和睦を致すべし」と。而して之に添うるに二旒《りゅう》の白旗を以てした。幕府当局者はこの暴慢を極め、非礼を極めたる米国の強請に対し、吾国に加えられたる忍び難き凌辱を憤るよりは、その愕然として大なる艦船、その整然として精なる銃砲、その粛然として紊《みだ》れざる兵制を見て、唯だ驚愕しかつ恐怖した。

徳川幕府の制度は、諸侯及び人民の叛乱を防止するという消極的主義を以て根底とせるものである。故にこの点に於ては、極めて周匝《しゅうそう》緻密の用意を以て組織せられ、之が為に二百五十年の久しき、一諸侯の叛する者さえなかった。しかれども秦兵強き時は即ち六国連合す。一旦国難の外より来るに当っては、諸侯分立の封建制度は、到底その存続を許さるべきものでない。見よ、すでに勤皇の精神を抱きてその心に新しき日本を描きつつありし諸国の志士は、米艦の渡航によりて強烈なる国民的意識を喚起せられ、殊に徳川幕府が天子の詔勅を請いて開国を行わんとするや、志士の憤激その極に達し、あるいは「宝刀染め難し洋夷の血」と謡い、あるいは「この心偏えに戎夷《じゅうい》を掃《はら》わんと欲す」と叫び、家を捨て妻子を去り、東西南北に奔走して、専ら攘夷の目的を遂げんと努めた。この時に当りて志士の心中また忠をその君に尽くすの念なく、その君を愛するの念なく、心裏満腔、唯だ日本そのものを憂えた。故に封建の精神は、この時に於て早くすでに破滅し去り、その形骸は十年ならずして斃《たお》れたのである。

乞うらくは、当時の志士の攘夷的精神を以て、無智偏狭のしからしめるところと嗤《わら》うなかれ。開鎖の利害・和戦の得失の如きは、健全なる国家の基礎ありて、初めて之を議し得るところのものである。当時の日本はその思想精神の堕落が、ひいては政治的・社会的組織の腐敗を招き、同時に併行して因となり果となり、一切の財政的・経済的組織の崩壊を来たせる亡国状態にありしことを忘るるなかれ。革新とは、この亡国的腐敗崩壊の間より、新精神の奮興《ふんこう》するありて、新組織を構成せんとするものである。故にこの時に当り最も必要なるは、興国の気魄であり、強烈なる国民的自覚である。而して攘夷的精神とは、強烈なる国民的意識が、米国によりて吾が国家に加えられたる凌辱に対して発せる義憤に他ならぬ。そは非打算的と称せられるかも知れない。けれども非打算的であるだけに、それだけ正しく力ある精神を赤裸々に露呈せるものである。

加うるに維新の志士は、皇室を中心として君民一体の国家を形成せんとせる根本精神に於て、まさに革新の理想的なる主義を掴めるものにして、彼らが終始この主義を以て一貫し、しかも非常なる天佑の下に革新の目的を最も見事に成就せることは、之をフランス革命が当初は立憲君主制を標榜して、中頃より共和制に代り、さらに奈翁（ナポレオン）の帝政を出現してその落ち着くところに落在するまでに、非常なる転変と曲折とを見たるに比し、あるいはシナ革命が清朝を倒して二十年を過ぐるもなお、何ら根本的革命を挙げ得ざるに比して、実に非常なる成功と言うべく、而してこの成功の真因は、その立てるところ正しかりしが故であると言わねばならぬ。

さて万延元年（安政七年）三月三日、井伊直弼の血を以て桜田門外の雪を染めたる少数の水戸浪士によりて、倒幕の勢いは先ず滔天の炎を挙げた。戒厳令政治の世に於て、幕府内閣の首相が、白昼狼藉者の刃に斃れしこと、すでに徳川氏の末路遠からざるを示し、かつまた井伊の企てつつありし公武合体案は、畢竟両立すべからざる王覇を弥縫せんとする一個の夢に過ぎざりしを物語る。たとえ安藤信正が彼の志を継ぎ、岩倉具視の同意尽力によりて、皇女降嫁の目的を達したとはいえ、之を基礎として公武合体を築き上ぐることは、西に走って没する太陽を追うが如きものであった。この時に当りて太陽を慕う者は、東に向ってその出現を待たねばならぬ。日本が真に新しき国家として復活する為には、まさに井伊・安藤の進めると反対の方向に進まねばならなかった。果然倒幕論は非常なる速度を以て天下の大勢となり、安藤もまた危うく井伊と同様の厄に遭わんとした。

それ倒幕は明治維新の必然の道程である。されど総ての改造運動に於てしかるが如く、幕末の志士は必ずしも明確なる具体的理想を抱いていたのではない。勢いの趨《おもむ》くところ漸く分明となりし頃の舞台に於て、指導者の役を勤めたる伊藤・井上の元勲すら、なおかつその回顧談中に、総てが無我夢中なりしと告白して、維新の意義に徹底していなかった。前例をフランス革命に徴するも可なり。ルソーの如きを以てして、なお共和制は仏国に適せずと明言していた。ミラボーその人すら、ブルボン家に代うるにオルレアン家を以てせんとし、両者共に革命せらるべき階級を代表せることを自覚しなかった。されば当時の倒幕党も、また決して明確なる将来の理想を有していたのではない。あるいは依然として封建制度を存続し、単に徳川氏の地位を下して一諸侯となし、その独占せる権力を奪いて之を皇室に奉還し、新たに諸藩の人材を進めて政府を組織せんとする者もあった。あるいは「いまや長州が江戸になる」との唄によりて知らるる如く、恐らく徳川氏を倒して第二の徳川幕府を出現せしめんと欲する者もあった。幕末志士は、唯だ一事を強く意識していた。一事とは新国家の組織には、第一に徳川幕府を倒さねばならぬということである。この点に於て、彼らは見えざる正しき手に導かれたのである。

而して幕府は当然この大勢に反抗した。公武合体案もその対抗策の一であった。安政の大獄もその一であった。阿部正弘の江・水・薩連合もその一であった。而して倒幕の大勢いよいよ熾んなるに及んで、幕府はついに外国の力を藉るに至った。そは倒幕の大勢力たりし長州を倒さんが為に、実に三百万弗（ドル）の金を英・米・仏・蘭の連合艦隊に贈り、託するに馬関攻撃を以てした。連合艦隊は元治元年八月、その巨砲を以て馬関を攻撃し、長州は非常なる敗北を蒙り、白旗を樹てて降伏し、屈辱を極むる詫証文を連合艦隊に交付し、辛うじて大事に至らずして済んだ。この恥ずべき策略の張本人竹本甲斐守（外国奉行）は、かくして長州の苦しむを喜んだ。

連合軍に占領された下関砲台

けれども徳川幕府の売国的行動は、その幕仏同盟計画によりてさらに国家を危地に陥れんとした。当時仏国は、メキシコ遠征に失敗し、何か帝国的功業を挙ぐるに非ずんば、第二帝政を維持すること困難なる状態にあった。あたかもこの時に当り政商モンブランが対日政策を唱道したので、ナポレオン三世は日本を自家野心の犠牲に供すべく、駐日仏国公使ロッシュをして幕府に交渉せしめ、仏国は幕府を援助して国家の改造統一に尽力すべき事を提議せしめた。而して小栗上野介は、仏国の提議に同意し仏国の力を藉りて薩長以下倒幕諸藩を倒し、いま一度徳川を以て日本を統一せんとの政策を採った。この交渉はもとより極めて秘密に行われたのであるが、偶然に薩長の知るところとなり薩長は之が対抗策として、かつてはその愛国的精神より之と戦を交えたる英国に結ばんとした。ここに於て吾らは薩長両藩が、幕府と同様なる売国的行動に出でたるを責めざるを得ぬ。

フランス革命史を読める人は、巴里（パリ）を逐われたる前王朝の文武百官が、あるいはプロシアにあるいはオーストリアに愁訴嘆願し列強の力によりて、奪われたる自己の権力を恢復せんとせし亡国的醜態を見て、之を賤《いや》しまざるを得ないであろう。而してこれら亡国階級の売国的行動は、ついに連合軍の仏国侵入となり、之が為にフランス革命は全く常軌を逸せる狂乱状態に陥り、恐怖時代を現ずるに至った。この時までフランス革命家は、決して必ずしも共和制を望んでいなかった。もし彼ら亡命貴族が唯だ旧王権を恢復せんとして、隣強侵入軍のために故国分割の嚮導《きょうどう》を務めるが如きことなかりせば、可憐なるルイ十六世の頭《こうべ》がギロチンの上に刎《は》ねらるることなくして終ったかもしれぬ。嗚呼、幕末の幕府政治家も徳川氏のためにギロチンを準備しつつあったのだ。

日本がその改造の過程に於て、幸いに順風に帆を上げ得たりしこと、幕府並びに薩長の不謹慎なる計画が、ついに実行せられずして終れること、総じて国内動乱の際に列強野心の乗ずるところとならず、見事に革新を成就し得たりしことは、之を天佑というの他ない。而してこの天佑は、実に欧州に於ける戦乱の姿に現われた。西暦一八四八年（嘉永元年）のフランス第三革命は全欧州を動乱の中に投じた。一八五四年（安政元年）クリミア戦後の新均勢は、列強をして欧州内部に於ける同盟協商に没頭して、他を顧みるの遑なからしめた。一八五八年より五九年にわたりては、イタリア独立に伴える仏墺戦争が起った。プロシアの勃興は一八六六年（慶応二年）の普墺戦争を生んだ。日本にとりて最も危険なりしナポレオン三世は、一八七〇年（明治三年）普仏戦争によりて亡んだ。

総てこれらの事情が、欧州をして思うがままにその手を吾国に伸ばすことを得ざらしめた。

見よ、対馬の租借権を主張して動かざりし露艦、長崎に入りて威嚇至らざるなかりし露艦は、クリミア戦争の勃発により、太平洋の海面に於て英仏艦隊と抗敵するために、日本に対する毒手を緩めた。米国の日本侵略は、ペリー提督の公文が明らかに示す如く、突如として交迭せる反対党の政策によりて平和主義に豹変した。而して一八五八年（安政五年）メキシコ問題による米仏両国の確執、一八六一年（文久元年）の南北戦争は、米国をして野心を日本に逞《たくま》しうするの余暇なからしめた。これ実に明治維新がフランス的発狂に陥らず、フランス革命の如き恐怖時代を見ざりし原因である。

第二十九章　明治維新

木戸・西郷をはじめとし、薩長諸藩の志士は、当初に於て徳川幕府を倒しさえすれば、維新の目的が達せられるものの如く考えていた。さりながら大政奉還は決して維新の終結ではない。ブルボン王朝の顛覆がフランス革命の結末に非ざりし如く、満州朝廷の崩壊がシナ革命の結尾に非ざりし如く、ロマノフ家の最期がロシア革命の結尾に非ざりし如く、徳川幕府の没落も、また維新の結末でない。「倒幕」は即ち革新の破壊的運動にして、そは畢竟「尊皇」の建設的事業の為の準備に過ぎぬ。真個の維新は、実にこの時を以て辛うじて第一歩を踏みたるに過ぎなかった。

「倒幕」とは、単に幕府の倒壊を意味するに非ずして、幕府によりて代表せられたる一切の諸侯武士の倒壊を包含せるものであった。従って薩長をはじめその他諸藩は、たとえ倒幕に力ありにせよ、已れまた「尊皇」の大義と両立すべからざる封建的遺物として、やがて幕府と運命を共にすべきものであった。かつて大隈侯は、薩摩藩の島津久光が明治新政府の彼に与えたる待遇に対して、甚だ不満なりし事実を物語っている。しかり、尊皇の建設的目的の為には、勲功かの如き島津家と雖も、ついに煮らるるの良狗たらざるを得なかった。されどもし島津侯または毛利侯が、徳川氏に代りて封建制を維持したならば、そは「倒幕」であっても「尊皇」ではあり得ない。かくては維新の目的たる中世的封建制を一掃し、一天子を奉戴する国民的統一が、到底不可能であったことは言を俟たぬ。

明治維新の建設的事業は、明治天皇の新政府の手によりて断行せられた。それ一切の改造は、常に強大なる中心権力を要し、従って断乎たる専制政治を欲する。総ての改造は、新しき統一を代表せる大専制者の出現を待ちて、初めてその成功を可能とする。フランス革命はナポレオンの専制によって成った。ロシア革命はレーニン及びスターリンの専制によって成りつつある。而して明治維新は、実にその専制者を明治天皇に於て得た。

明治新日本の綱領は、名高き五箇条の御誓文に於て宣明せられている。一に曰く「広く会議を興し、万機公論に決すべし」と。将軍の「思召」または「御上意」が国事の一切を左右せる封建時代が、一朝にして万機公論に決するの新政治組織となった。二に曰く「上下心を一にして盛に経綸《けいりん》を行ふべし」と。興国進取の気象、如何に鬱勃として動いているぞ。三に曰く「官武一途庶民に至るまで各々其志を遂げ、人心をして倦《う》まざらしめんことを要す」と。昨《きのう》は斬捨御免の庶民、俄然としてここに人格者として現われた。四に曰く「旧来の陋習を破り、天地の公道に基くべし」と。旧物破壊の精神が旁魄として漲っている。五に曰く「智識を世界に求め、大に皇基を振起すべし」と。昨の攘夷鎖国の愛国的精神、いまやその消極的保守を蝉脱《せんだつ》して、積極的進取の努力となった。

かくて大方針はすでに確立した。維新はここに建設的運動に入る。明治政府は先ずその綱領第一に基づいて、広く会議を興さんとした。さりながらもし幕府倒れて直ちに議会を開き、議員を全国より選集するに於ては、当時の日本平民は未だその代表者を送るべき自覚なかりしが故に、その議会は武士階級の中世的意志を代表する機関となったであろう。彼らは自由政治の名によりて、版籍奉還に反対したであろう。国民の権利に藉口《しゃこう》して、食禄没収に反対したであろう。帯刀の特権を主張して、国民皆兵に反対したであろう。あるいは徳川氏の復活を主張する者もあったろう。かくして果して維新の実を挙げることが出来たか。国民に自由の自覚未《まつ》だ完たからざる間、革新後のある期間に於て、反動的勢力が必ず議会と世論とによりて復活の死力的抗争を試みることは、吾ら先には之をフランスに於て見、近くは之をシナに於て見た。

明治天皇の維新政府は、直ちにこの勢《せい》を看破した。初め公議所を開き公議人を全国より徴するや、喧々囂々《けんけんごうごう》を極めて如何ともすべからざるが故に、数日にして之を閉じたが、万機公論を楯に取りて、四方雲霞《うんか》の如く建白書が集まり、各自儘《じまま》なる主張を敢てし、之が為に政府の主義を確立するに由なく、朝令暮改の有様となった為に、ここに断乎として専制的施政を執るに至った。されど反動的気勢は容易に止まぬ。之が為に大小の兵変暴動は、明治十年に至るにほとんど百回を算《かぞ》え、最後に西南の役に於て、全国にわたる武士的勢力の余勢を一掃するを得た。

さて明治元年（一八六八年）四月、朝廷は前将軍徳川慶喜の降服を容《ゆる》すと共に、幕府従来の領土を収めて朝廷直轄地となし、慶喜の継嗣家達《いえさと》を静岡に封じて一諸侯となし、而して翌閏四月、旧来の朝廷直轄地及び新たに収めたる幕府旧領地を分ちて府・県となし、府に知府事・判府事、県に知県事・判県事を置きて之を治めしめた。而して従来徳川幕府を奉じたりし諸侯は、名義に於ては朝廷に直属することとなったけれど、なお旧に依りて各々その土地人民を私有していた。この時に於て全国諸侯は二百七十三を算し、前述九府二十県とこれら二百七十三藩とに日本全国を分轄していた。しかるに「藩治の儀は、従来各々その家の立つる制法に随い、職制区々異同これ有るに付き、今後一般同軌の趣意」を以て、同年十月藩治職制を定め、全国にわたりてやや画一せる制度を布くに至った。

さりながらたとえ諸藩は名義の上で朝廷の直轄となっても、藩主が依然として武士即ち軍隊を擁し、土地人民を私有するが如きは、新政府にとりて極めて危険なる状態にして、もし之を現状のままに放置するに於ては、あるいは建武中興の覆轍《ふくてつ》を踏み、第二の幕府を出現するの虞れあった。故に維新の大業を徹底せしむる為には、徳川氏を倒せると同一の理由を以て、総てこれらの諸藩を倒すの必要があった。

明治政府の先導者たりし木戸・大久保の諸氏は、明らかに這箇《しやこ》の形勢を看取し、先ず藩主に説きて封土の奉還を勧めた。而して土肥両藩もまた之に賛したので、明治二年正月、薩長土肥の四藩、連署上表して版籍奉還を請うに至った。それ薩長土肥四藩は、皇政復古の殊勲者である。他の諸藩も、勢いの向うところ之に倣うの他はない。かくて続々版籍奉還を奏請するもの二百余藩に及んだので、この年六月、政府はその奏請を聴許し、未だ請わざる者には、特に諭して奏還せしめ、藩主を以て藩知事となし、かつ同時に公卿・諸侯の称を廃し、改めて之を華族と称せしめ、諸藩武士を士族と称せしめた。かくの如くにして、藩・府・県のいわゆる「三治一致」となり、封建割拠の大勢ほぼ廃絶し、全国一統の皇政を奉ずる緒《ちよ》に就いた。

さりながら七百年の積習は、如上の制度を以てしても容易に去り得るものでない。即ち之を表面より見れば、諸侯の版籍奉還と共に、旧来の藩士は皆な藩主と同じく皇室の直属の民となったけれども、その内実を見れば、大小参事は概ね旧藩の重臣であったから、藩知事と士民との関係は、依然として旧君臣の観をなし、従って士民はややもすれば藩知事を重んじて朝命を軽んずるの風があった。故に真個の維新統一の実を挙げる為には、藩を廃して県となし、全国画一の地方制度を布くの必要あることは、維新志士の等しく認めるところであった。而してそれが必要であるだけ、その実施には非常なる困難が伴っていた。

困難の第一は、倒幕の元勲たりし西南諸藩が、気傲《おご》りて功を負えることである。当時の中央政府には、これらの諸藩を抑えるに足る富と兵力とがなかった。故にもし彼らを御するの道を誤らば、必ずや大乱を醸すであろう。けれども一方に於ては、維新の功、僅かに若干西南諸藩の専有するところとなり、その他の諸藩は手を拱してその制を受くるの地位に立ち、之に平かならずして乱を思う者が多かった。故にもし維新元勲の諸藩を激して乱を起さしめば、天下また大いに乱るべきは、最も明白なる勢いであった。かくの如き時に当り、廃藩の実行を可能ならしむるの道は、功勲最も大に、権勢最も強き薩長両藩をして、率先して之に賛成せしむるにあった。而して之の計画は、木戸・大久保・西郷・板垣諸氏の尽力によりて成功し、明治四年四月、ついに廃藩置県の詔勅下り、幸いにも一令の下に天下響応し、敢て異議を唱うる者がなかった。皇政維新の基礎、即ちここに定まった。

廃藩置県に次いで最も根本的なる改革は、国民皆兵制度の確立であった。国民皆兵制度は、全国の武士よりしてその世襲的職業を奪い、従って彼らによって独占せられたる武力を奪えるものにして、その性質に於て、最も徹底的なる革新であった。而して多くの革新指導者すら「土《ど》百姓に戦が出来るか」と言うが如き謬想《びゅうそう》に囚われて、激しく該変革に反対した。而して全国の士族が之を喜ばざりしは、もとより言うまでもない。彼らは、西郷隆盛の大公無私なる精神を以てしてなお、かつ武士よりその武力を奪うに非ずんば、決して新国家の出現を期待すべからざるを看取せず、忠勇は武士の特有の徳性なるが如くに考えて、最も之に反対した。吾らはこの点に於て山県有朋の勲功に対し、満腔の熱誠を以て感謝の意を表する。けだし徴兵制度の確立は、実に山県の苦心努力により、万難を排して実現せられたものにして、明治日本の献立はこの兵制改革を以て真に一段落を告げたものである。

けれどもこの断行は一面に於て未だ自覚せざりし国民の反抗を買い、他面に於ては自己の特権剥奪を憤る武士階級を激せしめた。国民は太政官の発せる諭告中に「血税」の文字あるを見、生きながら人間の血を搾り取るものと誤解し、為に暴動所々に起った。憐むべき国民よ、彼らはこの新制が、七百年来の圧迫より彼らを解放する最も重要なる手段なりしことを悟らなかったのである。けれども武士階級の憤激に至っては、さらに甚だしかった。彼らは次第にその特権を奪い、最後にその刀をまで奪える新政治に対して、不平不満であった。而してその不平は頻々たる暴動となって現れた。試みに明治四年以後、各地に於ける暴動を列挙して見よう。

明治四年九月には讃岐高松に、十月には岡山県及び播磨神東神西両郡に、十二月には伊勢及び土佐、明治五年四月には越後に、八月には甲斐に、明治六年一月には豊後諸郡に、六月には美作・筑前・伯耆・出雲・讃岐の諸国に、明治七年二月には日向国に暴動が起っている。而してこれらの不平は、ついに大規模の政府顚覆計画となり、佐賀の乱・神風連《しんぷうれん》の乱・秋月の乱・萩の乱を経て、西郷を奉ぜる西南戦争に於てその頂点に達したが、「土百姓」を以て成れる「鎮台兵」が、見事に事変を平定して、ここに初めて武士階級の反動的勢力を一掃することを得た。

徴兵令の発布に次いで、明治革新政府の断行せる最も根本的なる改革は、実に地租の改正である。徳川時代に於て人民には土地を所有する権利がなかった。土地は悉く領主に属し、領民は原則として借地人であって、恣に之を売買することが出来なかった。明治二年、各藩主の版籍奉還を許してからは、日本全国の土地、皆な朝廷の有に帰したとはいえ、人民はなお未だ土地所有権を与えられず、僅かに使用収実の権及び相続質入の権の如き、処分権の一部を賦与せられただけであった。而してその使用収実の土地に対する賦課租税は、国民の階級に依りて区々に分たれ、その間に頗る軽重寛苛の差があった。故に「四民平等」の精神を徹底せしむる為には、一方には土地の完全なる処分権を認め、他方にはその納税義務を均一ならしむるを必要とした。かくて明治三年神田孝平、先ず田制改革を建議し、翌年大久保利通・神田孝平の建議によりてさらに一歩を進め、着々之が実現に準備したが、ついに陸奥宗光の地租改正意見によりて、明治六年地租改正条例の発布を見、明治十四年に至りて漸く全国の改正を終った。

義務教育の方針も、また明治五年の学制発布によりて確立した。それは「邑に不学の戸なく、家に不学の人なからしめん」ことを期したものにして、全国を分ちて八大学区となし、毎区に大学を設け、また大学区を各三十二中学区に分ち、毎区に中学を設け、さらに中学区を分ちて各二百十小学区となし、各区に小学を設けんとするもの、即ち全国に八大学・二百五十六中学・五万三千七百六十小学を設立する計画にして、規模宏大、秩序整然たるものであった。但し直ちに実現することは、当時の国情、殊に財政状態を以てしては、到底不可能のことなりしが故に、明治十二年に至りて之を廃し、先の学制が全国画一に過ぎて国情に適せざるを察し、新たに教育令を発布して従来の学区制度を廃し、町村あるいは数町村連合して小学校を設立せしめ、国民教育の基礎を地方に託することとした。爾来数度の改廃増補を加えて来たが、明治十八年新内閣官制の実施と共に、森有礼《ありのり》入りて文部大臣となり、予てより抱懐せる教育上の理想を行わんとし、翌十九年教育令を廃して新たに小学校令・中学校令・師範学校令・帝国大学令を発布し、同時に諸学校通則を定めて之を公布するに至り、吾国の教育制度は、大体に於てその基礎を置かれた。

明治天皇、左から二人目

さて明治維新の機運は、第一に大義名分を高調せる漢学者、次いでは『大日本史』『日本外史』によって国体の本義を明らかにせる史学者、さらにまた復古神道を力説せる国学者の思想的感化を受けたる志士、並びに欧米の新知識に接触せる開国論者らによって促進せられしものなることは、すでに述べた通りである。異種の思想系統を引けるこれらの人々は倒幕と共に同時に維新政府に入りて要路に立つこととなった。この事は必然政府諸般の施政に反映し、明治の初年に於ては思想的根拠を異にせる、即ち矛盾撞着せる幾多の命令が発せられ、国民をしてただにその煩瑣に悩ましめたるのみならず、施政の方針また屢々動揺して、適帰《てつき》するところを知らざらしめた。政府を諷刺せる当時の謎々合《あわ》せに曰く「太政官とかけて浮気男と解く、心は夜昼七度《ななたび》変る」と。政府の朝令暮改はまことにこの諷刺の如く甚だしかった。根本方針は五箇条の御誓文によって確立せられたとはいえ、その実現のためには非常なる紆余曲折を経ねばならなかった。

けだし維新の幕一度切って落さるるや、雑然たる各種の傾向が、社会的並びに政治的に、先ず新旧全勢力の対峙となり、やがて武断派と文治派、急進派と保守派の二大陣営に分れて、朝においては征韓論と内治派との抗争となり、野に於ては暴動と暗殺との頻発を見、波瀾幾度か重畳《ちょうじょう》して国家は屢々危地に出入している。見よ、一方には、「皇政復古」の精神に則りて天皇の親政が行われ、太政官・神祇官の如き大宝令官制の再現を見、廃仏毀釈《はいぶつきしやく》・基督教迫害が行われたと同時に、他方に於ては「明治維新」の精神に応じて文官・学生の欧米派遣となり、一切の旧物の極端なる排斥となり、欧米模倣の文明開化が強調せられ、国語を廃して英語を採用すべしと唱うる者、共和政治を謳歌する者さえあるに至った。一は洋服を罵りて胡服と呼べば、他は和服を嘲りて蛮服と呼ぶ。この対立が強弱の程度こそあれ、国家生活の一切の方面に現われた。この二つの極端なる傾向が、時には並行し、時には雁行し、時には先後《せんご》しつつ進んでなれるものが、実に明治日本の政治であり、法律であり、経済であり、総じては一般明治文化である。

これらの二傾向は、明治政府の内部に於て、征韓論を導火として先ず最初の激しき衝突を招いた。征韓論は日本の体面を侮辱せる朝鮮を膺懲せんとするものにして、疑うべくもなく幕末攘夷論と同一精神に出でている。その最も熱烈なる主張者西郷隆盛は、日本は東亜に権力を確立するに非ずんば、断じて国威の発揚が不可能であると信じていた。而して副島・江藤・板垣らが之に賛同した。しかしこの征韓論は、内治を主とする岩倉・大久保・木戸らの反対によって破れ、ここに西郷以下主戦派、袂を連ねて廟堂を去ったが、征韓論者のうち西郷を除き、副島・江藤・板垣らは急に連署して民選議院設立を建白するに至った。けだしその理由とするところは、維新に勲功ありし二、三の雄藩が、唯だ天皇を奉じて政治を擅行《しこう》するならば、毫《ごう》も幕府と異なるところない、彼らをして私する余地なからしめて、初めて尊皇の実を挙げ得るというにある。それ故に尊皇と民選議院とは、表面は一致せざるが如くにして、実は同一精神に出でている。かくて幕末の尊皇攘夷の二論は、いまや形を代えて征韓論及び民選議院論として現われた。

維新政府の有力者が分裂して一半は野《や》に下《くだ》るや、朝に留まれる者は一致協力して之に当った。征韓論はついに佐賀及び鹿児島の暴動となったが、政府の武力はよく之を鎮圧した。民選議院論は先ず板垣の自由党、次いで大隈の改進党を生んだが、政府は極力その排斥に努めた。江藤・西郷の斃れてより、武力を以て政府と争う者がいなくなると同時に、明治政府に不満なる者は、皆な言論によって之に反抗せんとしたので、政府の弾圧に拘らず、年と共に盛大に赴いた。板垣を中心とせる自由党は、思想の流れを仏国の自由思想に汲み、自由民権を叫び、主権在民を口にしつつも常に国権拡張を是認する点に於て、まさしく征韓論者の変形であった。大隈を中心とせる改進党は、英国の議会政治を理想とし、思想的根拠をミル及びスペンサーの著書に置いた。大隈はもと政府にありて非征韓論派と事を共にせる者、野に下りて政党を組織するに当っても、内地の改良を主として国権の拡張に及ぼすことを標榜した。この点に於ては実に大久保一派の内治論と異なるところない。かくて自由党は征韓論と民選議院論とを併せ、改進党は征韓論を非として民選議院論のみを採れる姿となる。両党は、互に相容れず相攻めて止まなかったが、その激烈なる党争は、国民に政治的自覚を促す上に有効なる刺戟ともなった。

明治政府は、征韓論に反対し民選議院に反対した経緯から、自由党とは反対の地位に立ち、また内治第一を主義としながら、大隈を政府より放逐せる関係上、大隈の主張せる英国流の議会政治をも悦ばず、何らか之に異なれるところに出ようとした。政府は一定の方針を遂行するというよりも、寧ろ民間の政論を否認し、之に伴う運動を弾圧するに忙しき有様であった。

一方かくの如く国内に対して強硬政策を採り、警察と軍隊とを借りて一切の民間運動を圧迫せんとするに拘らず、明治政府は外に対して軟弱を極めた。もとより政府と雖も、国運の伸展を望み、国際間に於ける日本の地位を高め、世界列強と対等の交際をしたいと念願して止まなかった。わけても日米条約を範として各国との間に結ばれたる条約は、日本国家の体面を傷つくるものなるが故に、之を改正して不平等なる国際的待遇を脱却せねばならぬという覚悟は、極めて堅きものがあった。けれども薩長の先輩、共に外国と葛藤を起して苦き経験を嘗め、殊に長州は下関砲撃よりして外国と武力を以て争うの不得策なるを信じ、当時早く兵を引けるが故に利益を得たるを以て、之が先入主となり、出来る限り穏便なる手段によってその目的を遂げんとした。その手段とは取りも直さず極端なる欧化政策である。彼らは日本を欧米化することによって、列国の尊敬を博し得べしと信じ、あらゆる制度文物の範を欧米に採れるのみならず、風俗習慣までも之に倣わねばならぬとして、婦人の洋装束髪を奨励し、人種改良を論じて内外人の雑婚を唱え、男女混淆の舞踏の如きを盛んにし、ついに鹿鳴館連夜の宴会に、内外貴紳が飲んで踊って笑い興じて、偏えに外人の同情を求めんとした。けれども外人は酒宴にこそ出席はすれ、進んで条約改正に応ぜんとする気配もなく、かつ漸くにして手段そのものが目的となり、男女混淆により上流階級の醜声《しゅうせい》外に洩るるに至ったので、非難の声が次第に高まり、政府内部に於ても甚だしく之を憤慨する者ありて、物情騒然たるものあるに至った。一時政界より遠ざかりて髀肉《ひにく》の嘆《たん》に堪えざりし後藤象二郎は、起って大いに為すところあらんとし、在野党を糾合して大同団結を挙げ、盛んに政府攻撃の運動を開始した。政府は例によって之を弾圧すべく保安条例を発布し、急激の行動をなすべき嫌いある者を捕えて、悉く宮城より三里以外に放逐した。退去を命ぜられたるもの五百七十人、中には年僅かに十余歳、何事も係わり知らぬ者さえいた。時に明治二十年の暮れである。

されど政府の外柔内硬は、この時を以てその極端とし、爾来漸くその態度を改めた。而して明治十四年に約束せられたる憲法は、明治二十二年紀元節の佳辰《かしん》を以て発布され、翌二十三年の国会開設を以て、尊皇思想の継承たる民選議院論も一応は実現せられ、明治維新はここに初めて一段落を告げた。而して明治二十七・八年の日清戦争、明治三十七・八年の日露戦争は、攘夷精神を継続せる征韓論の主張を実現せるものと見るべく、日本は初めて世界一等国の班に入ることが出来た。

さて明治維新は、嘉永六年ペリー提督の来航より慶応三年徳川慶喜の大政奉還に至る十五年間を改造前期とし、大政奉還より明治十四年国会開設の詔示に至る十五年間を改造本期とし、それより明治二十三年国会開設に至る十年間を改造後期とし、実に前後四十年にわたる苦心経営の結果として成れるものであり、ここに日本は全く新しき国家として世界史の舞台に現わるるに至ったのである。

第三十章　世界維新に直面する日本

吾らは前章に於て、議会開設以前に於ける三個の政治勢力と、その激しき抗争とを述べた。三勢力の第一は、薩長を中心とせる明治政府にして、藩閥の名を以て呼ばれ、その背後には京阪富豪の財力があった。第二は自由党にして、地方の郷士豪農を糾合し、第三は改進党にして、明治七年台湾征討以来俄かに富をなせる岩崎弥太郎の財力を後援とし、知識階級並びに新興商工業者の支持を得ていた。国会開設の後、この藩閥対政党の争いは議会をその舞台とするに至り、民党と政府との衝突は、絶え間なく続けられた。而して官僚及び政党が、権力の争奪に余念なき間に、日本の平民は営々孜々《しし》として勤めかつ学び、日清戦争に至りて実に驚嘆すべき実力を示した。僅々二十七年以前には、なお「土百姓《どびゃくしょう》・素町人《すちょうにん》」たりし日本の平民が、この戦争に於て如何に熱烈鮮明なる国民的自覚を抱き、挙国一致して尽忠報国の誠を尽くしたか。彼らがその高貴なる鮮血を鮮満の野に灑《そそ》げることによって、日本は初めて世界の表面に国家として現われたではなかったか。けれども日清戦争は、日本の平民にとりて大なる負担であった。彼らはこの戦に疲れざるを得なかった。けれども日本の官僚並びに政党は、この疲れたる平民を休養せしめ、彼らの辛苦に酬《むく》うべき政治的乃至社会的施政を行わなかった。

次いで日露戦争が起った。国民は一層強大なる愛国の赤誠を以て、君国の大義に拮据し、その忠勇によって日本は一躍世界の強国に伍するを得た。この時に於て日本の政治家は、日清日露の両役に疲弊せる平民を慰撫《いぶ》し、その福祉を増進するために、千々《ちぢ》に心を砕くべき筈であった。妻子を飢え泣かせた者、出征のために家産を倒せる者、老親を後に残して屍を異境に曝《さら》せる者は、実に幾十万を算した。戦争の悲惨は平民のみよく之を知る。けれども彼らは与えられるところなかった。また与えられて十分でなかった。しかるに正当に取得すべきものは、与えられずば之を奪わんとする。日本の平民は、日露戦争以後漸く国家に於ける自己の地位、国家に対する自己の貢献を自覚して、自己の正当なる権利を要求した。この要求は、各種の社会運動乃至政治運動として現われた。而して政治家の之に対する対策は、依然として「弾圧」の一語に尽くされる。彼らは国民に向って「社会」という言葉の使用を禁ぜんとし、または「民主」を口にする者は獄に投ぜんとし、選挙権の拡張を求むる者を叛逆者扱いした。而して曲学阿世《きょくがくあせい》の御用学者をして、国民の新しき思想と戦わしめ、その頭脳を素町人・土百姓時代に復帰せしめんとさえした。かくして平民は疲弊せる上に抑圧せられし間に、一方には政治家と富豪とが相結んで、封建大名に代る黄金大名の出現を促した。

明治政府は当初より富豪の支持を必要とし、また政党もその揺籃時代より富豪と関係があったけれど、その結託は近代産業制度の下に於ける黄金の勢力を意識しての結託ではなかった。しかるに日清日露の両戦を経て、桂太郎の全盛時代に至り、初めて官僚並びに政党が、共に近代経済組織の下に於ける黄金の勢力を切実に意識し、かくして政権と黄金との提携が意識的に企てられた桂内閣時代より金権政治を非難する声が国民の間に高くなった。政府と富豪との提携は、富豪をして法律によらず、習慣によらざる一種の議政機関に与《あずか》らしめ、談笑の間に自家の利益を主張すべき機会と便宜とを得せしめた。かくの如きにして政治の腐敗せざる道理はない。けれども桂時代に於ては政府と富豪との会見が隠れて行われていた。そは晩餐を共にするという名目の下に、世を憚りながら行われたのである。しかるに大隈内閣に至りては、その政綱発表と同時に白昼富豪を官邸に招き、彼らに支持援助を請うた。爾来富豪を招待してその意を迎えることが、ほとんど新内閣の恒例となり、以て今日に及んでいる。

試みに日露戦争直後の帝国議会を見よ。この議会に於て第二次桂内閣は、一面に於て、平民が負担すべき戦時特別税、即ち戦後の撤廃を約束せる通行税・織物税及び塩専売法を存続せしめんとし、他面に於て、公債償還資金の増加、並びに国債利子所得税の免除を企てた。国債利子の所得税は、富豪にとりて決して大なる重荷でない。けれども之を免除してその歓心を買わんとした。公債償還資金の増加は、公債時価を騰貴せしめて銀行業者を喜ばせんとしたのである。平民は戦争に疲れ果てたる上に悪税を存続せられ、富豪は特別なる眷顧《けんこ》を受ける。この議会の光景こそ、日露戦争以後に於ける日本政治の典型である。

すでにして世界戦の勃発は、吾国の資本主義的経済機構を急速に発展せしめ、一面に於ては俄然として貧富の懸隔を激しくし、他面に於ては止まるを知らざる物価の騰貴が、とみに国民生活を不安に陥れた。けれども政府は、敢えて防貧・救貧の施政を行わんとせず、戦慄すべき階級闘争を防止せんとせず、資本家の暴威を抑えんとせず、却って世界戦に僥倖《ぎょうこう》して巨富を獲得せる実業家と接近し、これに迎合阿附するの態度に出でた。如何に淡泊にして健忘なる国民と雖も、かの米騒動を忘れはせぬであろう。時は大正七年八月、シベリア出征軍総司令官が、威儀堂々として桃山御陵に明治天皇の神霊を拝し、まさに出征の壮途に上らんとせる丁度その日に、全国各地に米騒動の勃発を見、日本軍隊は外敵に向って研ぎ来れる鋭き剣を同胞に向って揮い、貴重なる弾丸を同胞に向って放たねばならなかった。之を日清・日露の戦時に見よ。国民は君国の大事に当りて、一切の飢寒を甘んじて耐え忍んだではないか。しかるに国家が軍をシベリアに出だして戦わんとするその間際に、国民は自己の衣食のために騒動を起したのだ。霜を踏んで堅氷《けんぴょう》至る（やがて防ぎきれないほどの大事を招くの意）。吾らはこの一事に於て、現代日本の恐るべき欠陥をまざまざと見せ付けられた。

爾来日本の国情は、巨巌の急坂を下る如きものがあった。貧民と富豪との敵視、小作人と地主との確執、労働者と資本家との抗争は年と共に深刻を加え、もはや温情主義などを以て如何ともすべからざるに至った。この国民生活の不安を救うためには、幾多の欠陥を明らさまに暴露せる資本主義経済機構に対して、巨大なる斧を加えねばならぬことが明白なるに拘らず、富豪階級と権力階級との多年にわたる悪因縁は、ついに徹底せる改革の断行を妨げて、唯だ一日の安きを愉《たのし》む弥縫的政策が繰り返されるだけである。かつて万悪の源なるかに攻撃せられし藩閥政治は亡び去り、専制頑冥と罵られたる官僚政治もまた亡び、明治初年以来の理想なりし政党政治の世となった。而して国民は早くも政党に失望し、その心に新しき政治理想を抱くに至った。

古人曰く「水流究まらんとしてまた通じ、一路絶えなんとして大道開弘す」と。昭和六年九月の満州事変は、叙上の形勢を転向せしむる一大機縁となった。もと満蒙の地は、日本が東洋永遠の平和を確立し、世界平和を維持する目的を以て、国運を賭してその保全に努め、実に三十年の久しきにわたりてその開発に拮据し来れるものである。しかるに昭和五年六月、張作霖爆死の後を承けて満州の支配者となれる張学良は種々なる誤解から予《かね》て日本に対して敵意を抱ける中華民国政府と結び、満州に於ける日本の特殊地位を無視して、その政治的・経済的勢力を駆逐せんとしたので、猛烈なる排日運動を満州に激成し、ついに昭和六年秋に至り、いわゆる九・一八事件（満州事変）を惹起するに至った。

張学良政権は、日本軍の神速果敢なる行動によって、一挙満州から掃蕩《そうとう》された。多年張政権の圧制と誅求《ちゆうきゆう》とに苦しめる満州人は、この機に乗じて独立運動を開始し、翌昭和七年二月、芽出度《めでた》く独立を宣言するに至った。而してこの年の九月十五日、吾国はこの新しく建設せられたる満州国を承認し、日満議定書を締結して、両国共存共栄の基礎を法的に確立し、ここに日満両国は、相携えて東亜新秩序の建設に拮据することとなった。日本がこの荘厳なる事業に当面するに及んで、国民の魂に眠れる愛国心が俄然として目を覚ました。先に一世を風靡せる民主主義、次いで横行せる共産主義は、漸くその影を国民の間に潜め、之に代って国家主義的傾向が空前に旺盛になった。而して吾国が満州事変に対する列強の圧迫を峻拒《しゆんきよ》し、敢然として国際連盟を脱退し、さらに倫敦（ロンドン）条約を廃棄するに及んで、国民的自覚は一層強烈を加え、従来の過度なる欧米崇拝を超克《ちようこく》し、溌剌たる自主的精神の更生を見るに至った。

しかるに満州建国は、甚だしく中華民国を刺戟した。さなきだに吾国の真意を誤解し、多年排日抗日を続け来りし中華民国は、満州建国を以て日本の帝国主義的野心に出でたるものとなし、失地回復を叫んで国民の敵愾心を鼓舞した。之が為に日中両国の間に屡々不祥事件が繰り返されたが、昭和十二年七月七日、北京郊外盧溝橋《ろこうきよう》に於て夜間演習を行いつつありし日本軍の一隊が、突如中国兵のために射撃せらるるに及び、形勢はついに爆発点に達した。けれども吾国は、隠忍に隠忍を重ねて、事を平和的かつ局地的に解決せんと努力したが、中華民国は自国の国力を過信し、かつ吾国の国力を軽視して、飽くまで挑戦的行動に出たので、吾国は止むなく武力に訴えて、徹底的に中華民国の反省を促すに決し、ついに建国以来未曾有の大兵を大陸に用いるに至った。而して事変勃発後、早くも二年に垂《なんな》んとし、この間吾が陸海の将兵は大御稜威《おおみいつ》の加護の下、疾風の枯葉を捲くが如く中国軍を撃破した。日章旗は先ず北支一帯に翻り、難攻不落と恃《たの》める上海を陥れ次いで首都南京を奪い、さらに迅雷の勢いを以て広東を取り、また長江を溯って武漢三鎮を陥れ進んで南昌を奪った。

日本出兵の目的は、畏くも昭和十二年九月四日の勅語に煥乎たる如く、「一に中華民国の反省を促し、速に東亜の平和を確立せんとする」に他ならない。しかるに中華民国政府は、吾国の軍事的制圧によってほとんど致命的なる打撃を受けながら、なお四川省の一角重慶に拠って、長期抗戦を叫んでいる。彼らのかくの如く執拗なる抗日は、一つには、英・仏・ソ等の後援を恃み、また一つには、日本の国力消耗を期待するが故である。叙上の援蒋国家群は、それぞれ利害を異にし、目的を異にしているが、日本を指導者とするアジア復興を喜ばざる点に於て、一致している。それ故に彼らはあるいは外交政策によって日本を掣肘《せいちゅう》し、あるいは中華民国に武器を供給し、あるいは資金を融通して、時局を日本の不利に導かんとしている。かくして日本は、積年の禍根を断てとの大御心に添い奉り、東亜新秩序の建設を実現するために、獅子奮迅の努力を長期にわたりて持続する覚悟を抱かねばならぬ。東亜新秩序の確立は、やがて全アジア復興の魁《さきがけ》である。全アジア復興は、取りも直さず世界維新の実現である。建国以来二千六百年、日本は未だかつてかくの如き雄渾森厳なる舞台に立ったことはない。吾らは内外一切の艱難困苦を克服して、この神聖なる任務を果たさねばならぬ。

本書関連資料

発見された「幻の原稿」

大川周明氏は大東亜戦争の最末期、朝日新聞社からの注文に応じて、前年に死去した頭山満氏の追悼企画を執筆した。文脈から推測して、維新から大東亜戦争にかけての近現代史の奔流がテーマだったようだ。しかし原稿は敗戦のどさくさに紛れ、行方不明となった。

ところが二〇〇〇年になって都内で一部が偶然見つかり、二〇〇六年に日清戦争までの分が刊行された(日露戦争以降は不明)。この発見について政治思想史家の片山杜秀慶大教授は、「同書は大川の戦時期のベストセラー『日本二千六百年史』の続編とみなされよう……未完とはいえ読み応え満点で、実にアクチュアルである」(「産経新聞」二〇〇八年一月二十七日付け)と評されている。

この時期、すでに大川氏は敗戦を悟っていたようだが、筆勢からは毫もそれを感じさせない。ちなみに原稿は四百字詰めに換算して百五十枚を優に超える。このため本書に引用するに当っては、紙幅の都合上、頭山氏の項の大半を割愛した。

毎日ワンズ編集部

一

清朝の史家趙翼は「秦漢の間は天地の一大変局なり」と言った。この形容は最も善く明治維新の歴史に恰当《こうとう》する。春秋より前漢に至る期間は、中国史に於ける偉大なる解放時代であり、貴族政治の崩壊に伴いて、上古の政治及び社会組織、また之に連帯せる経済制度が、悉く根本的変化を見るに至った。まさしく新天新地の出現である。明治維新また同様である。そは決して単なる政治的改革ではなく、実に物心両面にわたる国民生活総体の革新であった。

さて明治初期に於て日本の主流となれる思潮は欧化主義であった。もと明治維新は、儒教の大義名分の思想と、国学によって闡明せられたる国体観念の把握とを思想的根拠として行われたる改革なりしとはいえ、すでに幕府を倒して天皇を中心とする政治を行わんとするに当りては、いまさらシナの制度に倣うべくもなく、さりとて上代日本の制度をそのままに復活すべくもない。それ故に明治維新の指導者が、いまや新たに交わりを結んで強大恐るべきを知れる欧米諸国を模範とし、制度文物皆な之に則らんとせることは、もとより当然の経路であった。彼らは日本を富強ならしめる為には、西洋文明を取り入れる他に別途なしと考え、徹底せる日本の近代化、または日本の西洋化に着手した。

そは実に驚くべき急激なる変化であった。維新以前僅かに十五年、ペリーの黒船が初めて浦賀に来りし頃まで、国民は西洋人を野蛮視していた。当時の草双紙《くさぞうし》や錦絵には、犬の如く片脚あげて放尿せる西洋人の姿を描いている。浦賀で一米人が死んだ時、幕府の大奥の女中が「浦賀で異人が一人落ちました」と言った。落ちるというは鳥類が死んだ時に使う言葉である。その西洋人が暴力を以て開国を強要せる故を以て、攘夷運動が激成され、開国を迫られて承認せるを許すべからずとして倒幕の気勢揚がり、ついに皇政復古の世となったのである。しかるにいまや昨日まで攘夷倒幕に無我夢中なりし志士が、君子豹変して欧米文明の随喜者となり、日本の欧米化に死力を傾倒し始めた。明治六年木戸孝允が井上馨に与えたる書简の中に下の如き一節がある。曰く「久翁へは昨春相論じ見候得共、今日の時勢にては取込丈け取込、其弊害は十年歟《か》十五年歟の後には、必ず其人出候て改止可致との事にて、ばつとしたる大人らしき論に候へども云々」と。書中の久翁とは即ち大久保利通である。新日本の韓魏公（宋の名宰相）たる大久保甲東（甲東は号）さえ、なおかつかくの如き極端なる改革論者たりしとせば、その余は即ち知るべきのみである。わけても当時欧米を巡歴せる人々は、その事々物々に驚魂動魄《きょうこんどうはく》して、日本は果して彼らと伍して独立を保ち得べきや否やをさえ憂うるようになった。木戸孝允の如き、欧米を一巡して特にこの感を深くし、帰来極度の神経衰弱に陥ったと伝えられている。福澤諭吉の『学問のすゝめ』にも、下の如く述べている――「近来竊《ひそか》に識者の言を聞くに、『今後日本の盛衰は人智を以て明に計り難しと雖ども、到底其独立を失ふの患《うれい》はなかる可しや、方今目撃する所の勢に由て次第に進歩せば、必ず文明盛大の域に至る可しや』と云ふて之を問ふ者あり。或は『其独立の保つ可きと否とは、今より二、三十年を過ぎざれば明に之を期すること難かる可し』と云て之を疑ふ者あり。或は甚だしく此国を蔑視したる外国人の説に従へば、『迚《とて》も日本の独立は危し』と云て之を難ずる者あり。固より人の説を聞て遽《にわか》に之を信じ、我望を失するには非ざれども、畢竟この諸説は、我独立の保つ可きか否かに就ての疑問なり。事に疑あらざれば問の由て起る可き理なし。今試に英国に行き、貌利太《ブリテン》の独立保つ可きや否やと云てこれを問はば、人皆笑て答ふる者なかるべし。其答ふる者なきは何ぞや。これを疑はざればなり。然らば則ち我国文明の有様、今日を以て昨日に比すれば或は進歩せしに似たることあるも、其結局に至つては未だ一点の疑あるを免れず云々」。

かくして日本の独立を保ち、欧米諸国と対等の交際をなす為に、日本を欧米諸国の如き文明開化の国たらしめねばならぬということが、明治政治家の切なる念願となった。而して文明開化の民となる為には、政治法律は言うまでもなく、産業の組織、教育の制度、さては風俗習慣まで悉く欧米に倣わねばならぬと考えた。森有礼は、日本語は文章としては意味曖昧、口語としては演説に適せずとの故を以て、之を廃して英語に替えるがよいと考えた。実に日本の国語までが当時の政治家によって葬り去られんとしたのである。かくて日本の旧物は大胆に棄てられた。東京の八百八町、随所に洋学指南所の看板を掲げて怪しげなる英語を教える者が簇出《そうしゅつ》した。酒楼の少女が客と語るに洋語を挟み、英語・仏語を入れたる都々逸《どどいつ》が謡われ、男子の袴を穿き、腕まくりなどして、洋書を提げて往来する女学生も現われた。店頭に立って書籍の売行を見れば、四書五経は反古紙《ほごし》に等しく、仏書《ぶっしょ》の如き大般若経の浩瀚《こうかん》を以てして、その価は洋書の零本一冊にも如かなかった。

髪は斬られ、髯《ひげ》は蓄えられ、断髪頭は「文明頭」と呼ばれ、女子の間にさえ斬髪者があった。洋服着用者も多くなった。その洋装は如何なるものであったか。明治四年十月発行の『新聞雑誌』に掲げられし柳屋洋服店の開店広告に下の如き一節がある——「奇なり妙なり世間の洋服、頭に普魯士《プロシャ》の帽子を冠り、足に仏蘭西の沓《くつ》をはき、筒袖は英吉利《イギリス》海軍の装、股引は亜米利加陸軍の礼服、婦人襦袢は肌に纏《まと》い《い》て窄《せま》く、大漢《おおおとこ》（外国人）の合羽は脛《すね》を過ぎて長し。恰も日本人の台（土台）に、西洋諸国はぎわけ（剥いで分ける）の鍍金《メッキ》せる如し」。俳優尾上菊五郎は、明治四年早くも洋服に長靴を着けて楽屋入りしていた。芸娼妓の間にも洋装する者が現われた。これらの急進主義者は、和服を「因循服」と呼んだ。飲食もまた洋風がよしとせられ、明治五年滋賀県令は下の諭達書を発して肉食を奨励している――「牛肉の儀は人生の元気を裨補《ひほ》し、血肉を強壮にするの養生物に候処、兎角旧情を固守し、自己の嗜《この》まざるのみならず、相喫し候へば神前など憚るべしなど、謂はれなき儀を申触らし、却て開化の妨碍をなすの輩少からざるやの趣、右は固陋《ころう》因習の弊のみならず、方今の御主意に悖り、以ての外の事に候。以来右様心得違の輩有之候に於ては、其町役人共の越度《おちど》たるべく候条、厚く説諭に及ぶべし」。同年京都府でも同じく諭達書を以て牛乳と石鹸の使用を府民に奨励し、「牛乳は内を養ひ、石鹸は外を潔《きよ》くするは、大に養生に功あることに付、別紙効能書相違する条、疎《おろか》に心得ることなく」と言っている。

事情かくの如くなるが故に、明治初年の吾国の教育方針は、日本国民の教育に非ずして、世界人または西洋人の教育であった。極言すれば国民を西洋人に造り変えることであった。現に文部省が最初に全国に造りしものは英学校であり、英学校が後に師範学校となった。予は昭和二年夏、岩手県に赴きし時、盛岡師範学校最初の教育方針を、当時学生たりし土地の故老より聞くことを得た。この故老の語るところによれば、校長は西洋の学問をするには衣食住をも洋風にしなければならぬとして、五十歳前後の初老の婦人教師にまで洋服を強い、生徒には洋食を食わせたとのことである。但しその洋食は、生徒が食うに堪えずとして強硬に抗議せし為、後には和食に改めたとのことであった。政府はかくの如き教育によって教師を養成し、全国に小学校を立てて、国民に無教育者なからしめんとした。

三上文学博士は、かつて国史回顧会に於ける講演の中で下の如く述べている――「私一個の経験に就て申すことは如何でありますが、私が小学校の生徒であつた時からこのかた、さながら亜米利加の児童として明治政府から教育せられたのであります。小学校の初めに『イト』『イヌ』『イカリ』等の単語図を学び、続いて連語図を学んだのでありますが、其文句は『神は天地の主宰にして人は万物の霊なり』『酒と煙草は衛生に害あり』等から学んだのであります。酒と煙草は衛生に害ありは其通りで、少しも変なことはありませんが、其神といふのはゴッドの直訳であつたと云ふことを後に承つたのであります。それから修身書を学びましたが、其教科書は亜米利加のウェーランドの著したものの翻訳であつて、無論基督教主義の徳育でありました。歴史を学べば初めから外国歴史であつて、日本歴史は教へて貰はなかつた……」。

さて明治政府は「邑に不学の戸なく、家に不学の人なからしめん」との意気込みを以て、全国に学校を立てたものの、教師は容易に得らるべくもない。出来得るならば政府の意図する西洋風の教育を施す教師を、日本の津々浦々に配りたかったであろうが、それは当時に於て到底不可能のことであった。かくて止むなく学問ある士族、旧藩の学校の先生、乃至は僧侶や村学究などを校長や教師に採用して、当面の急に応ずることとした。そは政府としては不本意であったとしても、日本の為には幸福なことであった。もし政府の希望せる資格を具えし教師が、全国一斉に同胞を欧米人たらしむべく教育したとすれば、日本人の性格は大なる変化を蒙らねばならなかったであろう。しかるに幸いにもこれらの村学究先生は、政府当局とは事変わり、毫も西洋を尚びまたは恐れることはない。中央の有識者が日本の独立を危ぶんでいた時に、彼らの眼中には紅毛碧眼の徒なく、専ら漢学または国学によって鍛えし思想を少年に鼓吹し、日本は神国であり、文明国はシナのみなるやの如き思想を、純真なる少年の頭脳に刻み込んでくれた。これは日本にとりて思い儲けぬ幸運であったと言わねばならぬ。政府が飽くまでも日本を第二の欧米たらしむる方針を以て進み、国民生活の一切を欧米化せんと努めたるに拘らず、国民がよく日本的自覚と自尊とを護持し得たのは、これらの老先生に負うところ大であった。

二

明治維新は、言うまでもなく尊皇攘夷を二大綱領とした。攘夷論はもと開港論に反対して起れるものである。しかるに尊皇の大義は、徳川幕府の大政奉還によって一応実現されたけれど、開港は啻《ただ》にそのままに続きたるのみならず、天皇が外人に謁見を賜わるようになったので、昨《きのう》の攘夷は一朝の夢と消え去ったかの如く見えた。現に河上彦斎《げんさい》の如き、三条公に向って牙を鳴らしてその非を責めている。しかしながら攘夷と開港とが相容れざる如く見えるのは、ついに表面皮相のことであり、鎖国は唯だ攘夷の消極的半面に過ぎない。攘夷の真個の意義は「万里の波濤を拓開し、国威を四方に宣布し、天下を富嶽の安きに置かん事を欲す」と宣える明治元年の大詔に於て、最も適切に言い尽くされている。而してこの精神はすでに明治維新の前夜に於て、諸先覚の魂に明確に孕まれていた。尊皇論の台頭は年久しきことであったが、唯だそれだけではいわゆる勤皇の気は、未だ徳川幕府を転覆するほど有力なるものでなかった。俄然として維新運動の気運を促成せるものは、実に拒否し難き強圧を以て日本に迫り来れる西力の東漸であった。アメリカは開国を強要する。ロシアは対馬の租借を迫る。フランスはそのメキシコ政策の失敗を東亜に於て回償せんと焦せる。イギリスは貪婪《どんらん》の爪を磨いで近海に出没する。日本の運命累卵よりも危きを見て、四方の先覚者初めて国民的統一の為に奮起したのである。

徳川幕府の制度は、諸侯及び人民の叛乱を防止するという消極的主義を根底とせるものである。この点に於ては、極めて周匝《しゅうそう》緻密の用意を以て組織せられ、二百五十年の久しき、一諸侯の叛する者さえなかった。しかれども秦兵強き時は即ち六国連合す。一旦国難の外より来るに当っては、諸侯分立の封建制度は、到底その存続を許さるべくもない。かくてすでに勤皇の精神を抱きてその心に新しき日本を描きつつありし諸国の志士は、起って徳川幕府を倒し、皇室を中心とする君民一体の国家を実現した。

しかも近代国家として自己を再建せる日本は、近隣東亜諸国の全般的なる改革と再建なくしては、日本自体の存在が保障されないことを知っていた。明治維新前夜に於て、早くも佐藤信淵はその『存華挫狄論《そんかざてきろん》』の中に、シナを保存して狄を挫くべきことを高調した。狄とは取りも直さずイギリスを指せるものである。彼は英国がモーガル帝国を滅ぼしてインドを略取して以来、その侵略の歩武を東亜に進め来り、ついに阿片戦争の勃発を見るに至ったが、もし清国にしてこの戦敗に懲り、大いに武備を整えて失地を回復すればよし、もししからずして今後益々衰微するならば、禍は必ず吾国に及ぶべきことを洞察し、シナを保全強化して英国を挫き、日支提携して西洋諸国の東亜侵略を抑えねばならぬと力説した。独り佐藤信淵のみならず、真木和泉、吉田松陰をはじめ、明治維新の幾多の志士は、尊皇攘夷の標語の下に、日本の政治的革新とアジアの復興とを、併せて同時に理想とした。頭山満翁に深き感化を与えたと思われる平野次郎国臣も、島津久光に上りし『尊攘英断録』に於て、同様の理想を火の如き文章を以て高調している。徳川幕府の内部に於ても、有為の士が抱懐せる対外政策は、東亜復興を積極的理想とせる点に於て、倒幕志士と何ら異なるところなかった。それ故に東亜新株序または東亜共栄圏の理念は、決して今日事新しく発案されたものでない。それは近代日本が国民的統一の為に起ち上がれるその時から、綿々不断に追求し来れるものに他ならない。

かくして昨の攘夷はいまや開国進取に一変した。日本は先ず一個の独立国とならねばならぬ。その為には独立国の体面を損なう不平等条約を改訂せねばならぬ。政府はすでに明治二年より条約改正に従事し、明治四年岩倉具視を全権大使として欧米に派遣したのもまたその為であった。また日本はその国際的地位を安固ならしめねばならぬ。その為には近隣諸国と親善なる関係を結び、相携えて欧米に当らねばならぬ。維新指導者の関心は、かくして当然朝鮮に向って注がれた。彼らは鎖国保守の堅き殻の中に閉じ籠れる韓国を見て、彼らがいま僅かに踏破し得たる荊棘《けいきょく》の道が、この友邦の前に横《よこた》われるを見ざるを得なかった。明治元年政府は使節を韓国に派して、幕府の廃止と明治天皇の御即位とを報告せしめたが、韓国は吾が使節との応接を拒絶した。太政官の設置せらるるや、日本は再び韓国に向って爾後外交上の一切は外務卿に於て処理する旨を通告したが、韓国は之をも受け付けなかった。その後太政官または外務卿から屡々諭告を発したけれど、韓国は依然として交渉を拒めるのみならず、令を国中に下して、日本はいまや夷狄に化したるを以て禽獣と異なるところない、吾国人にして日本人と交わる者は死刑たるべしと言うに至った。而して明治六年には韓国官吏が、吾が官吏の駐在所たる草梁館（釜山）の門前に貼紙して、日本が千百年自大の国を以てして、一朝制を外人に受け、その形を変じその俗を易《か》えて愧じざるを罵り、吾国に対して甚だしき凌辱を加えることをさえ敢てした。

韓国のかくの如き態度は、国家の体面を傷つけること甚だしきものなるが故に、征韓論が維新戦争以後髀肉の嘆に堪えざりし武人の間に昂まったことに何の不思議もない。而して徴兵令の施行、藩兵の解散によって失業せる四十万の不平士族が之に呼応した。また政治家中には、長州勢力の恐るべきを察し、薩摩をして功を半島に成し、之によって長州を屈せしめ、さらに単純なる薩摩を操縦せんが為に、征韓論に賛成せる江藤新平の如き者もある。しかしながら征韓論の最も熱心なる主唱者西郷隆盛の心事は、恐らく一層深くかつ大なるものであった。西郷は決して直ちに兵を半島に出だすべしと主張したのではない。先ず自ら大使となりて朝鮮に赴き、彼もし吾が要求を聴かずば問罪の師を興すべしというにあった。西郷は道理を以て朝鮮を説き、両国相結んでロシアの南下に備えたいと考え、もし吾が道理ある要求を容れざる時には武力を朝鮮に加えんとせるものである。西郷は朝鮮の無能にして腐敗せる支配階級が、その無智と頑迷との故を以て、国家と民族とをロシア南進の犠牲とするのを座視し得なかった。しかもロシアの南下は直ちに日本の脅威である。日本はこの機会に於て大陸政策の確乎たる基礎を築かねばならぬ。西郷が太政大臣三条実美に迫った主張として、内閣記録に遺っている文書は、最も明瞭に西郷の心事を伝えている。しかしながらこの征韓論は、内治を先とする岩倉、木戸、大久保らの反対によって破れ、茲《ここ》に西郷以下の主戦派、袂を連ねて廟堂を去るに至った。明治政府に内在せる二つの相対峙する傾向が、征韓論を導火線として、先ず最初の激しき分裂を見たのである。

しかるに征韓論者のうち、板垣、副島、後藤、江藤の四前参議は、小室信夫、古沢滋、由利公正、岡本健三郎の四人と共に、八氏連署して民選議院の設立を建白した。

この時に当って板垣、副島、後藤、江藤の声望は頗る天下に重く、加うるに西郷鹿児島に在りて百二都城（鹿児島）の健児は皆な之に従い、両者遥かに消息を通ずるが如く思われたので、政府はややもすれば鼎の軽重を問われんとし、朝野騒然たるに至った。而してかくの如き動揺は必然頭山翁の郷国にも波及した。もと九州諸藩のうち、徳川幕府の為に戦ったものは唯だ小倉の小笠原藩だけである。従ってその他の諸藩は、多かれ少かれ幕府に対する戦勝の分捕《ぶんどり》を分ち得べき地位にあった。即ち佐賀藩の如きは、始めよりその態度が極めて曖昧なりしに拘らず、恐らくその所有せる軍艦が物を言って、薩・長・土藩と並んで維新政府の要路に立つ者多かった。この間にありて比較的不平の地位に置かれたるものに、熊本藩及び福岡藩がある。両者は等しく九州の雄藩でありながら、節制と統一とに乏しかった為、維新の前後に進退宜しきを失い、共に鎮西の大藩たるに適わしき待遇を受けることが出来なかった。

維新政府はその創業の際に当り、諸多の方面に新人物を必要としたので、人才の収攬について当初は甚だ宏量であった。新時代の要求に応ずべき才能を具えた者あれば、政府は好んでその用を為さしめんとした。それ故に昨日までは薩長を敵とし、倶に天を戴くまじと決心した佐幕派の人々でも、往々にして新政府に入りて朝班に列した。佐幕派すでにしかり、中立諸藩の人才に対して、政府は決して之を排斥せんとしなかった。しかしながら維新の優勝者はついに薩長両藩である。優勝者が如何に宏量を示しても、戦敗者または落伍者は、ついにその自負を捨てることが出来ぬ。落伍者はたとえ優勝者に厚遇せられても、なおかつ自負心を損われたるの感なきを得ない。かくして優勝せる諸藩の青年は概ね時代を謳歌し、時代と共に進まんとするに対し、落伍せる諸藩の子弟は時代を批判し、時代と戦わんとするに至る。熊本に於てしかり、福岡に於てしかりであった。

三

征韓論破裂より西南戦争勃発に至るまでの数年間は、維新政府に対する反感と不平とが、澎湃として全国に漲りし時期であり、政府は屡々危地に出入した。それらの不平は、先ず各地に於ける頻々たる暴動となりて現われ、ついに武力による大規模の政府転覆計画となり、佐賀の乱、神風連の乱、秋月の乱、萩の乱を経て、西南戦争に於てその頂点に達した。けれども「土百姓」を以て成れる「鎮台兵」が、よく「古今無双の英雄」を奉じたる「慓悍《ひょうかん》決死」の士族軍を破り、美事に戦乱を鎮定するに及んで、天下の形勢は明らかに一変し、もはや武力を以て政府と争わんとする者なきに至った。これ西南戦争の終局が第二維新と呼ばるる所以である。

しかるに翌明治十一年五月十四日、大久保利通が西郷崇拝者島田一郎ら六人の為に、参朝の途次、紀尾井坂付近に刺されて無惨の死を遂げた。この報鹿児島に達するや、老幼男女相告げて皆な快哉を唱え、途上相遇う者互に御芽出度うを連呼し、戦没者の遺族は赤飯を炊いて慶祝した。明治維新の元勲は、言うまでもなく西郷、木戸、大久保の三人を推すのである。しかるに昨年木戸は病を以て没し、西郷は叛して斃れ、内外の機務は一に大久保の手によって決せらるることとなったが、その大久保がいまや刺客の刃に斃れ、維新の三傑また一人を留めざるに至った。天下は再び動揺するかに見えた。

明治十年以前は、政府反対党の中心は鹿児島を以て目せられ、十年以後は高知を以て目せられた。前者の泰斗は言うまでもなく西郷南洲であり、後者のそれは板垣退助である。前者は保守主義を執り、武力を以て反対し、後者は急進主義を執り、言論を以て反対せんとする。等しく政府と対立するも、その方針は全く相反する。而して保守的武断党の反対はついに西南戦争に於て敗れたので、いまや進取的言論党がその全力を現わすべき機会が来たと言わねばならぬ。板垣は明治八年のいわゆる大阪会議以後、木戸と共に再び朝に入ったが、幾許もなく政府と説を異にし、島津久光と共に職を辞して野に下りし後は、輿論の力を以て政治の革新を行わんとし、暫く機会を待って東京に留まっていたが、明治十年西南の乱起るに及び、郷党の有志が薩軍に呼応して事を起す者あるべきを慮り、之を制止する為に二月東京を発して高知に帰った。而して予期に違わず林有造、大江卓、谷重喜らが、同志を募りて西郷に応ぜんとし、当時京都にありし元老院幹事陸奥宗光もまた之に与していた。

当時高知には三派の勢力が対峙していた。一は立志社で、明治七年板垣が征韓の廟議に敗れて帰郷した時に設立せるもの、社員一千余人を算えた。洋学所を開き、法律所を設け、自由民権の説を講義し、フランス革命の悲壮を童謡に作り、ロシア革命党の運命を小説に書いて四方に伝唱せしめるなど、日本に於ける最初の政治的結社として最も活発なる運動を開始していた。大石弥太郎らの一派は、之に対して静倹社を樹立し、漢学を修め、山野を開拓し、純然たる封建思想を護持していた。その保守的態度は全く立志社と対蹠的であったが、政府の施政に不満なりしは同一であった。第三は中立社と言い、佐々木高行、谷干城《たてき》ら之を率い、立志社・静倹社の間に立って常に政府の施政に賛成する官権主義の一派であった。これらの三派が鼎立して互に相容れなかったことが、板垣をして土佐青年の薩南呼応を阻止せしめ得た一原因でもあった。西南の乱容易に定まらず、人心恟々として動揺するや、板垣は片岡健吉を立志社代表として京都行在所《あんざいしよ》に至らしめ、政治改良の上奏建白をなさしめた。けだし板垣は之によって一は薩南に呼応せんとせる過激の社員を制止し、一は政府の窮困に乗じ、迫りて改革の素志を遂げんとせるものである。けれども政府は建白書中陛下に対し奉り不遜の言ありとして、之を却下して通ぜしめず、片岡が数回理由を陳べて上奏を請いしもついに志を得なかった。

しかるに翌年に至り、大江卓、林有造、片岡健吉ら前後頻りに獄に下されたので、世人は図らずも政府が薩摩に次いで土佐征伐を行うに非ずやと疑い、あるいは嫌疑の板垣に及ばんことを憂えた。けれども板垣は知己朋友の捕われて東京に護送せらるるもの頻々として相次いでも、毫も屈することなく、民権思想の鼓吹に努めて青年の志気を奨励していた。従って天下の政府に不満なる者、皆な密かに望を高知に属《しょく》し、遥かに来りて教えを板垣に請う者少くなかった。

これより先明治七年一月、民選議院設立を建議し、愛国公党本誓を発表せる際、板垣は同志を会して安全幸福社を設けたが、翌八年二月、各地の有志を大阪に会し、之を愛国社と改称して同志の団結を図った。

四

国会開設の建白と請願（集団による直訴）とは依然として続行されたが、この年（明治十三年）十二月九日、政府は「人民の上書、一般の公益に関するものは、何等の名目を以てするに拘らず、渾《すべ》て建白となし、元老院に於て取扱ひ候条、管轄庁を経由して同院に差出すべし」と布告したので、いまや請願は不可能となった。而して建白として元老院に提出せるものは、唯だ参考として留め置かれるに過ぎなかったから、幾度差し出しても矢を暗中に放つに等しく、何の手応えもなきに至った。かくて翌明治十四年の前半は、前年の政界多事なりしと打って変わり、表面は無事なるが如く見えたが、七月に至りて北海道開拓使官有物払下事件が起り、民心一時に激動し、久しく蓄えたる在野の不平は、一斉にこの噴火口を借りて暴発するに至った。

明治政府は北海道開発の目的を以て、すでに明治二年を以て開拓使を置き、年額約四十万円の経費を之に充てた。しかるに黒田清隆が開拓使長官に任ぜらるるに及び、従来の定額金を廃し、明治五年以降十年間に一千万円を国庫より支出し、一切の開拓施設を開拓使に委任することにした。明治十四年は即ち予定の事業を完了する期であり、従って従来開拓使が創設した幾多の事業と、之に付属する官有物とを処分すべきこととなったのである。而して黒田開拓使長官は、これらの事業を政府に於て継続しても成績を挙げ難きを以て、之を民間に払下げて事業を継がしむるを有利なりとし、之を関西貿易会社と称する一商社に払下げんとした。この商社は、鹿児島人にして維新の際一時要路に立ち、後に辞職して大阪に居住せる巨商五代友厚及び旧山口県令にして同じく大阪に於て巨商の名を博したる長州人中野梧一が、開拓使の官吏四名と謀り、四名は辞職して野に下り、力を合せて設立せるものであり、明治二年以降十三年に至る間に、一千四百万円を投じて創設せる事業及び物件を、僅かに三十万円、しかも無利息三十ケ年賦を以て払下げんことを請願したのである。願書の提出されたのは七月二十一日であったが、廟堂の大半は薩長二藩出身の人であるから、この前古未曾有の不当なる請願に対して異議を唱うる者なかったけれど、独り大蔵卿大隈重信が痛烈に之に反対したので、即座に許可することが出来なかった。時に陛下東北御巡幸の儀あり、七月二十九日車駕《しゃが》東京を発し給い、黒田、大隈之に陪従したが、官有物払下の件は未だ許可の沙汰なかったので、一、二参議は鑾輿《らんよ》の後を追いて千住駅に至り、強いて請うて僅《はつ》かに勅許を得たのである。

これより先民間の志士は頻りに自由民権を唱えて政府に迫ったが、未だ実際問題を捉えて政府を攻撃する機会を得なかった。しかるにこの払下事件は、最も露骨に薩長が国利民福を犠牲にして私利を営まんとする事実を天下に明示したものであるから、輿論は烈火の如く激昂し、苟も政治を論ずる新聞雑誌は一斉にその不当を痛撃し、全国悉く之に和した。暫く鳴りを潜めたる国会開設要望の声は俄然また昂まった。而して当時廟堂に於て参議中の最有力者なりし大隈が開拓使官有物払下に反対し、かつ輿論を誘いて之に反対したことが、政府攻撃の火の手を弥《いや》が上に掲《あ》がらしめた。けだし大隈はこの機に乗じて薩長の専制を抑えんとしたもので、『小野梓伝』はこの間の消息を下の如く伝えている――「開拓使官物払下の物議の起るや、大隈参議は大勢を揣摩《しま》し、左大臣有栖川宮に就き、一夜密に座を請ひ謂ひて曰く、方今に処する善道は、速に国民の希望に従ひ、明年を以て憲法を制定し、十六年に於て国会を召集するに外ならず、然れども之を成すに先たち、断然藩閥の元老数名を斥け、新に民間の志士を入れて之を補ひ、茲に積年の宿弊を洗蕩するに非ずば、事容易に成し難し、則ち刻下人心の動揺は、終に収拾し難きに至らんと。而して私擬憲法・国会開設要目七十九条を記して、之を座右に献じたり」。

かくて大隈は独り政府部内に於て官有物払下に反対したるのみならず、その部下として養成したる沼間守一らの京浜毎日新聞、藤田茂吉らの郵便報知新聞、島田三郎、肥塚龍らの嚶鳴《おうめい》雑誌等をして、盛んに紙上にその不当を論じ、かつ頻りに演説会を開いて之を攻撃させた。当時帝都各所の演説会に於て、政府の失政を攻撃すること猛烈を極めたけれど、解散中止の厄を免れたのは、大隈が政府部内にありて暗に之を庇護せる為であった。而して新聞及び演説は、皆な政府の処置を痛撃したる後、かくの如き専横不正を敢てして忌憚するところなきは、官僚専制政治のしからしめるところなるが故に、之を根本より改めなければ私曲を絶滅することが出来ぬ、その根底を絶滅するの途は国会開設以外になきことを力説した。多年国会開設を要望し来れる輿論の炎は、之によって油を注がれ、必ず払下を取り消し国会開設を見ざれば已まざるの勢を示した、しかも廟堂にありては大隈が断乎払下に反対し、かつその弊を除く為に国会開設を主張すると聞き、天下の輿望頓に大隈に集まり、大隈出でずんば蒼生（人民）を如何せんと称うるに至った。かくて大隈がその志を遂ぐるの機はほぼ熟し、まさに一挙して藩閥政府を転覆し、政党内閣の実現を見ることも遠からじと思わしめた。

　政府はかくの如き形勢に一驚し、十月十一日明治天皇の東北より還幸し給うや、即夜御会議を開かせられ、翌十月十二日開拓使官有物の払下を取り消し、同時に明治二十三年を期して国会を開くべきことを天下に告げさせ給うた。けれどもこのことの為に薩長人士の怨恨憤激は悉く大隈の一身に集まり、その車駕に従って外に在るの間に、政府部内は一致して大隈放逐の議を定めたので、藩閥政府転覆の企図は全く画餅となり、帰京と同時に薩長七参議の為に廃黜《はいちゅつ》されてしまった。而して大隈と志を同じくして政府にありし大小の諸官は、河野敏鎌《とがま》、矢野文雄、前島密、犬養毅、尾崎行雄、島田三郎、小野梓、中上川彦次郎、中野武営《たけなか》、小松原英太郎以下相次いで職を罷め去り、廟堂に大隈派の隻影を止めざるに至った。伊藤、山県の長州勢力が初めて確立されたのは実にこの時からである。

　国会開設の時期を明示し給える聖詔は、よく政界の狂瀾怒濤を鎮め、民権運動者はいまや他日国会開くる時の準備として、政党団結の必要を感じ、この年十月国会期成同盟会及び自由党は、合同して自由党と名付くる政党を結成し、総理に板垣退助、副総理に中島信行を選挙した。之と前後して大阪に立憲政党の結成を見たが、自由党副総理中島信行を請うてその総理としたので、両者は異体同心のものである。明治十五年に入りてよりは、政党の団結全国に起ったが、就中九州に於ては福岡県の玄洋社・立憲帝政党・柳川有明会、鹿児島県の自治社・公友会・三州社・博愛社、長崎県（当時）の佐賀開進会・唐津先憂社等の委員及び大分県竹田の有志らが、三月十日熊本に会し、熊本の前田案山子《かがし》・高田露《あきら》・嘉悦氏房・山田武甫《たけとし》らと相図りて九州改進党を組織した。頭山翁も箱田六輔と共に玄洋社委員としてこの大会に出席した。

これより先東京に嚶鳴社及び東洋議政会という二つの団体があった。嚶鳴社は前元老院書記官沼間守一が、明治十二年官を辞して後、河津祐之、肥塚龍、末廣重恭《しげやす》、波多野伝三郎、田口卯吉らと共に組織した結社で、社員の多くは英学者尺《せき》振八の塾より出で、京浜毎日新聞をその機関としていたが、島田三郎も挂冠後に来り投じた。議政会は矢野文雄、森田義吉、箕浦勝人、犬養毅、尾崎行雄らの慶應義塾出身者を以て組織し、郵便報知新聞をその機関とし、前者と共に望を大隈に属し、常にその政策を助けてきたが、大隈の朝に敗るるに及んで、河野、前島、小野、牟田口（元学）らも相次いで野に下り、茲に三派合同して立憲改進党を組織し、四月十六日その結党式を挙げた。

さて征韓論は佐賀及び薩摩の戦争となり、共に政府の鎮圧するところとなったが、いまや民選議院論が自由党及び改進党の結成となりて政府に反抗することとなった。両党は同じく政府に反抗したけれど、自由党はその精神に於て征韓論者の流れを汲み、自由民権を叫び主権在民を唱えながらも、最も力を国威宣揚に注がんとした。しかるに大隈は初めより非征韓論者であり、従って改進党の政綱には特に「内地の改良を主として国権の拡張に及ぼす事」を明示している。この点に於て改進党は非征韓派即ち大久保一派と主義を同じくするものである。それ故に自由党は征韓論及び民選議院論を併せ、改進党は征韓論を非として民選議院論のみを採れるものと言い得る。而して政府は征韓論に反対し、民選議院論に反対したのであるから、自由党とは正反対の立場を執り、内治を主として国権の拡張に及ぼそうとする点は改進党と同一であるが、大隈を廟堂より放逐せる関係から改進党をも敵視した。

明治維新の当初、薩長は人才を収攬するの急務なるを感じたるが故に、なるべく門戸を広くして有為なる人物を歓迎した。彼らは頻りに外国の文物を輸入し、自由民権の議論すらもなるべくは之を輸入した。しかれども彼らは漸くにして自由民権の議論を盛んならしめることは、虎の子を養うよりも危険なることを感ずるに至った。彼らは自ら余りに進み過ぎたるを疑うに至った。而して政治運動の民間に勃興するに及んで、保守的反動が次第に彼らの心を掴み、弾圧政策を以て国民に臨むに至った。かくの如き精神を最も鮮明に示すものは実に下の如き岩倉具視の意見書である――

「曩《さき》に明治六年、参議の重任に居る者、始めて朋党（徒党）の兆《きざし》あり、一動して佐賀の騒擾となり、再転して台湾の出師となり、（明治）八年に及び二、三の参議大阪に密会し、遂に漸次立憲の詔を請へり。抑々《そもそも》此事たるや、下民《かみん》上を罔《あみ》するの路を啓き、大権下に移るの漸をなし、実に不易の国体を変ずる者、具視極めて其不可を論ぜるも用いられず。時に維新の功臣其末節を令《よ》くせず、芳蘭忽ち葷蕕《くんゆう》に変ずる者あり、具視憂憤の情に堪へず、勉めて政務に従事す。果して十年に至り、西郷暴挙の事あり。次年には分権自治の目的を以て府県会の法を定む。内閣の中二、三の人は其甚不可なるを論ずるあり、具視亦所見を同じくす。以謂《おも》らく此法は又大権下移の路を速にす、天下之より多事ならんと。爾来大本既に堅からざるを以て小規亦《また》定まること能はず、甲事将に成らんとすれば、乙功既に壊る。彼を補ひ之を支ふ、日給するに遑あらず、役々《えきえき》として休からず。遂に明治十四年夏秋の際に至りて開拓使の事あり。此事や僅に行政事務の一小処分に過ぎざりしも、此年以来、上威軟弱、下民横恣の弊、漸く積聚《しやくじゆ》するを以て、一たび詭激の論を以て人心を煽動するや、上下惑乱、官民鼎沸す。平常忠実の官吏と雖、其向背を定めず、誠偽《せいぎ》黒白を判す可からざるに至れり。惟ふに彼の不逞の徒、空拳赤手、徒に口舌を鼓し筆管を弄す、固より三軍の衆あるに非ざるなり、又剣銃の利器あるに非ざるなり。然り而して政府の之に対して岌々《きゅうきゅう》として安からざること、むしろ驚愕に堪へざるものあり。嗚呼大権下移の漸、此に至りて其様を察すべきなり。夫れ政府の頼りて以て威権の重を為すものは、陸海軍を一手に掌握し、人民をして寸兵尺鉄を有せしめざるに因れり。然れども若し今日の如くにして人心を収束することなく、権柄益々下に移り、道徳倫理滔々として日に下らば、兵卒軍士と雖、焉《いずくん》ぞ心を離し、戈を倒《さかさ》まにせざるを保せんや。気運一旦此に至らば、一夫夜呼び関中守を失ふの覆轍を踏まざらんと欲するも、豈得べけんや。故に今日にして政府の威権を恢復し、民心の頽瀾《たいらん》を挽回せんと欲せば、断乎として府県会を中止し、万機一新の精神を奮励し、陸海軍及び警視の勢威を左右に提げ、凛然として下に臨み、民心をして戦慄する所あらしむべし。凡そ非常の際は一豪傑振起し、所謂武断専制を以て治術を施す、古今其例乏しからず。故に此時に当り、半期一歳の間、或は嗷々《ごうごう》不平の徒あるも、亦何ぞ顧慮するに足らんや」。

　これは誠に徹底せる、また素朴なる武断専制主義であり、その起草されたのが明治十五年十二月のことなりしを想えば、当時の日本が如何に思想的に混沌たりしかを察することが出来る。而して如何に岩倉公の勢力を以てしても、府県会中止の事は行われなかったが、武断専制だけはこの後も長く政府の採用するところとなった。政府は薩摩の暴動を鎮圧せると同じ精神を以て、政党をも弾圧せんとしたのである。

　自由党と改進党との軋轢は、政府をして漁夫の利を収めさせた。二党は共に政府を敵としながら、その首領の性格、党員の気風、思想的根拠の相異の為に、啻に共同戦線を張らんとせざるのみならず、互に抗争を事とした。自由党の領袖は主としてフランス思想に養われたる仏学者であり、その唱うるところは極めて単純であった。彼らは社会は民約によって成り、主権は国民に存し、法律は民衆の好悪に成るという信条を、甚だ露骨に宣言せるに過ぎなかった。しかも新たに政治的に覚醒せる日本人にとりて、議論の単純なるは理解され易き所以であり、自由党が旭日昇天の勢を以て進んできたのは、かくの如き単純なる自由民権をその旗幟《きし》としたからである。しかるに改進党はイギリスの経験主義・功利主義に心惹かれし英学者を幹部とし、民権論の如き空想の為に戦わんよりは、国民の実際の生活を改良向上せしむることを以て人生の能事とし、歩一歩現在を改めんとするものである。従って前者の急進的なるに対して漸進的である。自由党員は熱血の士に富み、理想の為に万難を排して進まんとし、改進党員は多智の才子多く、難に遭えば避けて暫く機会を待とうとする。それ故に自由党員は燥急熱狂して屡々刑辟《けいへき》に触れ、改進党員は自重自戒、容易に危道を冒さない。かくて自由党員は改進党員に対して初めより平かならざるものがあったが、当時世間の非難の的となりし三菱会社に対し、自由党が激しく攻撃を加えたるに当り、改進党が之を傍観したるを憤り、三菱攻撃は一転して改進党攻撃となり、偽党撲滅・海坊主（岩崎弥太郎）退治の運動となりて激しく輿論を動かした。爾来両党は氷炭相容れざる間となり、全国至る所に両党互に反目して相対峙するに至った。

　政府の苛酷なる弾圧は、先ず自由党をして言論に代うるに陰謀を以てする革命党たらしめんとした。党員のある者は、自家の目的を遂げる為には、暗殺と暴動との他に手段なしと考えた。公会に演説せずして密室に私議し、秘密書を頒布し爆弾を製造した。大事を成す者は小瑾《しょうきん》を顧みずとして、強盗奪掠をさえ決行し、富家を脅迫して運用金を調達した。世間は火付・泥棒と自由党とを併称した。多数の党員が牢獄に投ぜられた。前年十一月、海外立憲国の制度を視察する為に欧米漫遊の途に上れる板垣は明治十七年六月帰朝し、自由党の実状を見、党員の節制容易ならざるを知り、この年十月ついに自由党を解散した。而して狡慧《こうけい》にして難を避くるに巧なる改進党も、また内訌の為に、この年十二月総理大隈及び副総理河野が党籍を離脱したので、その首領を失うこととなった。かくて一時勃興したりし諸政党は一旦悉く解散し去るに至った。

五

明治九年江華湾条約の成立によって、目韓両国の修好通商を見るに至ったが、彼我の国状は十分に諒解されず、相互の往来も稀であった。当時朝鮮では閔《びん》氏一族を中心とする事大党が、シナに頼って勢力を保持していたが、年少気鋭の金玉均《きんぎょくきん》は、日本が維新の大業を成就して国運頓に興隆せるを聞き、一たび日本に渡りてその実状を視察し、日本の援助によって政治的革新を行い、多年国内に浸潤せるシナ勢力を駆逐して、完全なる独立を確保したいと考え、明治十三年の夏、初めて日本に渡来した。彼は当時二十六歳の青年ですでに内務大臣に相当する堂上戸曹判書の重職にあったが、仏教興隆という名目で来たのである。東京では福澤諭吉が満腔の同情を以て親切なる指導と激励とを与え、朝鮮復興の為には人材の養成が第一の急務なることを説いたので、金は大なる希望を鼓吹せられ、再会を約して帰国した。彼は幾許もなく数十名の留学生を送り、その指導監督を福澤に一任し、福澤は留学生全部を自己の広尾の別邸に収容して之を指導した。而して翌年には朝鮮の官界その他より選抜された一団の人士が日本視察の為に渡来し、日本の国情を見てその進歩に驚き、帰来範を吾国に採って国政の改革を期するに至った。しかるに翌明治十五年十月、大院君が兵士を煽動して乱を起さしめた壬午の変（反日クーデター）あり、朝鮮は日本に謝罪使を派遣することとなったが、選ばれて使節となったのが金の同志朴泳孝であり、金もまた一行に加って来朝した。

　彼らは正式の使命を果すと共に、吾が朝野の有力者を歴訪し、日本の援助によって国政の革新を図り、シナ勢力を朝鮮より駆逐したいという希望を陳べた。この希望は少からず吾が朝野の有力者を動かした。金と親交ある福澤は、彼らの運動に最も深き同情を寄せ、彼らの計画に対して種々なる助言を与えた上、彼らを後藤象二郎に紹介し、共に後援者として尽力した。時の外相井上馨は、後藤、福澤らが援韓の為に奔走しつつあるを見、寧ろ機先を制するに如かずとして、俄に対韓政策を定め、公使竹添進一郎をして金、朴らの独立党を庇護させ、壬午の変の償金残額四十万円を棄損して彼らの運動に資せしめた。閔氏一族及び清国公使は之を知って備うるところあり、物情騒然たるに至った。すでにして明治十七年十二月四日、金、朴らは兵を発して閔一族を撃ち、王宮を擁して号令し、回天の業一朝にして成れるかの観あったが、袁世凱が清兵二千を率いて王宮に迫り、竹添公使が挙措宜しきを失った為に、独立党の事業は夢よりも果敢《はか》なき結末を告げ、金、朴らは日本に亡命した。頭山翁が金玉均と初めて会見したのは、彼らがこの甲申の変に失敗して日本に来り、金は神戸に流寓《るぐう》していた時のことである。

金玉均

　もと朝鮮の政治的改革は、日本政府の黙諾の上で行われたものであり、金、朴らは一敗地に塗れたとはいえ、日本に亡命し来れば政府の庇護乃至厚遇を受けるものと期待していた。しかるに政府の彼らに対する態度は冷淡を極め、井上外相の如き、金が幾たび訪問しても絶対に面会を謝絶した。けれどもこのことを知りたる民間志士の同情は翕然《きゅうぜん》として彼らの上に集まり、彼らを援助して事を朝鮮に起し、その政治的革新の志を遂げしめんとする者あるに至った。先ず自由党員大井憲太郎、小林樟雄《くすお》、新井章吾、稲垣示《しめす》、磯山清兵衛らは、窃《ひそか》に資金を集め、爆弾刀剣を備え、同志約六十人と共に渡韓して事を挙げんとしたが、明治十八年十一月、事露われて縛に就いた。同志の中には二十一歳の女性景山英子もいた。彼らの精神は、大井憲太郎が法廷に於てなせる陳述に尽きているが、彼はその中で下の如く言っている――「我々は日本人なるも、身を朝鮮人の位地に置き、朝鮮の社稷《しやしよく》を危からしめんとする蠹毒《とどく》を除かんとして奮起せるものである。成敗もと天に在り、狂と呼び愚と呼ぶも、唯だ他の評に任ずれど、我々は自ら許して義軍と称し、成敗利鈍を顧みずして、之を全国の有志に図るや、志士奮躍、袂を振つて之に投ずること、響の声に応ずる如くなりしもの、是れ真に人為の然らしむる所にあらずして、天意に出でたるものとなすも、人誰か之を不可なりとせんやである。加ふるに有志の士はみな貴重なる生命財産を顧みざること土芥《どかい》の如く、父母兄弟を後にし、鶏林（朝鮮）の鬼と化するを期し、三尺の剣に倚《よ》り、風粛々、易水を渡らんとす。以て此挙の不正不義に非ざるを知るべきである」。

六

西欧文明の輸入は、明治初年に於て政府率先して、之を唱道し、奨励し、実行したのであるが、之に伴いて米国流の民権思想や仏国流の自由思想が発達し、ついに政治化して政党の出現となり、藩閥政府に対する猛烈なる反抗となった。これに於て政府は自ら蒔きたる種が意外の実を結びたるに驚き、俄に狼狽して之に対抗する策を講じ、御用新聞を作り、御用政党を作り、維新以来事を共にするを肯んぜざりし天下の保守分子に向って顧眄《こめん》した。明治十五年の朝野新聞（反政府系）には「今年以来何となく忠孝仁義の説が出現して参る」とあり、また十六年の同新聞には「近年は世間一般に古き事を追慕し、古き物を保存するが流行となりたり」とある。かかる反動は必ずしも政府の誘導によってのみ生じたものでない。けれども政府はこの反動を利用し、時を得ざりし儒者、神主、坊主を味方として、自由民権運動を抑える一助たらしめんとしたことは疑いない。

しかしながら実は自由民権運勤そのものも、いつしか日本化して、甚だしくその本質を異にしていた。繰り返して述べたる如く、自由民権論は尊皇論の変容である。忠君愛国の観念は日本立国の真髄であり、日本の存立する限り、国民の血管を流れて息《や》まぬいわゆる正気である。民間の志士は初めは狂せんばかりに自由民権を主張したけれど、米国流の民権論や仏国流の自由論は、運動の間に日本化し来り、之を称うる者も維新当時の志士そのままに、短褐弊袴《たんかつへいこ》の熱血男子多く、東洋流の悲歌慷慨を事とした。その最も熱心なる希望は、藩閥の専制を打破して国家を富強ならしめ、国威を存分に発揚するにあったので、名は民権党でありながら、実は国権党と呼ばるべきものであった。

しかるに政府は民権思想を喜ばぬと同様に、征韓論即ち攘夷論の流れを汲める国権思想をも喜ばなかった。征韓論の破裂は、権力争奪に基づきたる一面もあったが、由来するところはさらに遠い。もと大体に於て薩摩は征韓論、長州は非征韓論であった。けだし長州は下関砲撃に懲りて以来、武力を以て外国と争うの不利なるを信じ、当時早く兵を引きて利益を得たることが先入主となり、外国と事を構うるの無分別なるを知り、欧米文明を実地に見聞してからは、一層征韓論の如き主張を無謀なりとした。大隈の勢力衰え、岩倉長逝して後、廟堂に最も権威を揮えるは長閥であり、明治十八年十二月官制改革後の第一次内閣は、伊藤博文を首相とし、井上馨を外相、山県有朋を内相とした。

明治十四年国会開設の詔勅降り、憲法制定の急を告げた時、時の参議伊藤博文は幾多の随員を伴い、之が準備の為に欧州各国巡遊の途に就いたが、オーストリアにスタイン博上の学説を聴き、ドイツに鉄血宰相ビスマルクと会し、新興ドイツの溌剌たる元気に触れ、深甚なる感銘を受けて帰朝し、爾来盛んにドイツ主義を鼓吹するに至った。それは一面に於て自由党が米仏に則り、改進党が英国に則らんとせるに対抗した意味もあるが、他面ドイツの政治そのものが、自由民権に耳を貸さぬ点に於て、政府当局者の意に適したのである。かくて高官のドイツに遊ぶ者俄に多く、留学生も盛んにドイツに派遣され、学校にはドイツ人を招聘し、ドイツ語が奨励された。憲法編纂の顧問にもドイツ人が招聘され、法典の編纂も従来の英仏法を棄ててドイツ法に準備し、陸軍も明治初年以来のフランス式を捨て、ドイツ人を教官に招いて一切をドイツ式とした。維新の際に一切の社会的差別を撤廃して、皇室以外総ての国民を平等にせんことを期し、その行程を進んできたのに、明治十七年に範を欧州大陸に採りて華族令を定め、新たに公侯伯子男の爵位を設けて貴族制度を立てた。このドイツ的国家主義は、民間の国権主義と時として一致するが、後者は外国の圧迫に対して国威を発揚せんとするものであり、前者は個人の自由に対して国家の統一を強調するものなるが故に、時として相争うを免れない。而して政府はドイツに倣って専ら政府権力の強化に努め、政府に対抗する一切の勢力を仮借なく弾圧した。

一方国内に対しては極端なる強硬政策を取り、警察と軍隊の力を借りて一切の民間運動を圧迫せんとせるに拘らず、政府は外に対して軟弱を極めた。もとより政府と雖も国運の進展を望み、国際間に於ける日本の地位を高め、世界列強と対等の交際をしたいと念願して止まなかった。わけても日米条約を範として各国との間に結ばれたる条約は、痛く日本国家の面目を傷つくるものなるが故に、之を改正して不平等なる国際的待遇を脱却せねばならぬという覚悟は、極めて堅きものがあった。けれども長州人を中枢とせる政府は、その苦き経験から、出来得る限り穏便なる手段によってその目的を遂げんとした。その手段とは取りも直さず欧化政策であり、先に台頭し来れる保守主義は、忽ちその影を潜むるに至った。

かくて新たに外相の任に就ける井上馨は、条約改正の実を挙げる為には、日本を欧米化することによってのみ可能なりとし、制度文物の範を欧米より採るのみならず、風俗習慣までも悉く之に倣わねばならぬとし、茲に極めて急激にして突飛なる欧化主義が、政府によって鼓吹されかつ実行されるに至った。明治初年の西洋謳歌は主として範をアメリカに求めたもので、甚だ平民的なるものであったが、いまは例を欧州大陸に採りたるもので、貴族的欧米主義とも言わるべきものである。先ず宮中の諸儀式が一切を挙げて洋風に改められた。皇后宮の御服装をはじめ、女官の服装も洋装と改められた。大臣が畳敷の日本家屋に居住するを不体裁として、高官の為に洋風の官邸が建てられた。配偶を欧米人に求めて人種の改良を図らねばならぬという議論が真面目に主張された。宴会も日本風は下等なりとせられ、洋食店が頻りに開かれた。地方でも県庁所在地では知事が洋食店の設立を奨励した。外賓接待の為に、日比谷原頭に宏壮華美なる鹿鳴館が建てられた。外人を対手《あいて》に、外相官邸の夜会、知事官舎の舞踏会、鹿鳴館のバザーと、連日連夜の饗宴、会遊が行われた。政府はかくして外人の同情を求めんとしたが、彼らは酒宴にこそ出席はすれ、進んで条約改正に応ずる気配もなかった。夜会、舞踏会の多かりしうちにも、明治二十年四月二十日首相官邸に開かれたる伊藤首相主催の仮装舞踊会は、空前絶後の奇観と言うべく、首相以下の諸大臣が、俳優もどきの滑稽醜態を尽くして、専ら外人男女の意を迎えんとした。けれども一方には外侮頻りに吾に加えられた。即ち明治十九年八月には、清国北洋水師提督丁汝昌《ていじょしょう》が、鎮遠、定遠、済遠、威遠の四隻を率いて露国ウラヂオストックに航し、帰路長崎に入港するや、該艦乗組水兵五名、遊廓に遊んで飲酒泥酔の末に暴行し、次いで翌日数百名の水兵同時に上陸して市中を横行し、乱暴狼籍至らざる所なく、ついに警官及び長崎市民と衝突して互に死傷者を出した。而して政府は何ら之を厳責せんとしなかった。また同年十月、英船ノルマントン号が紀州熊野沖に於て難破し、船長ドレーク以下船員二十六名は短艇に乗りて危難を免れたが、日本人船客二十三名は乗艇を拒まれ、艙内に密閉せられしまま船と共に海底深く沈没せしめられし悲惨無道の事ありて、痛く国民を憤激せしめたが、政府の之に対する処置はまた極めて柔弱であった。

かくの如き外柔内硬は、独り民間の志士のみならず、在朝の政治家をも憤激せしめた。先に欧米を巡遊して新たに帰朝せる農相谷干城は、激越の文字を列ねて意見書を提出し、幕府の遺臣勝安房もまた時弊を痛論して当路の反省を求むる意見書を提出し、次いで仏国人法律顧問ボアソナードは、井上外相が作成せる条約改正案中、国権を害する一条（外国人裁判官任用）あるを挙げ、一片の真情日本の体面の為座視するに忍びずとして、各大臣に上書したるもの、端なく世間に洩るるに至った。谷は内閣にありて熱心に改正案（井上案）に反対したが容れられず、明治二十年七月ついに政府を去った。民間の志士歓呼して之を迎え、為に名誉表彰運動会を開いた。一波起きて万波起る。輿論は囂々として政府を攻撃し、形勢不穏を極めたので、政府はついに七月二十九日条約改正中止を声明し、九月井上も外相を罷めて、伊藤首相之を兼ねた。

一時政界を去りて髀肉の嘆に堪えざりし後藤象二郎は、この形勢に乗じて大いに成すところあらんとし、在野の錚々たる者を集めて時弊を極論し、この際在野党は小異を捨てて大同に就き、国運挽回の為に力を合せて政府と戦わねばならぬことを力説した。その言悲壮慷慨にして、国運の危急を論ずるところ最も人を感せしめ、集まれる者皆なその説に賛成し、一大団結を組織することを誓った。当時の参会者には末廣重恭、尾崎行雄、犬養毅、中島信行、大石正巳、吉田正春、星亨らの旧自由党員及び改進党員が共にその中にあり、よって之を大同団結と名付け、集会、会議の便を図りて丁亥倶楽部を組織し、盛んに政府攻撃の運動を始めた。これに於て地方有志の上京する者頻々として相次ぎ、前日の諸政党一致して屢々懇親会を催し、青年血気の徒は壮士と称してその行動益々激烈となった。かくて政府はこの年十二月二十五日、保安条例を発布して即日之を施行し、都下に於て過激粗暴の行動に出づる嫌ある者を、皇居を去る三里以外の地に退去せしめた。即ち星亨、林有造、中島信行、片岡健吉、島本仲道、尾崎行雄、中江篤介《とくすけ》（兆民）をはじめ、二十六日夜より二十八日までに退去を命ぜられたる者、実に五百七十人に達した。被処分者中最大多数は土佐人で、苟も籍を高知県に有して都下に住める者はほとんど皆な厄に遭わぬはなく、数日前に上京せる十四歳の少年、工科大学生、鰹節商、さては宮内省付の探偵までが退去を命ぜられた。

この非常弾圧の主唱者は山県内相及び三島警視総監で、退去を命ずると共に志士の暴発せんことを怖れ、警視庁では都下警察署より最も頑強なる警官を召集し、庁員の半数を徹夜宿直と定め、特に周到に火災に備えた。而して近衛兵二大隊をして赤坂仮皇居を警衛せしめ、大臣官邸は憲兵及び巡査を以て護り、大蔵省には憲兵、巡査の他さらに一小隊の兵卒を派して非常を戒しめ、陸海軍の火薬庫、兵器貯蔵庫の如き、平常の取り締まりを十倍した上に、夜間は兵卒をして付近を巡邏せしめた。

　政府は保安条例と同時に、新聞紙条例及び出版条例を改正し、益々言論の束縛に努めたが、これらの圧迫は唯だ国民の反抗を一層激成するだけであった。明治二十一年二月、内閣顧問黒田清隆は、伊藤に勧めて大隈を外相とし、政府の威信を立てようとしたが、民心の険悪容易ならざるを見、この年四月伊藤は黒田、大隈に内閣を付与して、新たに設けられたる枢密院に入りその議長となった。後藤は黒田内閣にも満足せず、保安条例によって激昂したる民心に棹さして四方に遊説し、飽くまで政府と決戦するの勢を示した。後藤は確乎なる主義なく、純一なる理想もないけれど、維新元勲の一人である上に、英姿颯爽、弁論縦横、人を熱殺し人を激発する煽動術に於て絶倫の天才を有していたので、その大同団結を呼号して東北、東海、北陸を一巡するや、至る所風靡せざるはなく、在野党の望は後藤一身に集まるに至った。時に井上馨も一政党を組織せんとし、先ず野村靖、青木周蔵らと自治研究会を起し、世間は之を自治党と称したが、幾許もなく消滅した。陸軍中将鳥尾小弥太も、また保守党中正派と称する一政党を組織し、政府に反対しまた自由・改進二党にも反対した。但しその勢力は微弱であった。

　すでにして明治二十二年紀元節を以て憲法発布の式典を挙げさせられ、上下歓呼して暫く政府攻撃の運動を中止していたが、三月二十二日に至り、国家の危急存亡を唱えて政府に咆哮肉薄し来れる後藤象二郎は入閣して逓信大臣となったので、前日賞讃の声は一転して誹謗の語となったが、当の後藤は平然として、予は内部より政治の改革を期して入閣せるのみと嘯《うそぶ》いていた。時に黒田内閣は、大隈を外相、井上を農相とし、いままた後藤を逓相に迎え、元勲を網羅して大いに陣容を整え、この機に乗じて条約改正の宿志を遂げんとし、大隈外相専らその局に当った。

大隈は伊藤、井上の屈従政策に反し、極めて強硬なる態度を以て外人に臨み、現行条約の範囲内に於て吾国の権利を仮借なく実行し、之によって先ず外人をして現行条約の不便を感ぜしめ、かつ従前の連合商議を避けて国別に談判を開き、二十二年夏までに米独両国を改正案に同意せしめ、ロシアもまた之を諾せんとするに至った。井上は大隈の改正案が、前年彼の定めたるものと大同小異であるのに、朝野の政治家が之に不同意を唱えざるに不平を懐き、辞表を呈して野に下り、未だその允許なきに東京を去り、また省務を顧みなかった。民間では改正条約の内容について至深の注意を払っていたが、この年四月のロンドンタイムズによって、新条約の規定中に、治外法権を撤去して内地雑居を許すに先立ち、日本新聞（保守系）は外人判事数名を大審院評定官に任ずべしとの条項あるを知った。ロンドンタイムズは四月九日改正案の要領を紹介し、同月十九日之に関する社説を発表したのであるが、その詳細なる内容を天下に周知せしめたのは、五月三十一日、六月一、二日にわたる日本新聞の記事であった。

大隈案の内容が日本新聞によって漸く明白となるや、之を以て帝国憲法第十九条に違反するものなりとする非難が頓に昂まった。けれども改進党一派の新聞は、功成らば大隈は一躍して総理大臣たるべく、敗るれば改進党の声望地に堕つべきを知るが故に、党の運命をこの一挙に決せんとして必死に之を弁護し、大同団結派に属する団体、鳥尾の保守党中正派等は激しく之に反対した。而して朝に在りては伊藤、後藤、山県も之に反対したが、大隈は堅くその説を持して毫も朝野の攻撃に屈する色なく、黒田首相も大隈に任して動かず、必ず条約談判の功を奏せんと覚悟し、一切の手段を尽くして反対派を弾圧するに努めた。而して反対派の中枢を成せるものは、大同団結派、保守党中正派、日本新聞及び雑誌日本人を中心として結ばれたる日本倶楽部、熊本紫溟会、福岡玄洋社の五団体であった。この五団体は八月二十五日より三日間、全国有志連合大演説会を千歳座に開いて条約案を攻撃し、之に対して改進党は九月二十六日、全国同志大懇親会を新富座に開き、次いで翌二十七日より三日間大演説会を開いて政府を弁護した。而して条約中止の建白に対しては断行の建白相次ぎ、九月三十日までに元老院に提出された建白書は、中止百八十五通、断行百二十通に達した。

時に頭山翁は玄洋社を代表して東京に在り、紫溟会の代表佐々友房と共に、各大臣を歴訪して膝詰談判を行った。八月一日には先ず松方内相を訪い《おとな》、会談一時間にして内相をして反対論の為に尽力すべきことを誓わしめ、さらに伊藤博文を訪いてその同意を得た。一方福岡に於ては、問題の進展に伴い、平岡浩太郎、進藤喜平太、香月恕経《ゆきつね》らの玄洋社領袖が、同志を糾合して筑前協会を組織し、反対運動に熱中していたが、東京よりの報道によって、大隈外相の決心頗る固く、到底尋常一様の手段を以てして之を阻止するの至難なるを知ったので、玄洋社員中に一身を犠牲にして天下の為に大隈の生命を奪うの覚悟を定める者出るに至った。即ち来島恒喜及び月成功太郎・同勲・同光兄弟である。

来島は八月二十二日着京し、先ず鍛冶橋の曙旅館に頭山翁を訪いて覚悟の程を打ち明け、その夜から神田美土代町の月成勲の下宿に同居して準備に取り掛かった。来島は勲の兄功太郎が、かねてより自分と同じ目的で荐《しき》りて計画中なりしを知り、本郷真砂町の寓居に赴き、君には妻子もあることだから是非思い止まれと説いた。月成は深く来島の好意に感激したが、決してその志を翻そうとはしなかった。来島は強烈なる爆弾を手に入れ、静かに時の到るを待った。

十月に入りて条約改正問題はいよいよ激化した。黒田首相は一切の反対を斥けて断行を決意し、十五日には御前会議が行われ、山県内相、後藤逓信相は激しく大隈を難詰したが、大隈は之に答えて屈せず、会議は日暮れてなお決しなかった。来島はついに十月十八日を以て決行の日と定めた。この日来島は月成光と心ばかりの別盃を汲み交わし、新調のフロックコートを着用し、福岡より携え来りし左文字の短刀をポケットに潜め、東京で入手せる爆弾を洋傘の中に匿して旅館を出で、連れ立って愛宕山に登った。彼は月成光と共に恭しく宮城を遙拝したる後、西方故郷の空を望んで長く黙祷を続け、やがて山を下って霞ヶ関の外務省構外に至り、大隈の来るを待った。この日例の如く閣議に列したる大隈は、午後四時霞ヶ関の官邸に帰り、まさに外務省の正門に入らんとせし時、外相の馬車が桜田門方面より外務省に向って馳せ来るを望見し、機を図りて門内に入りて待ち構えていた来島は、爆弾を大隈の馬車に投じた。彼は馬車破れ、馬斃れ、御者は転落し、大隈が鮮血に塗れて車中に倒れたるを見、吾事成れりとして悠然門外に出で、宮城に向って一礼したる後、ポケットより取り出せる短刀を以て物の美事に自刃した。

大隈はその右脚を失って僅かに生命を取り留めたが、之によって条約改正は無期延期となり、黒田内閣は二十一日辞職した。

七

条約改正無期延期、黒田内閣辞職によりて、民間の反政府運動は一応勝利を以て段落を告げ、各地の政治団体は衆議院議員選挙(第一回)の準備に力を注ぐこととなった。玄洋社では頭山翁に向って熱心に立候補を求めたが、翁は決して承知しなかった。

さて明治初年以来、幾多の志士が業を棄て産を亡ぼし、もしくは血を流してまで要望し熱求し来れる帝国議会は、明治二十三年十一月二十五日を以て召集され、二十九日を以て開院された。多年藩閥政府と抗争して幾多の艱難辛苦を嘗めたる政党員は、言論・集会・出版・結社等の自由を拘束されたる桎梏を脱し、公然立法機関に拠って政府と対陣することとなった。代議士の脈管には、武士道に養われ、徳教に訓育されたる血のなお流れて存する者あり、政府に反抗する者も追随する者も、概ね国士を以て自ら任じ、正義正道と信じたるところに従って行動せんとした。第一回帝国議会開会当初に於ては、未だ後年に見る如き醜陋なる言動や不真面目なる態度は、議場に漂うことなかった。加うるに後年ほど選挙に莫大の運動費を要しなかったので、解散を恐れる議員気質なるものもなく、偏えに主張に忠ならんとした。

初め後藤象二郎が国家危急を叫んで大同の急を呼号するに当り、各種異様の流派と人物を網羅し、忽焉《こつえん》として厖大なる団結を出現せしめて、あたかも自由党、改進党の小異をさえこの時を以て棄却せしめたるの観があった。けれども大隈が条約改正を断行せんとするに及び、保守党及び国権主義者、先ず起って之を妨げ、改進党を目して売国の賊と罵るに至り、大同団結派もまた之に和し、激烈なる大隈反対を表示したので、改進党は早くもまたこの時に自由党と絶った。而して大同団結派の首領たる後藤は、之を跳躍台として一躍身を薩長の藩籠に投じたので、大同団結派は後藤の入閣を喜ばざる大同協和会と、大同倶楽部との両派に分裂した。協和会は板垣を起して自由党を再興せんと欲したが、板垣は後藤との衝突を避ける為、別に愛国公党を組織して両派を調停せんと欲し、二十二年十二月海南（高知）より出でて大阪に大会を催した。この計画は大同団結を維持せんとする後藤の直参派にも、また自由党再興論者にも喜ばれなかったので、幾許もなく立ち消えとなった。議員選挙は政党界がかくの如く紛糾せる時に行われたので、従来政党に関係なかりし者で当選した者が頗る多かった。彼らは後に相集まりて大成会という一倶楽部を組織した。在野の諸派は、合同して政府に対するに非ざれば、多数を議会に制することが出来ないので、やがて改進党を除きたる諸派の一致となり、立憲自由党の名称の下に百三十の員数を得た。而して改進党の四十名を之に加うれば百七十名となり、総員三百の過半数となる。

第一議会に臨める山県内閣は、超然主義を標榜して表面は政党と何らの関係をも有せざる如く見せかけたけれど、自由党・改進党が連合し、民力休養を唱えて政府提出予算に削減を加えんとしたので、民間党の一部を切り崩し、辛うじて議場に多数を制して予算を成立させることが出来た。議会がとにかく無事に終ったのは、一に山県首相が隠忍譲歩して民間党の鋭鋒を避けしに由るものであるが、民間党はこれによって意気傲り、官僚は之を視て憤慨し、山県もまた衷心安からざるものあり、ついに病に託《かこつ》けて辞職し、薩人松方正義が之に代った。

さて明治二十一年黒田内閣の出現は、国政の一転機であった。伊藤内閣は制度の上に於て成すべきことはほとんど成し遂げたが、細目に忙しくして大綱に気が付かなかった。明治政府の外柔内硬は伊藤、井上の欧化主義を以てその頂点に達し、その為に国民的自覚を喚起し、国粋保存、国体擁護、国権伸張の声が随所に挙がるに至った。茲に注意すべきことは、明治十四、五年の交に起りし保守的反動は、具体的に言えば漢学の復興に過ぎなかったが、明治二十年以後に起りし反動は、国民的自覚の現象なりしことである。もとよりこの場合に於ても窮経《きゆうけい》を抱ける儒生、山寺の和尚、古《ふる》神主らにして喜んで之に投じたる者ありしとはいえ、この運動の中心となりし人々は、決して西欧の文明に対して無智でなかった。彼らは明治四年のドイツ統一を中心として、その前後に起りたるヨーロッパ諸国の国民運動の精神を呼吸した。彼らは明治初年以来幾たびか日本政府によりて企てられ、幾たびか失敗を繰り返せる条約改正の事業を見て、深く日本国民の意気地なきを憤った。彼らは日本が思想と風俗とに於てヨーロッパの属領たらんとする傾向あるを見て、最も危険なる現象とした。彼らはヨーロッパ諸国が、その国語に於て、文学に於て、風習に於て、努めて各自の民族的特質を護持せんと努めつつあるを知つていた。これに於て彼らは明らかに国民に向って、国粋を保存せよ、模倣を止めよ、国民の特質たる忠君愛国の精神を長養せよと宣言した。実に彼らの努力によって、国民的精神は覚醒し始めた。明治二十一年四月を以て創刊せられたる雑誌日本人は、三宅雄二郎、志賀重昂、杉浦重剛、井上円了らを同人とし、最初にかつ最も有力に国民の自覚と反省とを促した。杉浦、三宅の両人は、大隈の条約改正反対の時に初めて頭山翁と相識り、爾来身を終うるまで親交を続けた。

　かくの如き国民的自覚は、伊藤内閣をも反省せしめ、従来の非を悟り、外柔内硬は事の当を得たるものに非ず、国家として自ら重んぜねばならぬことに思い及んだけれど、内外の反対猛烈を極めたるが故に、一旦退いて黒田内閣をして事に当らしめることとしたのだ。黒田内閣は、民間政党の領袖大隈、後藤を援《ひ》きて官に就かしめ、以て官民の疎通を図り、外国に対しても井上の屈従的態度を改め、対等の立場に於て条約改正に着手したが、案の内容が愛国者の激しき反対に遭い、ついに辞職の止むなきに至り、長人山県有朋がその後を継いで第一議会に臨んだのである。

　山県は第一議会に於て下の如き注意すべき演説を行った。曰く「国家独立自衛の道は、一に主権線を守禦し、二に利益線を防護するに在り。何をか主権線と謂ふ、国境是なり。何をか利益線と謂ふ、我が主権線の安全と堅く相関係するの区域是なり。凡そ国として主権線を守らざるなく、又等しく其の利益線を保たざるはなし。方今列国の間に立ち、国家の独立を維持せんと欲せば、独り主権線を守禦するを以て足れりとせず、又利益線を防護せざるべからず」と。これは従来政府が専ら内治を主とし、軍隊は国内の不穏に備うるを第一とし、外に向っては無事を事としてきたのに対し、明白に国防を安全にし、国威を宣揚し、一個の国家として世界に立たんことを声明せるものである。山県に代りて松方が首相となりても、この立場に変りはなく、力を軍備拡張に注いだ。

これより先政府反対党は、自由党と改進党との同盟を図り、板垣退助は大隈重信を早稲田に訪いて密かに一致の運動を議し、ついに積年反目の旧怨を解いた。最も熱心にこの為に努力せるは中江篤介である。このことは政界に甚大の衝動を与え、自由改進の両党と、楠本正隆、中村弥六らの中立議員より成る独立倶楽部、及び無所属の四団体を併せて民党と称し、およそ政府に反対の主義を抱く者は皆なその旗幟の下に集まり、之に対立する者を吏党と称し、民吏両党の部署全く定まった。政府は大隈が枢密顧問官でありながら板垣と会見して政治を議したることを以て、官紀を紊乱するものとし、旨を諭してその官を免じたが、このことは民党を激昂せしめて政府反抗の気焔を煽揚したに過ぎなかった。

すでにして明治二十四年十一月二十六日、第二期帝国議会が開かれ、政府は軍艦製造、砲台建築、製鋼所設置等の新計画を立てて議会に臨んだ。予算案の説明に当り、陸相高島鞆之助《とものすけ》は「陸軍現時の編制は、国防上欠くる所なきを以て之に満足すべきも、海岸防禦、兵器製造、陸地測量等の事業は、未だ整備の域に達せざるを以て、漸次之が完成を期する」と述べただけであったが、海相樺山資紀《すけのり》は海軍大拡張の必要を説き「如今《じょこん》帝国をして攻守両《ふた》つながら優勢を占め、また遺憾なからしめんと欲せば、勢ひ軍艦七十五隻、凡そ二十万噸の海軍力を必要とする。但し是れ民力の堪えざる所なるを以て、暫く其の実現を他日に譲るといへども、少くも十二万噸の海軍力を具ふるに非ずば、国家を維持する上に於て甚だ危険を感ずるが故に、着々其の計画を進め、向後六、七年の間に計画の完成を期する」と述べ、議場の紛擾を睥睨《へいげい》して「現政府は、国家内外の艱難を切抜けて今日に及んだ。世人は薩長政府と称して之を攻撃する者あるも、今日国家の治安を保ち、四千万生霊（国民）の安寧を致したるは誰の力か」と呼号した。けだし第二議会は、政府と民党と初めより極力決戦の意を以て之を迎えたるものにして、樺山が薩長の功業を高調してことさらに議会の反感を激成したのは、初めより解散を断行せんとする政府の意向を表示せるものである。かくて議会は政府提出の予算案に八百万円の削減を加えたので、政府は之を以て国事を「破壊」するものとなし、十二月二十五日断然議会の解散を命じた。

かくて総選挙は明治二十五年二月十五日を以て行われることとなった。時に政府部内に硬軟の二派あり、硬派は飽くまで選挙に干渉し、政府に賛成する議員を当選せしむべきを主張し、軟派は干渉を不可として之に反対した。当時硬派の首領は内相品川弥二郎で、高島陸相、樺山海相之を助け、軟派として之に反対したのは農相陸奥宗光であった。けれども硬派が選挙に干渉する決心は、議会解散の日にすでに定まり、次期には必ず政府党議員を以て議会に多数を占めんと欲していたのである。

さて松方内閣は民党征伐の目的を以て議会を解散したのであるから、民党は前に倍する議員を選出して解散の無意義を天下に明示せんとし、自由・改進両党はなるべく同士討ちを避ける方針を立てて府県の運動を指導し、板垣・大隈の両党首、互に往来して画策するところあった。而して品川内相、白根次官は、地方官に内訓を与え、民党議員の当選を妨げる為には、高圧手段を執るもまた止むなき旨を諷示したので、地方の警察官は公然郡市を巡りて選挙に干渉し、あるいは甘言を以て誘い、あるいは威嚇を以て脅し、甚だしきは選挙人に刃傷《にんじよう》をさえ加えた。官憲の行動すでにかくの如くなるが故に、不逞の暴徒所在に横行し、剣を抜き銃を放ち、家を焼き人を殺して憚らざるに至った。政府は各地に予戒令なるものを布き、保安条例を施し、憲兵を派遣し、選挙取締の名目の下に民党を弾圧した。実にこの選挙に際し、全国の死傷者数は、死者二十五人、負傷者三百八十八人に達した。而して選挙の結果は民党百三十三名、吏党九十三名、中立七十四名であった。

この選挙干渉の大惨劇は、当然政府の動揺を招《よ》んだ。伊藤枢密院議長は、先ず選挙干渉の不法を痛斥し、かかる閣員と同じく政府に居るを欲せずとして辞表を奉呈したが、明治天皇の宸翰を賜わりて留任し、品川内相、陸奥農相が辞職し、副島種臣及び河野敏鎌が之に代った。副島種臣は肥前の老儒、民選議院の建白以来久しく朝に立たなかったが、入りて内相となるや、その持論たる王道蕩々・無偏無党を旨とし、官民軋轢の間に立ち、至誠を以て調停の任に当り、衆議院議長星亨以下の民党議員に説いて、互に譲歩の談判を約するに至った。しかるに吏党議員の一派は閣僚中の硬派を動かし、この和衷協同に反対させたので、副島はその約束を行うこと能わず、ついに職を辞するに至った。

河野敏鎌はかつて大隈と共に改進党を組織してその副総理たる経歴を有する土佐人にして、民間に信用篤かりしが、副島の辞職するや、農相より転じて内相となった。河野は転任に当り、閣外元老の掣肘を受けず、選挙に干渉せる地方官を更迭することを条件としたので、長人白根次官はかくの如き土佐人の下に服従するを欲せずとして辞表を提出した。河野は白根の去るに任せた上、安場福岡県知事以下五、六の地方長官に転任非職を命じた。これに於て安場知事は、急に他の不平知事と相携えて上京し、いわゆる躍起運動を開始し、逆に高島陸相、樺山海相を説得して辞表を提出せしむるに至った。この両人を失うことは、松方にとりて手足を奪われたるに等しく、ついに闕下に伏して骸骨を乞わねばならなかった。

八

松方の後を継げる伊藤博文は、黒田、大山、仁礼、山県、井上、後藤らの薩長元勲を網羅したる内閣を率いて第四議会に臨み、野に在りては大隈・板垣の両人相携え、自由・改進両党を率いて之に対し、官民両党互にその精鋭を尽くして対陣することとなった。議場の過半数を占めたる民党は意気大いに昂がり、予算歳出の査定に当りては、渡辺蔵相が「一厘一銭たりとも削減を肯んぜず」と強調せるに拘らず約一割を減じ、全く軍艦製造費を削除した。之については衆議院予算委員長河野廣中の報告中に「委員会は敢て軍艦建造の必要を認めざるに非ず。唯だ海軍部内、弊竇《へいとう》累積し、国防の大方針、浮泛《ふはん》して一定する所なきを以て、今之に造艦の大事を托するは、心の安んぜざるを以てなり。他日海軍にして十分の整理を遂げ、方針を確立するあらば、議会は喜びて相当の協賛を与ふべきなり」と言っている。

かくて政府と議会は、墻壁《しょうへき》相対して一歩も移し能わざるに至り、明治二十六年二月八日、政府弾劾の上奏案は多数を以て衆議院を通過し、議長星亨が参内して之を陛下に奉呈した。しかるに一日を越えて二月十日大詔の煥発あり、「顧るに宇内列国の進勢は日一日より急なり、今の時に当り日を曠《むな》くし遂に大計を遺《わす》れ、以て国運進張の機を誤るが如きことあらば、朕が祖宗の威霊に奉対するの志に非ず、又立憲の美果を収むるの道に非ざるなり」と諭し給い、かつ「予算費目は更に審議を加へよ、製艦は一日も之を緩くすべからず、後六年の間、内帑《ないど》三十万円を下付し、又文武俸給十分一を納れしめ、以て其の補足と為せ」と仰せられた。即ち佞臣《ねいしん》等しく恐惶し、局面一転して第四議会は無事に終るを得た。この時の製艦計画は、僅かに戦艦二隻、巡洋艦二隻に過ぎなかったが、その実行にさえかくの如き波瀾重畳を経ねばならなかった。

民党は海軍拡張に反対しながらも、この頃より漸く第一期以来の民力休養という看板を取り下げ、外交問題、国権問題を択んで政府反抗の声を挙げるに至った。伊藤首相は早くより国際協調主義者として知られていたので、第五議会に於て、民党は条約改正の進行中に於ても、現行条約を如法に励行すべしと建議した。陸奥外相は「旧条約は今日の事情に適応し難きものあり、彼我ともに之を墨守励行すべきでない、其上に難きを外人に強いることは、向上の条約改正の為に不利である」と陳弁したが、民党はかくの如き態度を以て「偸安《とうあん》姑息、唯だ外人の歓心を失はんこと是れ畏れ、内外親疎軽重の弁別を転倒するに至る」ものとして一層強硬に反抗したので、議会はまたまた解散となった。この形勢を見たる貴族院議員中には、伊藤内閣の対外政策を軟弱なりとする者あり、公爵近衛篤麿、子爵谷干城らは、連署して書を伊藤に送り、「衆議院は年来予算削減を是れ事としたりしが、今や謀を改め、官紀の不振を悲み、国権の退縮を憂ふ、宜しく彼をして其の所論を尽さしむべし。而も内閣諸公は之に顧みず擁塞《ようそく》を是れ力《つと》む。或は国民の大反抗を招致せんことを恐る」と警告したが、伊藤は之に耳を貸さず、外交案件によって中外の物議を招《お》ぐを畏れ、議会解散と同時に、条約励行を主張する諸結社にも解散を厳命した。明治二十六年十二月のことである。

この対立は明治二十七年に入りてもいよいよ激しくなり、五月に召集せられたる第六議会もまた解散を命ぜられ、民間の政府反抗の気勢頓に昂まり、情の激するところ、事態容易ならざるものあらんとした。しかるにこの時たまたま朝鮮に東学党の乱あり、延《ひ》いて日清両国兵火の間に相見ゆるに至ったので、昨日の反噬《はんぜい》忽ち忘れ去られたる如く、政府と民党は互に手を握って臨時議会に臨み、満場一致して戦費を協賛した。国家非常の秋《とき》に際しては、平日の恩怨を顧みず、挙国一致して外患に当る日本民族伝統の美風が、この時もまた美事に発揮されたのである。

さて東学党蜂起の報道が未だ日本に達せざる前に、頭山翁らが眷顧《けんこ》してきた韓国の志士金玉均の暗殺事件があった。すでに述べたる如く、明治十七年甲申韓京の乱に、金玉均、朴泳孝らは独立自主の政策を声言して兵を挙げたが、閔族及び清兵の撃破するところとなりて吾国に亡命した。翌年朝鮮政府は彼らの引き渡しを求めてきた時、政府は国際公法に国事犯人引き渡しの前例なきことを告げたので、閔族一党はさらに暗殺の計画を立て、刺客を送って金、朴に向わしめた。これに於て日本政府は朝鮮政府と妥協し、刺客の退去を求めると共に、金玉均らにも日本退去を命じたので、金は一時小笠原島に身を潜め、または北海道に流浪して艱難を嘗めた。

蒋介石を迎える頭山満（左端）

その後やや自由の身となりて東京に住むようになってから、頭山翁は最も深切なる金の庇護者として終始した。政治運動に資金の必要なるは言うまでもないので、金は常に金策に苦心していた。明治二十三年米価暴騰の時には、金は米相場による一攫千金を夢見て、二万円の調達を翁に頼んだ。翁は之を副島種臣や三浦梧楼に相談したが、両人とも金には縁が遠かった。よって後藤象二郎を訪ね、翁所有の炭坑を百万円で三菱に売却する相談をしたところ、後藤は大いに之に賛成し、福澤諭吉をして三菱に説かせたり、種々尽力するところあったが、これもまた不調に終った。もしこの百万円が出来ていたら、東亜の歴史は恐らく別個の展開をしたことであろう。

金は亡命以来やがて十年にもなろうとするのに、更《あらた》に前途の光明を認め難く、目的の遂行に対して頻りに焦慮していたので、翁はその胸中を察し、一つは世間を韜晦《とうかい》する為、また一つは鬱を散ずる為に、柳暗花明の巷に金を出入させたりした。そのうち明治二十七年正月、李逸植、洪鐘宇という二人の刺客が東京に来り、いつの間にか金玉均に取り入った。彼らは金に向って故国復興の事を語り、上海に渡りて李鴻章と議り、その力を借りて再び韓国政府の要路に立ち、政治的革新を行うの得策なるを説き、之をかつて駐日公使たりし李鴻章の息李経芳の伝言だとした。時に金は流寓十年、日本援韓の宿望、いまにその実現を見ざるを憾《うら》んでいたこととて、意中やや動き、頭山翁が極力諫止したにも拘らず、ついに洪と共に上海に向うこととなった。

この時金は大阪までの同行を頭山翁に懇願した。翁が旅費の持ち合せがないので断ると、金は直ちに二百円ばかりの金子を持参して一切の準備を整えたので、翁は二月下旬金と共に大阪に向った。その時金は李経芳に贈る為に翁の秘蔵の刀を所望した。その刀は三条小鍛冶作の尤物《ゆうぶつ》（傑作）で、翁は之を拒んだけれど金が益々切願するので、「与《や》らぬと言ったのに二言はない、それほど欲しければ盗んで往け」と言った。金は「しからば盗んで往く」と言って、ついにその刀を携えて洪鐘宇と共に上海に行った。そして上海の旅館で洪に短銃を以て殺された。金の屍体は彼と同行せる和田延次郎が、一旦棺に納めて日本に送付する手続きを取っている間に、清国官憲の手に奪取され、刺客洪鐘宇と共に軍艦威靖号に搭載して朝鮮に送られた。韓国政府は、同年四月十四日楊花鎮に於て金玉均の屍体を寸断し、首と四肢とを獄門に梟《さら》し、その他は漢江の流に投じて魚腹に葬るなど、惨忍言語に絶する刑に処した。而してこの際李鴻章は上海道台（長官）に訓令して洪を庇護し、之を義士と称揚し、かつ朝鮮国王に対して金玉均暗殺の成功を祝する電報を発した。

金玉均暗殺の飛報一たび伝わるや、吾国に於ける有志家の憤激と同情とは嵐の如く起った。金に対する清韓両国の処置は、明らかに吾国に対する国際的儀礼を無視せるものなるのみならず、これを以て清国が吾国に対して挑戦の意志を表明せるものとして、清韓同罪論を中心に国論は鼎の如く沸騰した。日清戦争は幾多の事情が互に因となり縁となりて誘起されたものであるが、その導火線となれるものは実に金玉均の横死である。

東亜に対する西洋の駸々《しんしん》たる攻勢、資本主義文明の澎湃たる進出の前に、日本は勇敢かつ賢明に善処して、一応近代国家として自己を再建した。けれども之と同時に日本は、大陸に於ける東亜諸民族の全般的なる覚醒、革新、協力なくしては、究極に於て日本自身の存立さえも保障されぬという厳粛なる事実に当面せねばならなかった。かくて日本は否応なしに東亜保衛者、亜細亜復興者としての重任を負わねばならぬこととなった。征韓論によって示されたる日本の朝鮮に対する激しき関心、之に続く朝鮮開国の為の一連の政治的交渉は、表面に如何なる夾雑物《きょうざつぶつ》を混えたるにせよ、その奥底に流れる動機は、朝鮮を覚醒して東亜保衛の協力者たらしめんとするにあった。

しかるにシナはかくの如き日本の意図を歓ばず、朝鮮に対する宗主権を確保せんとして、朝鮮に於ける日本の努力を妨げた。殊に明治十七年金玉均、朴泳孝の甲申の変失敗し、日本の勢力失墜せるに乗じ、李鴻章の意を承けたる年少気鋭の袁世凱は、一切の手段を講じて日本の在鮮勢力排斥に努めた。朝鮮政府が日本政府に向って執拗に金玉均、朴泳孝の引き渡しを要求したのも、朝鮮独立党の根絶を期する清国政府の教唆によるものであり、また明治二十二年咸鏡道監司趙秉式が、防穀令を発して穀物の国外輸出を禁じ、吾が商民に多大の損害を与えたのも、また清国側の指金に出でたるものであった。

かくの如くシナは驕り、日本は憤りて、半島に於ける両者の対峙が、年々激化し来りつつありし間に、朝鮮を巡る国際情勢は、欧米列強の登場によって頓に複雑を極めた。けだし日韓条約の締結が先例となり、明治十三年には米国、同十六年には英独両国、同十七年には露伊両国、同十九年には仏国が、それぞれ朝鮮と修好通商条約を締結した。列強のうちには、条約締結交渉に際して清韓両国の宗属関係を顧慮し、清国政府の意向を質したものもあったが、当時専ら外交の衝に当れる李鴻章は、日本の対鮮進出を阻止する為、以夷制夷の見地より朝鮮開国に同意し、朝鮮政府に対して条約の締結を慫慂《しょうよう》した。而して欧米列強の外交代表は、アジアの他の国々に於けると同じく、朝鮮に於てもまた独占的利権の獲得、及び政治的勢力の扶植を目指して、一切の陰謀を逞しくした。彼らのある者はその常套手段を用いて朝鮮の内政紊乱と人民の之に対する反抗とを助長した。外国公使館は陰謀の策源地となり、政治犯人の避難所となった。

わけても英国は明治十八年五月、済州海峡の要路に当る巨文島を無断に占領したる後、朝鮮政府に対して該島の租借を申し込んだ。朝鮮政府はもとよりこの申し込みを拒絶したが、清国政府は宗主国の立場に於てこの問題に干渉し、駐英清国公使曽紀澤をして、英国外務当局との間に巨文島租借に関する議定書を作らしめた。之を知りたる露国は直ちに清国総理衙門に対して、清国政府が英国の巨文島占領を承認する以上、露国もまた朝鮮に於けるその他の島嶼または適当の土地を占領すると申し込んだので、英国は（他国への）該島不割譲を条件として巨文島を撤退した。その間有為なる露国公使ウェーベルは、漸次朝鮮要路者と関係を結び、伏魔殿の称ある朝鮮宮廷に勢力を張り、重大なる密約を結ばんとするに至った。しかも李鴻章は、ウェーベルの策動が次第に成功を収めんとするを見て、朝鮮の事態を憂慮しながらも、一方に露国ある以上、日本は大拳《たいけん》なる手を朝鮮に下すことが出来まいとして、爾来露国を以て日本を制する外交方針を採った。かくして欧米の東亜侵略に対して相結んで共同戦線を張らねばならぬ日支両国は、清朝政治家の愚かなる政策によって、互に敵国とならねばならなかった。

　かかる間に朝鮮宮廷の紊乱と政治の腐敗とは、年と共に甚だしきを加えた。悪政の極まるところ、民衆の怨嗟はついに爆発して、明治十六年頃より暴動諸所に起ったが、明治二十七年春、全羅・忠清両道の各地に乱民蜂起し、東学党の道主崔時亨《さいじこう》、之に乗じて全羅道古阜《こふ》に義旗を掲げ、同道泰仁郡の郷士全琫準《ぜんほうじゅん》、之に参加して党軍を指揮するや、所在の民之に呼応して起ち、忽ちにして一個の偉大なる勢力となった。崔時亨の党員を率いて起つや、党員は等しく頭に白布を被り、手に黄色旗を携え、次の如き悲愴なる詩を高唱して民衆の感情に訴えた。

金樽美酒千人血（役人共が飲んでいる美酒は人民千人の血だ）
玉盤佳肴万姓膏（大皿に盛られた肴は万人の脂だ）
燭涙落時民涙落（酒宴を照らす蝋の一滴は民の涙だ）
歌声高処怨声高（酔声が高くなるほど怨嗟の声も高くなる）

東学党の勢は次第に猖獗を極め、先鋒を京畿道方面に進め、全羅道の首府全州を陥れ、やがて鶏林八道を風靡するの概を示した。討伐に向える兵八百は忽ち撃破せられ、五衛訓練院の官兵も、武器を投じて党軍に降るに至った。朝鮮政府は自国の軍隊のみを以てしては東学党軍に抗し難きを見、ついに清国に向って救援軍の派遣を求め、明治二十七年六月八日、清兵は牙山に上陸した。

これより先金玉均横死の報一たび伝わるや、金の旧知は各所に相会してその善後策を講ずると共に、清国の無礼を痛撃して討清の叫びを揚ぐるに至った。東京に於ける金玉均葬儀の翌日、玄洋社の的野《まとの》半介は、陸奥外相を訪問して、金に対する清国政府の処置は断じて許し難いと激語して、開戦の急務を強調したが、陸奥は時期尚早として取り合わなかった。よって参謀次長川上操六中将に紹介を求め、直ちに将軍を私邸に訪問して来意を述べると、将軍は「自分としては貴意に賛成であるが、伊藤首相が非戦論であるから如何ともし難い、但し軍人は火消しのやうなもの故、誰か付火をする者があつて火の手が挙がりさへすれば、喜んで火消しの任務に服する」と答えた。的野は将軍の言に勇躍し、之を頭山翁及び平岡浩太郎……（この部分の原稿一枚紛失）……東亜侵略に対する日本の第一次反撃であり、ヨーロッパの手先となりしシナへの武力的抗議に他ならなかった。戦争は日本の大勝に終り、李鴻章が講和の為に来航したが、その時のことを陸奥宗光は『蹇蹇録《けんけんろく》』の中に下の如く述べている――「既にして李鴻章来航し、馬関春帆楼頭に彼我会見するや、李は開口先づ説いて曰く、今日東洋諸国が西洋諸国に対する位置如何を洞知し得るは、天下誰か伊藤伯の右に在るものあらんや、西洋の大潮は日夕我東方に向ひ流注し来る、是れ実に吾人協力同心して之を防制するの策を講じ、黄色人種結合して白晳《はくせき》人種に対抗するの戒備を怠るべからざるの秋に非ずや、今回の戦争は実に両個の好結果を収めたり、其一は日本が欧州流の海陸軍組織を利用し其成功顕著なりしは、以て黄色人種も亦確に白皙人種に対し一歩も譲るなきの実証を示し、其二は今回の戦争に依り清国は長夜の睡夢を攪破せられたるの僥倖あり、是れ実に日本が清国の自奮を促し、以て清国将来の進歩を助くるものにして、其利益洪大なり、余は実に日本に対し感荷《かんか》する多し云々。其談論を約略すれば、彼は荐《しき》りに我国の改革進歩を羨慕し、伊藤総理の功績を賛美し、又東西両洋の形勢を論じ、間々熱罵冷評を加へて、戦敗者屈辱の地位を掩はんとす。余は之に対し、其老猾《ろうかつ》却て敬愛すべく、流石に清国当世の第一人物なりと感じたり」。

　日清戦争がヨーロッパの東亜侵略に対する日本の反撃である以上、三国干渉は当然来るべくして来たのである。而してその誘引者が「黄色人種結合して白皙人種に対抗するの戒備」の必要を伊藤、陸奥に力説し、その舌の根未だ乾かざる李鴻章なりしは、まことに驚くべきことである。しかも一層驚くべきことは、東洋平和の名によって露・仏・独三国を日本に干渉せしめながら、日本より奪回せる遼東半島をロシアに与うる密約の締結者李鴻章・張蔭桓《いんかん》の両人が、ロシア政府の手よりそれぞれ五十万金ルーブル及び二十五万金ルーブルの賄賂を受け取ったという事実が、後年ウィッテ（露蔵相）の「回想録」によって暴露されたことである。恐らくロシアはこの時初めてシナ政治家を買収したのではなかろう。愛琿《アイグン》条約によって黒龍江以北の広大なる地域を獲得せる時も、また北京条約によって烏蘇里江《ウスリーこう》東・黒龍江南、即ち今日の沿海州を獲得した時も、多額の贈賄が行われたことであろう。独りロシアのみならず、その他の列強もロシアと同一手段を用いなかったと誰が保証し得るか。イギリスと緬甸国境条約（英清ビルマ条約）を結ぶ時も、フランスと南方国境条約（天津条約）を結ぶ時も、恐らく同様の醜悪なる取引が行われたことであろう。清朝末期の政治家が、ヨーロッパ列強の贈賄を受けて自国の領土並びに権利を売り、ヨーロッパ勢力を東亜の天地に誘導し来れることは、如何なる弁護をも許さぬ政治的罪悪である。

三国干渉はかくの如きシナの不純なる動機によって誘致されたものである。従ってこの事は、日本に対してよりも一層大なる禍をシナに与えた。そは日本にとりては一時的退却であったが、シナにとりてはロシアその他の強国によって、領土分割の楔を打ち込まれたに等しかった。日清戦争に於ける敗北によって、シナの無力と腐敗とを確実に知り得た列強は、もはやシナに対して如何なる遠慮をもしなくなった。当時は年少の陸軍大尉、後に西蔵《チベット》遠征によってその名を知られたる英国軍人ヤングハズバンドは、「シナは土地広く物資豊かに、しかも人間の住むに好適なる温帯に位している、かくの如き地域を一個の民族の占有に委ねることは神意に背く」と公言した。而して列強のうちロシアが、最も露骨なる野心を抱き、常に満州を占拠してシナ本部への侵攻を意図せるのみならず、朝鮮半島を奪取して直ちに吾が日本を脅威せんとしたので、日露戦争は必至の勢となった。

当時日本の政界に於ける最有力者は伊藤博文であった。しかるに伊藤は平和主義者でありかつ親露主義者であったので、在野の志士は常に之を憾みとしていた。明治三十三年義和団事件の際に、ロシアは突如日本に向って重大なる提議をしたが、その内容は朝鮮大同江を境界とし、大同江以南を日本の出兵区域、以北をロシアの出兵区域と定めんとするもので、取りも直さず朝鮮を日露両国で分割し、満州を完全にロシアの手中に収めんとするものであった。この提議は露国公使ローゼンが、当時勅命によって外交上の最高顧問であり、その権力は外相の上に在りし伊藤博文に対して、非公式に申し込み来りしものである。伊藤は内心この提議に賛意を表し、政府をして之を正式の交渉に移さしめんとしたが、政府部内に反対ありしため外部に洩れた。而して伊藤の意を受けたる一部政界の者は、公然満韓交換論を唱え、ロシアに満州を与えて吾は朝鮮を手中に収め、以て東亜の安定を図るべしと主張した。

この満韓交換論に対して最も激しく反対したのは、近衛篤麿、鳥尾小弥太、根津一及び頭山翁の一団であり、各自手を分けて要路を訪問し、断乎ロシアの提議を拒絶すべしと進言した。伊藤に対しては先ず鳥尾小弥太が朝鮮分割の不可なる所以を説いたが、さらに頭山翁も伊藤に面会して峻烈なる警告を与えた。この猛烈なる運動によってロシアの提議はついに拒否せらるるに至ったが、明治三十三年九月、山県内閣辞職して伊藤内閣成るや、この運動を共にせる同志は、政府の対外政策に反対を表明し、清国保全・韓国扶植の二大綱領を掲げて国民同盟会を組織したので、天下翕然《きゅうぜん》として之に応じた。

かくして明治三十七年二月、ヨーロッパの東亜侵略に対する日本の第二次反撃たる日露戦争の勃発を見るに至った。


（未完）

デザイン——長久雅行

日本二千六百年史［増補版］

第一刷発行――二〇二一年二月一一日
第三刷発行――二〇二一年三月一六日

著者――大川周明
編集人――祖山大
発行人――松藤竹二郎
発行所――株式会社 毎日ワンズ
〒一〇一－〇〇六一
東京都千代田区神田三崎町三－一〇－二一
電話 〇三－五二一一－〇〇八九
FAX 〇三－六六九一－六六八四

印刷製本――株式会社 シナノ

ISBN 978-4-909447-14-2